ADAM BIELECKI
I DOMINIK SZCZEPAŃSKI

Spod zamarzniętych powiek

Redakcja: Paweł Sajewicz
Korekta: Jacek Bławdziewicz
Projekt graficzny okładki: Krzysztof Rychter
Projekt graficzny makiety i skład: ProDesGraf
Przygotowanie zdjęć do druku: Paweł Bajer

Zdjęcie na okładce: Michał Mutor
Źródła zdjęć: archiwum Adama Bieleckiego, Michał Mutor s. 4, Romuald Bielecki s. 25, Janusz Niedbał s. 28, Agnieszka Rozmus s. 37, Robert Rozmus s. 38-39, Agnieszka Bielecka s. 46, 50, 94, 118, Justyna Osińska s. 56-57, 61, Kacper Tekieli s. 137, 176, 353, Artur Hajzer s. 162, 165, Marcin Kaczkan s. 207, 208, 221, Khoo Swee Chiow s. 222-223, Tunc Findik s. 227, Artur Małek s. 250, 262-263, 267, 277, 283, Jarosław Gawrysiak s. 360-361, Mieszko Stanisławski s. 406.

Wydawnictwo
Agora

ul. Czerska 8/10, 00-732 Warszawa

WYDAWNICTWO KSIĄŻKOWE:
Dyrektor wydawniczy: Małgorzata Skowrońska
Redaktor naczelny: Paweł Goźliński
Koordynacja projektu: Katarzyna Kubicka

Warszawa 2017

ISBN: 978-83-268-2402-9 (oprawa twarda)
ISBN: 978-83-268-2644-3 (oprawa miękka)

Druk
Drukarnia Perfect

ADAM BIELECKI

I DOMINIK SZCZEPAŃSKI

Spod zamarzniętych powiek

Książkę tę dedykuję moim najbliższym.

Bez waszej miłości nic nie miałoby sensu...

Kody QR zamieszczone w książce prowadzą do filmów, które nagrywałem podczas wypraw i innych przygód. Możesz je odtworzyć, skanując dany kod za pomocą smartfona wyposażonego w odpowiednią aplikację.
Miłego czytania i oglądania! – Adam

ROZDZIAŁ 1

W LABIRYNCIE LODU

Artur całą noc miał koszmary. Śniły mu się szczeliny, ostre granie, wiszące nad głową wielotonowe bryły lodu – seraki i kruche mosty na lodospadzie odgradzającym naszą bazę od pierwszego obozu pod Gaszerbrumem I, ośmiotysięcznikiem w Karakorum, na który chcieliśmy wejść jako pierwsi ludzie w zimie. Było nas sześcioro: moja siostra Agna, Janusz Gołąb, Artur Hajzer, dwóch pakistańskich tragarzy wysokościowych Muhammad Ali i Shaheen Baig oraz ja.

Wzięliśmy lekkie plecaki i, na wszelki wypadek, dwieście metrów lin. Nie mieliśmy zamiaru poręczować całej drogi do obozu I.

Było trudniej, niż się spodziewaliśmy. Musieliśmy się związać liną i cały czas zachowywać czujność. Szliśmy i traciliśmy nadzieję na dojście do obozu. Jak odnaleźć drogę? Jak ją potem wielokrotnie powtórzyć? Bo przecież żeby zdobyć taką górę, musieliśmy założyć kolejne obozy, zaopatrzyć je i dopiero wtedy zaatakować wierzchołek.

Wydawało się, że ten przeklęty lodowiec nigdy się nie skończy. Wędrówka przez niego nie miała w sobie nic z subtelności. Wszystkie chwyty dozwolone. Byle jak najszybciej i bezpiecznie przejść przez zamarznięty labirynt.

Wyciągnąłem kamerę.

Artur po wyprawie napisał, że wolałby złamać sobie nogę, niż jeszcze raz przechodzić przez ten lodospad.

Zamiast śnieżnego płaskowyżu, który doprowadziłby nas w miejsce, gdzie miał stanąć obóz I, ujrzeliśmy lodowe gruzowisko.

– Nie filmuj tego, bo dostaniesz Złote Jajo – powiedział Artur, mając na myśli żartobliwą nagrodę za największy górski przypał, a potem niezgrabnie zjechał na tyłku z lodowej bryły. – Na Madagaskar z tą kamerą!

Po wyprawie napisał, że wolałby złamać sobie nogę, niż jeszcze raz przechodzić przez ten lodospad.

Długi na sześć kilometrów lodowiec sprawił nam więcej kłopotów, niż myśleliśmy. Na wysokości 5700 m n.p.m. zamiast śnieżnego płaskowyżu, który doprowadziłby nas w miejsce, gdzie miał stanąć obóz I, ujrzeliśmy lodowe gruzowisko. Wcześniej słyszałem, że w lecie po tym lodowcu można chodzić bez wiązania się liną. Po tym, co zobaczyliśmy, zrozumieliśmy, że nie ma na to szans.

Stamtąd zawróciliśmy. Może to dobrze, że wówczas nie wiedzieliśmy, ile tak naprawdę przeszliśmy. Wydawało się nam, że większość drogi do obozu I, czyli jedynki. Później się okazało, że byliśmy zaledwie w jednej trzeciej.

To był trzeci dzień wyprawy i pierwszy akcji górskiej. Pierwsze starcie z Gaszerbrumem I i od razu porażka. Do zmroku zostało kilka godzin. Zmęczyły nas ciągłe napięcie i strach. Zagrożenie było wszechobecne, mogło przyjść z góry w postaci lawiny bądź urwanego kawałka jednej z licznych lodowych wież, między którymi lawirowaliśmy. Mogło też przyjść z dołu w postaci zarwanego mostu śnieżnego bądź ukrytej pod śniegiem szczeliny.

Drogę oznaczyliśmy pięćdziesięcioma traserami, żeby drugi raz nie błądzić w zwałach lodu, ale lodowiec cały czas się zmieniał i podczas pięciu wyjść w górę nigdy nie udało nam się iść tak samo.

Na początek Gaszerbrum dał nam w twarz. Dostaliśmy niezłą lekcję pokory.

Jadąc w 2011 roku na Gaszerbrum I, myślałem, że potrafię wyobrazić sobie warunki, w których będę działał. Byłem przecież na

Na lodowcu.

Makalu, piątym ośmiotysięczniku świata, byłem na Chan Tengri, najdalej na północ wysuniętym siedmiotysięczniku, wspinałem się zimą w Tatrach i Alpach, ale to, co przeżyłem w Karakorum, okazało się nieludzkie. W Polsce 20 stopni mrozu w zimie nie jest niczym szczególnym. Potrafimy sobie wyobrazić, co znaczy -40. Jest po prostu dwa razy zimniej. Ale -60? To wartość abstrakcyjna, brakuje nam punktu odniesienia, aby uzmysłowić sobie, co oznacza takie zimno. Dla himalaistów szczególnie ważny jest wykres temperatury odczuwalnej, która wynika ze stosunku prędkości wiatru do temperatury powietrza. Jeśli w górze jest 35 stopni mrozu, a wiatr wieje z prędkością trzydziestu kilometrów na godzinę, to twoje ciało czuje, jakby było 60 stopni poniżej zera. Odmrożenia na odsłoniętej skórze pojawiają się wtedy w mniej niż pół minuty. Na lodospadzie było znacznie cieplej, ale i tak za każdym razem, gdy ściągaliśmy rękawiczki, musieliśmy zachować czujność, aby się nie odmrozić.

Dwudziestego piątego stycznia, po słabo przespanej nocy, trzeba było zdecydować, co dalej. Hajzer chciał najpierw sprawdzić, co myślimy.

– Musimy założyć jedynkę, jakieś pomysły? – spytał.

– To może ja pójdę? – wypaliłem.

Chciałem się wykazać. Z naszej trójki byłem najmniej doświadczony.

Artur Hajzer, kierownik wyprawy, miał czterdzieści dziewięć lat i siedem ośmiotysięczników na koncie – na trzy z nich wszedł nowymi drogami, a na Annapurnie z Jerzym Kukuczką byli pierwszymi ludźmi w zimie.

O pięć lat młodszy Janusz Gołąb w ciągu kilkunastu lat przeszedł wiele trudnych dróg na wielkich ścianach. Miał już na koncie prestiżową nagrodę Kolosa za „zdobycie wschodniej ściany Kedar Dome w Garhwalu (Indie), jednej z najtrudniejszych ścian w Himalajach" (wspólnie z Jackiem Fluderem i Stanisławem Piecuchem) oraz dwa wyróżnienia przyznawane przez kapitułę Kolosów.

Ja miałem dwadzieścia osiem lat i z moim górskim CV mógłbym im co najwyżej wiązać buty pod ścianą.

– Dobra, to idź z hapsami – powiedział Hajzer. Chodziło mu o tragarzy wysokościowych (*High Altitude Porters*). Moim zdaniem nazwa jest myląca, bo sugeruje, że ich rolą jest noszenie nam plecaków. Określiłbym ich raczej jako płatnych partnerów wspinaczkowych. Koszt ich usług jest niższy niż zabranie z Polski kolejnego uczestnika wyprawy, którego zadanie ograniczałoby się do wspierania zespołu. W latach osiemdziesiątych, kiedy polski himalaizm wszedł w swój złoty okres, wyprawy były liczniejsze. Dziś rzadko się zdarza, by ktoś chciał zostawić pracę i bliskich na trzy miesiące i tylko pomagać kolegom w zdobyciu szczytu.

Ruszyliśmy z Alim i Shaheenem o 6.40. Mieliśmy założyć jedynkę. Na początku trasery pomogły nam odszukać drogę i już po trzech godzinach byliśmy w miejscu, z którego poprzednio zawróciliśmy. Kilkadziesiąt minut później doszliśmy do lodowego

Śnieg zasypał niektóre szczeliny i trzeba było uważać.

Szczeliny miały monstrualne rozmiary i wymagały żmudnego obchodzenia.

gruzowiska. Śnieg zasypał niektóre szczeliny i trzeba było uważać. Zabawa dopiero się zaczynała. Niezliczona ilość kruchych mostów śnieżnych oraz ścianek lodowych doprowadziła nas do środkowego plateau. Tutaj teren był mniej potrzaskany, ale za to szczeliny miały monstrualne rozmiary i wymagały żmudnego obchodzenia, często musieliśmy wracać po własnych śladach. Bezradnie patrzyliśmy na kolejną ze szczelin, która w obydwu kierunkach ciągnęła się poza zasięg wzroku i miała od kilku do kilkunastu metrów szerokości. Przychodziło mi na myśl tylko jedno rozwiązanie.

– To co? Schodzimy? – spytałem.

Pakistańczycy pokręcili głowami, nie byli przekonani.

– Sprawdźmy chociaż, jak wygląda jej dno.

Nie chciałem się poddać. Wiedziałem, że nie mamy dość czasu, by znów wracać kawał drogi tylko po to, aby znaleźć się w kolejnej ślepej uliczcze. Wbiłem szablę śnieżną, czyli długi na mniej więcej pięćdziesiąt centymetrów kątownik z aluminium służący do asekuracji w śniegu, i po trzydziestu metrach zjazdu stanąłem na śnieżnym dnie. Po chwili Ali i Shaheen dołączyli do mnie. Zdając się na łut szczęścia, ruszyłem w lewo. Miejscami szczelina robiła się tak szeroka, że bardziej przypominała lodowy kanion. We wnętrzu było zupełnie jasno. Widoczne gdzieniegdzie pod nogami dziury w śniegu przypominały nam o kilkudziesięciometrowej otchłani, nad którą stąpaliśmy. Nigdy wcześniej ani później nie przekraczałem szczelin we wnętrzu szczeliny. Po około dwustu metrach znaleźliśmy słaby punkt w pionowej ścianie zamykającej lodową pułapkę po naszej prawej. Nad głowami znów pojawiło się niebo, a droga do górnego plateau lodowca stała otworem.

Wydawało się, że w końcu pójdzie gładko – powierzchnia, która rozciągała się przed nami, była stosunkowo płaska i pokryta równym śniegiem. Wystarczyło parę kroków i już wiedzieliśmy, że to tylko złudzenie. Płaskowyż przecinały długie, równoległe szczeliny

Miejscami szczelina robiła się tak szeroka, że bardziej przypominała lodowy kanion.

– wąskie, ale w większości przysypane. Znowu musieliśmy szukać obejść i mostów śnieżnych. Jeden z nich zarwał się pod Alim. Na szczęście Pakistańczykowi nic się nie stało.

Chłopaki usłyszały od kogoś, że jestem w górach szybki. Postanowili mnie sprawdzić. Normalnie po godzinie-dwóch robi się przerwę, żeby się napić ciepłej herbaty, zjeść batonika. Tym razem nikt nie chciał dać sygnału do pierwszego postoju.

– Dobra, chłopaki, zróbmy przerwę – powiedziałem w końcu po ośmiu godzinach intensywnego marszu.

– W porządku, jak chcesz odpocząć, to niech ci będzie – wysapali. Początki były szorstkie, ale w ciągu dwóch miesięcy bardzo się zaprzyjaźniliśmy.

Kilkadziesiąt dni później podczas trekkingu powrotnego wspominaliśmy z Shaheenem kluczowe momenty wyprawy. Wtedy przypomniał sytuację z wyjścia do jedynki.

– Adam, a pamiętasz to nasze pierwsze wyjście do obozu I? To był jeden z najcięższych dni w moim życiu. Koszmar.

– Shaheen, dzięki, że to mówisz. Naprawdę bardzo ci za to dziękuję, bo wydawało mi się, że to ze mną jest coś nie tak.

Zaczęło mocno wiać. Do miejsca, gdzie mieliśmy założyć jedynkę, dotarliśmy o 16.30. Dzięki naszej małej rywalizacji osiągnęliśmy czas, który trudno było powtórzyć w kolejnych wyjściach.

Wyjęliśmy z plecaka namiot. Zaczął się wyścig. Wraz z zachodzącym słońcem robiło się coraz zimniej, a wiatr się wzmagał i obniżał jeszcze temperaturę odczuwalną.

W łapawicach, czyli grubych rękawicach z dwoma palcami, trudno się manewruje, ale każde ich ściągnięcie grozi odmrożeniami.

O osiemnastej w końcu rozbiliśmy namiot. Zmęczeni opatuliliśmy się śpiworami. Wykonaliśmy kawał dobrej, nikomu niepotrzebnej roboty.

Niezliczona ilość kruchych mostów śnieżnych oraz ścianek lodowych doprowadziła nas do środkowego plateau. ⇨

Himalaizm nie ma w sobie niczego, co by czyniło nas wyjątkowymi. Niby wymyślamy i testujemy patenty odzieżowe, a one potem się upowszechniają. Jednym z pierwszych zastosowań membrany goreteksowej była produkcja kombinezonów dla astronautów, a teraz wszędzie można kupić goreteksowe buty. Ale to przykład na siłę. Nie uważam, żeby himalaizm miał jakiś głęboki sens. Tak samo nie ma go żeglarstwo czy chodzenie do parku. Życie samo w sobie nie ma głębokiego sensu. Moim wyborem jest himalaizm i zupełnie nie ma we mnie potrzeby przekonywania całego świata, że to bardzo fajne zajęcie.

– Artur, droga jest długa, dostaliśmy w kość. Nie wiem, czy jutro uda wam się dojść do jedynki, bo myśmy ostro zasuwali. Może na wszelki wypadek weźcie ze sobą lekki namiot szturmowy i przygotujcie się na biwak? – powiedziałem wieczorem przez radio.

Artur prychnął urażony. Jak to mają nie dojść? Przecież trasa jest wytyczona i będzie przedeptana.

Noc była spokojna. Rano wróciliśmy do bazy. Śnieg zasypał część naszych śladów, ale pomógł nam GPS. Po jedenastej spotkaliśmy Janusza i Artura, którzy szli w górę z ciężkimi plecakami. Następnego dnia chcieli zrobić rekonesans w kierunku obozu II. Zdobywanie góry w stylu wyprawowym to właśnie taka wahadłowa praca, szczyt zdobywa się po kawałeczku – jeden zespół robi swoje i schodzi, kolejny korzysta z pracy pierwszego i dokłada swoją cegiełkę. Zdobycie w ten sposób ośmiotysięcznika wiąże się zwykle z czterema–sześcioma wyjściami z bazy. Pod górę przybywa zespół wspinaczy, którego celem jest założenie kolejnych obozów, zaopatrzenie ich, zabezpieczenie drogi pomiędzy nimi stałymi linami, tak zwanymi poręczówkami. Oczywiście trwa to odpowiednio długo i wymaga dużej ilości sprzętu, dlatego styl wyprawowy bywa również nazywany oblężniczym lub ciężkim.

Trzy godziny po spotkaniu Artura i Janusza byliśmy w bazie. Artur połączył się z nami. Nie mogli znaleźć drogi do obozu I. Na górnym plateau ślady naszych raków to pojawiały się, to gubiły w twardym śniegu. Mieliśmy zbyt mało tyczek, żeby wystarczająco dokładnie oznaczyć całą trasę. O szesnastej dotarło do nich, że robi się poważnie. Dzień się kończył, a obozu nie było widać. Nie mieli nawet pewności, że idą dobrze, bo nie potrafili obsługiwać GPS-a, którego kupiłem tuż przed wyjazdem. To był nowy model i chłopakom zabrakło czasu, by go przetestować.

O siedemnastej urządzenie wskazało, że obóz jest blisko. Słońce już zachodziło.

Musieli przybliżyć obraz na wyświetlaczu GPS-a, ale nie wiedzieli jak. Ja robiłem to na pamięć, więc bez urządzenia przed sobą trudno było mi udzielić wskazówek. Znalazłem instrukcję i przeczytałem im ją przez radio. Do obozu mieli dwieście metrów, ale GPS nie wskazał drogi w linii prostej. Chodzili w kółko. O wpół do szóstej zrobiło się zupełnie ciemno. Przestali się ruszać, bo próbowali zmusić sprzęt do współpracy. Mokre kurtki z primaloftu, czyli sztucznego puchu, nie grzały. Przyszły pierwsze dreszcze. GPS-a obsługiwali końcówką czekana. Potem gołymi palcami. Zmieniali się co minutę, żeby się nie odmrozić. Wyświetlacz zaparował.

Wejście na ośmiotysięcznik w zimie jest jak podróż na inną planetę, ale my nie byliśmy z NASA. Nad przygotowaniem naszej wyprawy nie pracował sztab specjalistów. Byliśmy zwykłymi ludźmi, którzy wszystko musieli zrobić sami – od doboru sprzętu, przez zorganizowanie logistyki wyprawy, na załatwieniu ubezpieczenia i wspinaczce kończąc. Przy takiej liczbie zadań do wykonania trudno być ekspertem od wszystkiego, więc improwizacja okazała się nieunikniona. Sytuacja z GPS-em była tego najlepszym przykładem.

Janusz przekonywał Artura, że skoro mają żarcie i trochę gazu, to jakoś wykopią jamę śnieżną i przetrzymają noc. Ale Hajzer nie dawał za wygraną. W końcu, słuchając moich instrukcji, znalazł odpowiednią kombinację przycisków. Obóz był czterdzieści osiem metrów od nich.

– Jest, widzę, po prawej! – ucieszył się Janusz.

Połączyli się z bazą o 19.20. Wcześniej musieli rozstawić wyniesiony przez nas namiot, bo w zimie jest taka zasada, że nigdy nie zostawia się go rozbitego. Wiatr porwałby go bardzo szybko.

Byłem dobrej myśli. Pokonaliśmy pierwszą przeszkodę i założyliśmy jedynkę. W końcu mieliśmy zacząć piąć się w górę.

ROZDZIAŁ 2

SZCZENIĘCE LATA

Być może to dziadek podrzucił mi książkę, z której dowiedziałem się o Arturze. Mieszkał z babcią we Wrocławiu i był lokalnym podróżnikiem. Miał grupę inwalidzką, więc jeździł pociągami za darmo, pod warunkiem że towarzyszył mu opiekun, niekoniecznie pełnoletni. Kiedy odwiedzałem go w wakacje, czasami wsiadaliśmy do pociągu i wysiadaliśmy byle gdzie, spacerowaliśmy i wracaliśmy. Dziadek interesował się geografią oraz przyrodą, podpowiadał mi lektury, wymyślał różne quizy. Co to za zwierzę? A góra? A rzeka? Dzięki niemu szybko poznałem nazwy państw, ich flagi, stolice i najwyższe szczyty.

Potem sam zacząłem sięgać po książki. W domowej bibliotece znalazłem serię o Azji. Był tam tom o górach. Uwielbiałem tę książkę, chociaż dzisiaj wiem, że zawierała dużo błędów. Miała piękne, malowane akwarelami ilustracje. Wpatrywałem się w ludzi, którzy wspinali się w śniegach ośmiotysięczników. Rozpalali moją wyobraźnię.

Zniknąłem w książkach. Zamiast biegać z kolegami za piłką, siedziałem w domu i czytałem. Rodzice się martwili, a ja zagłębiałem się w świat Tomka Wilmowskiego. Pochłaniałem klasykę podróżniczo-przygodową autorstwa Arkadego Fiedlera, Alfreda Szklarskiego, Jacka Londona i innych.

W końcu w prezencie od Andrzeja Dziuby, przyjaciela ojca z czasów studiów, dostałem *Niepotrzebne zwycięstwa*

Lionela Terraya, francuskiego wspinacza i przewodnika górskiego. Terray w 1947 roku jako drugi w historii przeszedł północną ścianę Eigeru, a w 1950 roku ratował kolegów po pierwszym w historii wejściu na ośmiotysięcznik – Annapurnę. Jako pierwszy zdobył między innymi Fitz Roya (4305 m n.p.m.) i Makalu (8485 m n.p.m.)[1]. Pisał:

> Jeśli naprawdę żaden serak, żaden kamień, żadna szczelina nie czekają na mnie gdzieś na świecie, by zatrzymać bieg mego życia, nadejdzie dzień, kiedy stary i zmęczony odnajdę spokój pomiędzy zwierzętami i kwiatami. Koło zamknie się i wreszcie zostanę prostym pastuchem, którym tak bardzo chciałem być w dzieciństwie![2]

Postanowiłem, że zostanę himalaistą. Za kieszonkowe zaprenumerowałem czasopismo „Góry i Alpinizm". Wyciągałem rodziców na spotkania z himalaistami, które organizował redaktor naczelny tej gazety, himalaista Aleksander Lwow. Na jednym z nich poznałem Andrzeja Zawadę, który wiele lat wcześniej wymyślił i rozpoczął zimowe wchodzenie na ośmiotysięczniki.

Sir Edmund Hillary, pierwszy zdobywca Everestu, twierdził, że zimą powyżej ośmiu tysięcy metrów człowiek nie jest w stanie przetrwać. Zawada udowodnił, że Nowozelandczyk się mylił. W latach 1950-1964, gdy dokonywano pierwszych wejść na ośmiotysięczniki, Polacy ze względów politycznych nie mogli wyjeżdżać w Himalaje. Gdy w latach siedemdziesiątych wyjazdy zagraniczne znowu stały się możliwe, Zawada zrozumiał, że naszą szansą na zapisanie się w historii eksploracji ośmiotysięczników jest powtórzenie mechanizmu znanego z niższych gór, gdzie najpierw robi się pierwsze przejścia, a potem próbuje się powtórzyć je w zimie. W Polsce wspinanie się właśnie o tej porze roku ma długą

[1] Himalaje cały czas rosną, dlatego kolejne pomiary gór przynoszą zmiany wysokości poszczególnych szczytów. Bieżące dane oparliśmy na informacjach pozyskanych od Eberharda Jurgalskiego, znawcy problematyki górskiej.

[2] Lionel Terray, *Niepotrzebne zwycięstwa. Od Alp do Annapurny*, przeł. Danuta Knysz-Rudzka, Sport i Turystyka, Warszawa 1975.

tradycję. Tatry nabierają zimą prawdziwie alpejskiego charakteru, a w naszym środowisku wspinaczkowym od zawsze popularne było powiedzenie: „A kto to zrobił zimą?".

W 1973 roku Zawada i Tadeusz Piotrowski jako pierwsi zdobyli siedmiotysięcznik w zimie – trzynastego lutego weszli na Noszak w Hindukuszu. Rok później Zawada był już pod Lhotse z grupą polskich himalaistów[3]. Zima zastała wspinaczy podczas akcji górskiej. Na szczyt nie weszli, ale to wtedy człowiek po raz pierwszy przekroczył osiem tysięcy metrów o tej porze roku. Pełen sukces stał się tylko kwestią czasu. Zawada w podaniu, które wystosował do rządu Nepalu, zabiegał o zgodę na atakowanie jednego z niższych ośmiotysięczników, ale dostał pozwolenie na Everest. Żeby było zabawniej, Krzysztofowi Wielickiemu i Leszkowi Cichemu udało się zdobyć szczyt 17 lutego

[3] Skład ekipy: Andrzej Zawada (kierownik), Zygmunt Andrzej Heinrich, Bogdan Jankowski (zastępca kierownika), Piotr Jasiński, Jan Koisar (lekarz), Marek Kowalczyk, Wojciech Kurtyka, Stanisław Latałło (filmowiec), Anna Okopińska, Tadeusz Piotrowski, Kazimierz Jacek Rusiecki, Jan Stryczyński, Jerzy Surdel (filmowiec), Ryszard Szafirski, Wojciech Tędziagolski (filmowiec), Mirosław Wiśniewski (fotografik i kierowca ciężarówki).

Spotkanie z himalaistami. Od lewej – ja, Krzysztof Wielicki, Aleksander Lwow i Ryszard Pawłowski. Wrzesień 1996.

Rodzina Bieleckich z Andrzejem Zawadą (w środku). Wrzesień 1997.

1980 roku. Rozpoczęła się era podboju Himalajów w zimie. Pierwszy ośmiotysięcznik w Karakorum został zdobyty zimą, trzydzieści jeden lat później. Do dziś zdobyto o tej porze roku trzynaście ośmiotysięczników. Dziewięć pierwszych zimowych wejść należy wyłącznie do Polaków. Dziesiątą górę, Sziszapangmę, zdobyli w 2005 roku Piotr Morawski i Włoch Simone Moro.

Miałem może jedenaście lat, gdy w schronisku Strzecha Akademicka zjedliśmy z Andrzejem Zawadą na śniadanie naleśniki z jagodami. Dostałem od niego beret. Nosiłem wtedy długie włosy i wyglądałem jak dziewczynka.

Innym razem wyciągnąłem rodziców na prelekcję Krzysztofa Wielickiego, piątego człowieka, który zdobył wszystkie ośmiotysięczniki.

– Nie pamiętam, w którym roku miało miejsce to wejście... – mówił Wielicki.

– A ja pamiętam – suflowałem mu.

Fascynowała mnie historia alpinizmu. Znałem na pamięć dziesiątki nazwisk i dat. Więcej niż teraz.

W rodzinie nikt się nie wspinał, ale rodzice byli wytrawnymi turystami. Rowerami zjeździli Polskę wzdłuż i wszerz, od małego zabierali mnie i siostrę w Beskidy, a potem w Tatry. Zawsze mieliśmy porządne buty za kostkę, dobrze wyposażony plecak i termos z herbatą.

Nauka nigdy nie sprawiała mi problemów, ale często lądowałem na dywaniku u Artura Badei, pedagoga Szkoły Podstawowej nr 1 w Tychach, skąd pochodzę. Za dużo pyskowałem. Kiedy wchodziłem do jego gabinetu, to przez dwie minuty pouczał mnie o tym, że w życiu trzeba iść na kompromisy, a kolejne pół godziny rozmawialiśmy o książkach, które mi pożyczał. Wiele z nich było o górach. Jeździłem na organizowane przez niego rajdy turystyczne, a potem zacząłem samodzielnie bądź z jednym

Rodzice od małego zabierali mnie i siostrę w Beskidy. Czerwiec 1985.

z kolegów z klasy wyjeżdżać w Beskidy najpierw na jeden dzień, a później na całe weekendy.

W końcu znalazłem w książce telefonicznej numer do Klubu Wysokogórskiego w Katowicach.

– Dzień dobry, nazywam się Adam Bielecki i chciałbym nauczyć się wspinać.

– A ile ty masz lat, chłopczyku?

– Trzynaście.

– Żeby zacząć się wspinać, trzeba najpierw pójść na kurs skałkowy. Zapraszamy do nas, ale dopiero jak skończysz piętnaście lat i przyniesiesz zgodę obojga rodziców.

Odłożyłem słuchawkę. Cholera jasna, pomyślałem, trzeba to będzie załatwić jakoś inaczej. Rozwiązanie przyszło niedługo później. W szóstej klasie dostałem ocenę celującą z biologii za pracę o wpływie wysokości na organizm człowieka. Moja nauczycielka Marzena Gąsior zapytała, skąd takie zainteresowania, i przy okazji wygadała się, że sama się wspina i organizuje wyjazdy w skałki dla licealistów.

– Proszę mnie wziąć ze sobą.

– Adam, jesteś za mały.

Wróciłem do domu i zacząłem prosić rodziców.

– Napiszcie mi zgodę, bo chcę pojechać z panią Marzeną w skałki.

Martwili się o mnie, bo przecież mało wychodziłem z domu, nie chcieli, żebym był dziwakiem, który nie ma kolegów. Zgodzili się. Co dwa, trzy tygodnie jeździliśmy do Rzędkowic, Mirowa, Ryczowa. Oszalałem na punkcie wspinania. Kupiłem sobie najtańsze buty do gry w piłkę i obciąłem w nich przednie gumowe korki. Kupiłem też swoją pierwszą używaną uprząż uszytą z pasów samochodowych, a na urodziny dostałem dwa karabinki zakręcane z ósemką.

Resztę podstawowego sprzętu kupiłem po tym, jak ojciec przejechał mi stopę samochodem. Moja o pięć lat starsza siostra robiła

Kupiłem sobie najtańsze buty do gry w piłkę i obciąłem w nich przednie gumowe korki.
Rzędkowice – czerwiec 1996. ⇨

Zacząłem regularnie jeździć w skałki. Podzamcze – czerwiec 2000.

osiemnastkę, z rodzicami mieliśmy się ewakuować. Namówiłem ich na wyjazd w skałki. Już na miejscu, w Ryczowie na Jurze Krakowsko-Częstochowskiej, podczas parkowania ojciec cofał i przypadkiem najechał mi na stopę. Szybko zrobiło się zbiegowisko. Pojawił się lekarz, który stwierdził, że skoro mogę ruszać stopą, to na pewno nie jest złamana, ale i tak lepiej zrobić prześwietlenie. Pojechaliśmy do Zawiercia na pogotowie. Noga była złamana w trzech miejscach.

Wróciliśmy do domu. Ktoś krzyczał z balkonu:

– Bielecka, twoi starzy jadą!

Ojciec zadzwonił domofonem.

– Aga, weź dwóch silnych chłopów.

A tam krzyki:

– O, pewnie wódkę przywieźli!

Wnieśli mnie na górę. Potem rodzice dyskretnie zamknęli się w sypialni, żeby nie przeszkadzać w imprezie, a ja pierwszy raz w życiu się upiłem. Na początku byłem w centrum zainteresowania, ale później wszyscy zajęli się swoimi sprawami, więc samotnie siedziałem w kącie i sączyłem słodki soczek z owocami, który okazał się ponczem.

Noga wydobrzała, a ja zacząłem regularnie jeździć w skałki. Za odszkodowanie kupiłem swoją pierwszą linę.

Nie znosiłem szkoły. Czułem, że szybko dojrzewam. Nie dogadywałem się z kolegami. Przeciętnie grałem w piłkę, byłem wygadany i bezczelny, ale nie umiałem się bić. Ostatnie klasy podstawówki były dla mnie męczarnią. Chciałem już iść do liceum, zacząć wszystko od nowa.

W końcu drugi raz zadzwoniłem do Klubu Wysokogórskiego w Katowicach.

– Dzień dobry, tu Adam Bielecki. Już umiem wspinać się w skałkach, ale chciałem się nauczyć wspinać w górach. Mam piętnaście lat – dodałem z dumą.

– To świetnie, chłopcze, ale żeby wspinać się w Tatrach, trzeba zrobić kurs skałkowy, a potem taternicki, a żeby zrobić taternicki, musisz mieć szesnaście lat.

Cholera jasna. Załamany rzuciłem słuchawką. Miałem dość. Chciałem, żeby ktoś nauczył mnie wspinaczki, ale dwa razy odbiłem się od ściany.

Gdy dziś pytają mnie, jak zacząć się wspinać, to mówię, że trzeba iść do klubu wysokogórskiego, zapisać się na kurs skałkowy, a potem taternicki. Tam można nauczyć się zasad bezpiecznej wspinaczki i przy okazji poznać partnerów do wyjazdów. Czyli zrobić to całkiem inaczej niż ja. Uczyłem się wspinania na własnych błędach. Zacząłem wcześnie, a kiedy dorastałem, kluby przeżywały zapaść. Nikt nie brał młodych na wyjazdy, nie było komu nas szkolić. Ze złotego pokolenia polskich himalaistów, którzy podbijali najwyższe góry świata w latach osiemdziesiątych, już prawie nikt nie został. Albo zginęli w górach, albo wzięli się do robienia biznesów.

Z pomocą przyszedł mi Robert Rozmus. Nie ten aktor, tylko brat mojej koleżanki z liceum Ani. Dowiedziałem się od niej, że zdobył Mont Blanc, a w dodatku żyje z prowadzenia klientów w góry. Zacząłem być częstym gościem w ich domu. W końcu Robert zaproponował mi wspólny wyjazd w Tatry. Doświadczony wspinacz chciał, żebym ja, piętnastolatek, został jego partnerem. Byłem wniebowzięty. Pojechaliśmy i prawie się wtedy zabiłem.

Na miejscu okazało się, że Robert może bywał w skałkach, może i wszedł na Mont Blanc, ale o wspinaczce w górach wiemy tyle samo. Czyli niewiele. Przed wyjazdem kupiłem *Przewodnik taternicki dla początkujących* Andrzeja Skłodowskiego i Marka Wołoszyńskiego. Znaleźliśmy w nim schemat czwórkowej drogi na Buczynowych Turniach („czwórka" oznacza tu stopień trudności). W tym czasie swobodnie prowadziłem szóstki w skałkach, więc sądziłem, że poradzimy sobie bez problemu. Był kwiecień, a w Tatrach wciąż leżało dużo śniegu. Pierwszy raz założyłem raki i wziąłem do ręki czekan. Rozpierała mnie duma. Podeszliśmy pod ścianę. Nie umieliśmy znaleźć początku drogi. Ze sobą mieliśmy jedną żyłę liny połówkowej, osiem ekspresów, zestaw kości i cztery heksy. Żadnych friendów, haków ani młotka[4]. Według współczesnych standardów zupełna bieda.

Wszedłem w ścianę na chybił trafił. Wszędzie było pełno śniegu. Po kilku metrach założyłem pierwszą kostkę, czyli metalowy przyrząd asekuracyjny, który klinuje się w szczelinie skalnej i który służy do zakładania przelotów – punktów asekuracyjnych. Chwilę później odpadłem od ściany i wyrwałem mój jedyny przelot. Wylądowałem obok Roberta w wielkiej zaspie, która uratowała mi życie.

Stwierdziliśmy, że wrócimy, gdy w ścianie będzie mniej śniegu.

Niezrażeni tą pierwszą porażką już w maju na Zamarłej Turni zrobiliśmy Klasyczną, moją pierwszą tatrzańską drogę. W 1910 roku, kiedy została wytyczona, wyceniono ją na V (to znaczy „nadzwyczaj trudna") i była najtrudniejszą drogą w Tatrach. Wyniosła wspinanie

[4] Heksy, friendy i haki to urządzenia służące do asekuracji. Zakłada się je w szczelinach skalnych.

Pierwsza wspinaczka tatrzańska. Buczynowe Turnie – kwiecień 1999.

Na Zamarłej Turni zrobiliśmy Klasyczną, moją pierwszą tatrzańską drogę. Zamarła Turnia – maj 1999.

na nowy poziom. Dziś jest standardem pokonywanym przez sprawne zespoły podczas kursu taternickiego.

W Tatry wracałem w tamtym roku jeszcze kilka razy. Podczas trzeciego chyba wyjazdu dołączyła do nas moja siostra Agnieszka. Próbowaliśmy zrobić na Zamarłej Turni Zacięcie Komarnickich wycenione na V+. Robert utknął w połowie kluczowego wyciągu i założył pośrednie stanowisko. Minąłem go i dokończyłem wyciąg, czyli odcinek wspinaczki jednorazowo pokonywany przez zespół (determinowany przez ukształtowanie terenu i długość liny). Wyglądało to wszystko mało profesjonalnie. Mieliśmy za to publiczność. Taternicy wychylali się nad nami, żeby zobaczyć, jak sobie radzimy. Kiedy wyszedłem na grań, podszedł do mnie jakiś facet. Zdziwiony moim dziecinnym wyglądem spytał, kim jestem i ile mam lat. Przedstawiłem się i z dumą odpowiedziałem, że piętnaście.

– Jeśli w ciągu trzech lat się nie zabijesz, to będzie z ciebie zajebisty wspinacz – powiedział.

Zrobiłem się cały czerwony. Już wtedy uważałem się za zajebistego wspinacza. Dziś wiem, że miał rację. Jestem mu wdzięczny za te słowa. Wcześniej w ogóle nie myślałem, że to, co robię, jest niebezpieczne.

Ten facet, Marek Chmielarski, kilkanaście lat później wszedł z moją siostrą na Broad Peak.

Moje licealne życie zaczęło się kręcić wokół weekendowych wspinaczek w skałkach i Tatrach. Wyjeżdżałem z Tychów w piątek po lekcjach i stopem bądź pociągiem dostawałem się do Zawiercia albo Zakopanego. Z Tatr wracałem nocnym pociągiem, który wyjeżdżał w niedzielę o dwudziestej drugiej. Rano byłem w domu, brałem prysznic i zasuwałem do szkoły.

Na pierwszych lekcjach ledwo kontaktowałem. Wspomnienie emocji, które przeżywałem w weekend, było zbyt silne, żeby

⇦ Zamarła Turnia – czerwiec 1999.

się skupić. Wspinając się, musisz się skoncentrować, stłamsić lęk i po prostu sobie poradzić. Dopiero po zejściu emocje do ciebie wracają. Chodziłem do dobrego liceum, gdzie spotykałem zestresowanych kolegów, niektórzy łykali jakieś tabletki, bo tak bardzo przejmowali się kartkówką.

– Jezu, ma dziś pytać z matmy.

A u mnie głowie: Zamarła Turnia, Kazalnica...

– Z matmy? A potem klasówka? No, trudno, poprawię – odpowiadałem.

Byłem bardzo szczęśliwym człowiekiem, bo niezbyt angażowały mnie wszystkie typowe dla nastolatków problemy: dziewczyny, imprezy, oceny. Co to za różnica, czy dostanę trójkę, czy piątkę? Dostawałem szóstki, dostawałem jedynki. Wiedziałem, że przecież i tak pójdę na studia, bo wystarczy, że nauczę się do egzaminu. W liceum byłem lubiany, góry dawały mi energię, którą obdzielałem innych. Chodziłem wiecznie uśmiechnięty. Nie bałem się powiedzieć wychowawczyni, że klasówka nie została zapowiedziana.

Zadzwonił do mnie Robert i spytał, czy nie pojechałbym z nim na Großglocknera. Musiałem tylko załatwić sprawę z nauczycielką biologii. Zbliżał się koniec roku, okres poprawiania ocen, a biolożki bali się wszyscy, zaniżała średnią całej klasy. Piątkowe uczennice płakały, bo wstawiała im trójki. Chciałem wcześniej napisać sprawdzian, którego termin kolidował z wyjazdem.

– Wiesz, Adam, ja zawsze bardzo szanowałam twoją pasję, uważam, że to bardzo ważne mieć coś takiego. Ale w życiu każdego dorosłego człowieka przychodzi taki moment, kiedy trzeba wybrać, co jest najważniejsze – powiedziała.

Zapadła krepująca cisza.

– No, to ja widzę, że już wybrałeś. Chyba nie mamy o czym rozmawiać.

Na świadectwie miałem z biologii dopuszczający.

Rodzice mi na to pozwalali. Nauczyli mnie, jak wagarować z głową. Sami przez całe technikum dużo grali w brydża, często olewali lekcje, a potem ze świetnymi ocenami skończyli studia i pewnie dzięki temu uważali, że w szkole nie trzeba bywać codziennie. Na zajęcia chodziłem, gdy wiedziałem, że mam być pytany, albo kiedy zapowiedziano sprawdzian. Ale gdy nic się nie działo, to z trolejbusu wysiadałem dwa przystanki dalej i szedłem nad Jezioro Paprocańskie. Kładłem się na pomoście, włączałem muzykę i przez cały dzień czytałem książki. Nie ukrywałem tego przed rodzicami. Potrafili to zaakceptować, jeśli tylko nie wchodziłem w żaden otwarty konflikt z nauczycielami.

Rodzice uczyli mnie samodzielności, odpowiedzialności, stanowczości i asertywności. Ojciec mawiał, że jeśli w coś wierzę, to mam bronić swoich poglądów. Zawsze z siostrą mogliśmy zabrać głos w dyskusji. Nasza babcia miała dość despotyczny charakter i potrafiła powiedzieć: „Wy jesteście dziećmi i nie powinniście się wypowiadać na takie sprawy". Wtedy on ostro reagował, mówiąc, że dzieci też mogą mieć własne zdanie i należy je szanować. Często stawał w naszej obronie. Kiedy w szkole chcieli obniżyć mi zachowanie za długie włosy, jechał porozmawiać z wychowawcą, pedagogiem i dyrektorką.

– Jakim prawem mój syn ma mieć obniżone zachowanie? Za mną dyrektor biegał po korytarzu z nożyczkami, ale na szczęście nie żyjemy już w takich czasach i Adam nie będzie przez to przechodził. Absolutnie się na to nie zgadzam. Jeśli nie macie innych argumentów niż wygląd, to zawiadamiam kuratora – mówił.

Ojciec jest inżynierem. Był sztygarem w kopalni, gdzie zarządzał transportem ludzi i materiałów. Pracował pod ziemią. Dzięki jego zgodzie udało się kiedyś zorganizować tam wycieczkę kilku osób z mojej klasy. Zobaczyliśmy, w jakich warunkach pracują górnicy. Byłem w szoku. Nie sądziłem, że jest aż tak ciężko i niebezpiecznie. Ciasne korytarze, gwałtowne zmiany temperatur, ciemność, pył, hałas, wilgoć. Ojciec zawsze mówił, że mogę w życiu zostać, kim chcę, byle nie górnikiem. Z biegiem czasu tata stał się moim najwierniejszym kibicem i wielokrotnie pomagał mi w trudnych sytuacjach. Dziś jest jednym z najlepszych teoretyków himalaizmu, jakich znam. Tworzy Centrum Zarządzania Kryzysowego „Tychy", które często ratuje mi skórę. Aktywnie angażuje się w każdy mój projekt, między innymi odpowiada za wysyłanie prognoz pogody, gdziekolwiek jestem.

Mama z wykształcenia jest informatyczką. Kończyła studia, kiedy komputery były czymś zupełnie nowym i miały rozmiar trzydrzwiowej szafy. Od zawsze zdradzała niezwykły talent do matematyki. W wakacje dla przyjemności rozwiązywała zadania na szóstkę przewidziane na następny rok szkolny. Jej ukochaną grą jest brydż, który stał się naszym rodzinnym hobby. Mama jest towarzyska. Żeby pracować z ludźmi, a nie z maszynami, przekwalifikowała się i zaczęła sprzedawać ubezpieczenia. Zawsze się o mnie bała. Do dziś nie lubi słuchać o niebezpiecznych przygodach w górach, ale mimo obaw zawsze zgadzała się na moje wyjazdy.

Na początku rodzice nie zdawali sobie sprawy, jak ważna jest dla mnie wspinaczka i jak poważne są cele, które zamierzam zrealizować. W okresie dorastania miałem jednak dużo swobody. Rodzice duży nacisk kładli na odpowiedzialność za to, co robimy. Mogliśmy dużo, ale nie ratowali nas przed konsekwencjami. Gdy zbiłem w szkole szybę, to zapłacili za nową, ale przez cztery miesiące potrącali mi połowę kieszonkowego. Mogłem chodzić na wagary, ale nie pisali mi usprawiedliwień. Miało to swoje plusy, ale bywało też denerwujące. Kiedy wracałem z kolonii, to czasami musiałem sam wsiąść w autobus i dojechać do domu. W wieku ośmiu lat samodzielnie jeździłem pociągiem do babci na wakacje.

Po pierwszym tatrzańskim sezonie przyszedł czas na Alpy. Wiedziałem, że w Himalaje prowadzi ustalona droga: najpierw skałki, potem Tatry i Alpy – latem i zimą. Następnie wyższe góry – Kaukaz i Pamir albo Tien-szan. Z drugą siostrą Roberta Agnieszką pojechaliśmy stopem z plecakami wyładowanymi sprzętem i jedzeniem do Zermatt w Szwajcarii. Robert miał dojechać dziesięć dni później.

W Alpach Pennińskich prawie płakałem z rozczarowania. Zinalrothorn (4221) – sierpień 1999.

Naszym pierwszym celem był Zinalrothorn (4221 m n.p.m.), szczyt w Alpach Pennińskich. Pierwszy dzień podejścia do schroniska dał nam nieźle w kość. Drugiego dnia przed świtem ruszyliśmy do szczytu. Agnieszka słabo znosiła brak aklimatyzacji i po trzech godzinach musieliśmy zawrócić. Prawie płakałem z rozczarowania, tym bardziej że odmówiła kolejnej próby następnego dnia.

Po zejściu do doliny wymyśliłem, że spróbuję wejść na Dufourspitze (4634 m n.p.m.), drugi najwyższy szczyt Alp. Nie stać mnie było na kolejkę, więc znowu musiałem podejść z całym sprzętem biwakowym do schroniska Monte Rosa Hütte. Namiot rozbiłem kilkaset metrów za budynkiem.

To był rok 1999, czasy, kiedy wspinaczy z Europy Wschodniej dało się jeszcze łatwo rozpoznać. Mieliśmy gorszy sprzęt, spaliśmy w namiotach i nosiliśmy wielkie plecaki. Nie było nas stać na schroniska – dwie noce pożarłyby pewnie budżet całego wyjazdu. Pamiętam, z jakim zdumieniem patrzyłem wtedy na małe

Mieliśmy gorszy sprzęt, spaliśmy w namiotach
i nosiliśmy wielkie plecaki. Zejście do Zermat – sierpień 1999.

plecaczki, z którymi na kilka dni wyruszali w góry lokalni wspinacze. Co ciekawe, dzisiaj jest wręcz odwrotnie. Polacy spotykani w Alpach mają prawie zawsze najlepszy możliwy sprzęt i od stóp do głów ubrani są w markowe ciuchy.

Wieczorem poszedłem szukać partnerów. Bezskutecznie. Wcale się nie dziwię, że nikt nie chciał wziąć do zespołu przypadkowej osoby. Dopiero miałem gwałtownie urosnąć, ale na razie byłem raczej wątłym szesnastolatkiem.

Postanowiłem spróbować wejść na szczyt solo. O drugiej w nocy dołączyłem do sznurka ludzi idących w kierunku wierzchołka. Po początkowym, skalnym odcinku droga wchodziła na lodowiec pełen szczelin. Poza mną wszyscy byli związani liną. Kiedy przechodziłem przez jeden z kolejnych mostów śnieżnych, straciłem grunt pod nogami. Dopiero kilka sekund później, gdy leżałem na krawędzi szczeliny, uświadomiłem sobie, co się tak naprawdę przed chwilą wydarzyło. Fragment mostu zarwał się pod moim ciężarem, a ja zawisłem na samych rękach opartych o krawędź dziury, w której dyndały swobodnie moje nogi. Rozpaczliwie próbowałem znaleźć jakiś punkt podparcia. Ból wykręconych wtedy barków czułem jeszcze przez kilka lat. Pod wpływem adrenaliny uderzyłem na oślep czekanem, podparłem się kijkiem i jakoś wygramoliłem ze szczeliny. Przez chwilę głęboko oddychałem. Żyłem. Po chwili zawisły nade mną trzy głowy. Patrzyły to na dziurę, to na mnie. W końcu jedna z głów przemówiła:

– Może chcesz się związać?

– Żebyś wiedział, że chcę!

Poszedłem dalej z trójką Norwegów. Byłem jednocześnie przestraszony i zachwycony, bo szliśmy na lotnej asekuracji, to znaczy związani liną, poruszaliśmy się jednocześnie po mocno eksponowanej grani. Duże wrażenie robił na mnie widok morza szczytów, które nas otaczało.

Na wąskiej grani, która wiodła z przełęczy Silbersattel do szczytu, zrobił się korek. W dodatku zaczęła się psuć pogoda. Moi towarzysze chcieli zawracać, a ja czułem, że idąc na doczepkę, raczej nie mam tu nic do gadania, nie chciałem też odłączać się od zespołu. Z bólem serca zawróciłem razem z nimi.

Przybity kolejną porażką leżałem przed namiotem, kiedy obok zaczęła się rozbijać grupka Czechów.

– Byłeś może na szczycie? – spytali.

Opowiedziałem historię mojego odwrotu, nieudolnie próbując ukryć rozczarowanie tym, że nie udało mi się wejść na wierzchołek. Wypytali mnie o trasę i warunki u góry, fajnie nam się rozmawiało.

– Słuchaj, może chcesz jutro do nas dołączyć?

– Wiecie co, jestem po dwunastogodzinnej akcji górskiej. Wstałem o drugiej w nocy, wróciłem godzinę temu, nie wiem, czy dam radę za wami nadążyć... A o której chcecie wyjść?

– No, o drugiej. Zostało ci parę godzin na regenerację.

– A nie wiem, czy... No dobra, idę z wami.

Czesi mieli wszystko gdzieś. Poza początkowym etapem na lodowcu w ogóle się nie asekurowali.

– Chłopaki, może byśmy się związali? – spytałem w końcu.

– E, co ty, przecież jest przedeptane, szkoda czasu na plątanie się z liną.

Weszliśmy na szczyt w ekspresowym tempie i jeszcze szybciej z niego zeszliśmy, a raczej beztrosko zjechaliśmy na tyłkach.

Tego dnia dowiedziałem się, czym jest głód. Resztki prowiantu zjadłem po pierwszym ataku szczytowym. Wstydziłem się poprosić, by ktoś mnie czymś poczęstował. Do drugiego ataku szczytowego poszedłem już głodny. Po zdobyciu wierzchołka zszedłem do mojego obozu, przespałem się i ruszyłem w dół. Byłem tak wygłodzony, że jeszcze raz zacząłem przetrząsać plecak w poszukiwaniu czegokolwiek jadalnego. Znalazłem tylko kostkę sojową. Zjadłem ją na sucho, od czego rozbolała mnie głowa. Agnieszka czekała na mnie w jednej z opuszczonych pasterskich chat, którą zajęliśmy. Niestety, to nasze darmowe lokum znajdowało się po przeciwległej stronie doliny, około dwustu metrów ponad Zermatt – znów trzeba było podchodzić.

Ledwo żywy, ale za to bardzo szczęśliwy dotarłem w końcu na miejsce i ciężko zwaliłem się na trawę – centralnie w krowi placek. Potem zacząłem jeść co popadło: konserwę rybną, ciastka i chleb. Po chwili wszystko zwróciłem.

W tym samym czasie Robert Rozmus od dwóch miesięcy mieszkał w Chamonix na boisku do gry w bule. Koczował tam w oczekiwaniu na kolejne grupy z Polski. Wprowadzał klientów na Mont Blanc i całkiem nieźle mu to szło. Zresztą dziś jego Annapurna Klub jest jedną z większych polskich firm organizujących wyjazdy partnerskie.

W krajach alpejskich przewodnictwo górskie ma długą tradycję. U nas góry, nawet te łatwe technicznie, przez wiele lat dostępne były tylko dla hermetycznego środowiska wykwalifikowanych wspinaczy. W latach dziewięćdziesiątych pojawiła się w Polsce nowa grupa tak zwanych turystów wysokogórskich. To ludzie, którzy rozpoczęli swoją przygodę z górami od turystyki pieszej, ale wraz z otwarciem granic zapragnęli zdobywać coraz wyższe szczyty – łatwe technicznie, ale często wysokie, jak na przykład Mont Blanc, Elbrus, Kilimandżaro, Aconcagua, a nawet Mount Everest. Polski Związek Alpinizmu nie miał dla nich żadnej oferty. Tę lukę wypełnił unikalny na skalę światową twór – wyjazdy partnerskie. Jako pierwsi w kraju organizowali je między innymi Ryszard Pawłowski i właśnie Robert Rozmus. Dziś takich firm są dziesiątki. Ich oferty często bardzo się od siebie różnią. Od wyjazdów organizowanych przez kompletnych amatorów, którzy odpowiadają tylko za logistykę wyprawy i wymagają od klientów pełnej samodzielności w górach, po takie, podczas których kompetentny i doświadczony wspinacz pełni de facto funkcję przewodnika. Co roku więcej ludzi bierze udział w wyjazdach partnerskich, niż jest zrzeszonych w PZA.

Działalność takich firm zrodziła krytykę ze strony profesjonalnych wspinaczy – przede wszystkim tych, którzy odpowiadając na zapotrzebowanie rynku, zaczęli wprowadzać standardy znane z krajów alpejskich. IVBV/UIAGM/IFMGA to organizacja skupiająca przewodników, którzy po latach wymagających szkoleń uzyskują uprawnienia do prowadzenia ludzi w górach całego świata. Certyfikat, który otrzymują, to gwarancja kompetencji, ale cena ich usług jest też odpowiednio wysoka. W tej chwili w Polsce takich przewodników jest około trzydziestu. Ta liczba nawet w najmniejszym stopniu nie zaspokaja potrzeb rynku.

Pomimo kontrowersji wzbudzanych przez wyjazdy partnerskie to bez wątpienia dzięki nim tysiące ludzi mogą się cieszyć górami, w które samotnie nigdy by nie dotarli. 6 grudnia 2016 roku Janusz Kochański w najkrótszym czasie spośród Polaków skompletował szczyty składające się na Koronę Ziemi. Dokonał tego w jedenaście miesięcy w ramach wyjazdów partnerskich zorganizowanych przez Annapurna Klub.

Trzeba mieć świadomość, że nikt nie jest w stanie zagwarantować nam pełnego bezpieczeństwa – ani kierujący wyjazdem partnerskim, ani licencjonowany przewodnik IVBV. Niestety, wypadki zdarzają się i jednym, i drugim.

Na szczyt wspinałem się razem z moim tatą. Mont Blanc. Sierpień 1999 – na grani Goutera.

Z Robertem Rozmusem w Solvayu. Sierpień 1999.

Tamtego pierwszego sezonu w Alpach Robert Rozmus dojechał do nas kilka dni po moim wejściu na Douforspitze. Planowaliśmy wejście na Matterhorn. Chciał rozpoznać teren, bo za kilka dni mieli się zjawić jego klienci. Całkiem sprawnie dotarliśmy wtedy na wierzchołek, ale podczas zejścia zatrzymaliśmy się w Solvayu, choć dziś wiem, że jeśli nie potrafisz wejść i zejść z Matterhornu w jeden dzień, to widocznie nie jesteś jeszcze gotowy na ten szczyt. Solvay nie jest normalnym schroniskiem. To znajdujący się na czterech tysiącach metrów schron biwakowy, koło ratunkowe w przypadku załamania pogody albo innych kłopotów.

Spod Matterhornu przenieśliśmy się w masyw Mont Blanc, gdzie Robert wprowadził na najwyższy szczyt Europy kolejną komercyjną grupę. Ja na wierzchołek wspinałem się razem z moim tatą. To wtedy pierwszy raz wcieliłem się w rolę prowadzącego dla osoby mniej doświadczonej. Bardzo mi to odpowiadało i wkrótce zacząłem współpracować z Robertem. Najpierw razem z nim, a później samodzielnie prowadząc wyjazdy. Nie zdawałem sobie sprawy, że w przyszłości może spotkać mnie za to ostracyzm środowiska wspinaczkowego. Dla mnie to prostu była szansa na bycie w górach – mogłem podróżować po świecie, robić to, co kocham, i jeszcze ktoś mi za to płacił.

Po alpejskich przygodach wróciłem w Tatry. Pewnego dnia zrobiłem już dwie drogi wspinaczkowe: jedną z Agnieszką Rozmus na Zadnim Mnichu i jedną solo na Cubrynie, ale ciągle było mi mało. Stałem więc pod północną ścianą Mnicha i zastanawiałem się nad zrobieniem kolejnej drogi na żywca, czyli solo i bez asekuracji. Wtedy zobaczyłem, że na Kancie Klasycznym dzieje się coś dziwnego. Trzech wspinaczy ewidentnie sobie nie

Całkiem sprawnie dotarliśmy na wierzchołek. Na szczycie Matterhornu (4478 m n.p.m.). Sierpień 1999.

Po alpejskich przygodach wróciłem w Tatry. Kwiecień 2000 – Zadni Mnich.

radziło. Ostatni z nich był zaledwie czterdzieści metrów nad podstawą ściany.

– Hej, chłopaki, potrzebujecie pomocy? – krzyknąłem.

– Jakoś sobie radzimy.

– Na pewno nie chcecie, żebym wam trochę pomógł?

– No, ale jak ty tutaj dojdziesz?

Założyłem buty wspinaczkowe i przeżywcowałem pierwszy wyciąg, a potem pomogłem im dokończyć drogę. To było trzech kumpli, którzy wspinali się w skałkach, trochę chodzili po Alpach i próbowali swoich sił na prostych wspinaczkach w Tatrach. Byli nieco starsi ode mnie. Z jednym z nich, Kamilem Michalikiem, poszedłem się wspinać następnego dnia. Wkrótce się zaprzyjaźniliśmy i jeszcze kilka razy pojechaliśmy razem w Tatry, aż zaproponował mi wspólny wyjazd na Chan Tengri (7010 m n.p.m.) w góry Tien-szanu.

Jakiś czas później zadzwonił Robert.

– Organizuję wyjazd na Pik Lenina, co ty na to? – zapytał.

To było idealne połączenie, bo obie góry są położone blisko siebie. Na leżący na granicy Tadżykistanu i Kirgistanu w Pamirze Pik Lenina (7134 m n.p.m.) miała jechać też moja siostra. Wymyśliłem, że najpierw zdobędę jedną górę z nimi, a potem szybko przedostanę się na granicę Kirgistanu, Kazachstanu i Chin, gdzie w centralnym Tien-szanie piętrzy się Chan Tengri.

Miałem siedemnaście lat i w końcu jechałem w góry wysokie.

Pierwszym problemem było oczywiście zdobycie pieniędzy na wyjazd. Pracowałem na promocjach w hipermarketach, gdzie chodziłem na szczudłach. Z teatrem ulicznym, z którym współpracowałem, pojechaliśmy do Kataru. Tam przebrany za kurczaka występowałem ze złożoną z Hiszpanów orkiestrą dętą i rozdawałem dzieciakom cukierki w olbrzymich galeriach handlowych. Oszczędzałem cały rok, a brakującą kwotę dołożyli rodzice.

Formalnościami wyjazdu na Pik Lenina zajął się Robert. Sprawy związane ze wspinaczką na Chan Tengri załatwiliśmy na miejscu.

Całą zimę trenowałem samotnie w Beskidach z namiotem, plecakiem, w skorupach – plastikowych butach wysokogórskich, których budowa przypomina trochę buty narciarskie – oraz z kompasem w ręce. Szlaki były zasypane. Dziś na rakietach czy nartach przechodzi się je w kilka godzin, a mi zajmowało to cały dzień. Schronisko na Hali Lipowskiej okazało się wymarłe. Za ladą siedziała znudzona kobieta. Spytała, dokąd idę tak obładowany.

– Na Pilsko.

– Olaboga! Przecież tam od miesiąca nikt nie przeszedł – przeraziła się i pobiegła po ratownika GOPR-u.

Wyglądał na zaspanego.

– Gdzie ty się, młody, wybierasz? – spytał.

– Na Pilsko.

– A sprzęt biwakowy masz?

– Wszystko mam. Namiot, śpiwór, skorupy....

Popatrzył krytycznie na mój profesjonalny przecież sprzęt.

– Od miesiąca nikogo tam nie było. Ja chodził i cię tam szukał nie będę, ale rób, jak uważasz.

Cały dzień torowałem drogę w głębokim, kopnym śniegu. Chwilami poruszałem się w żałosnym tempie sto metrów na godzinę jak na ośmiotysięczniku. Wieczorami kopałem platformę i rozbijałem namiot. I tak chodziłem tej zimy po Beskidach – z kompasem na azymut, nieważne, czy była dobra, czy zła pogoda. Wytyczałem sobie kierunek i przedzierałem się przez las.

W pociągu z Moskwy do Biszkeku, stolicy Kirgistanu, nie udało nam się z siostrą dostać miejsca w tym samym przedziale. Kiedy wszedłem do środka, naprzeciwko siedział już duży mężczyzna w koszulce na ramiączkach w niebieskie paski. Obok jego żona trzymała na kolanach dziecko, a na stoliczku stała klatka z papugą.

– *Kak tiebia zawut?* – spytał.

– *Stiudent.*

– *Stiudent eto nie imia. Mienia zawut Sasza. Skolko wam let?*

– Siedemnaście.

– *Nu, krasiwo, wodku pjosz?*

– *Niemnożko.*

– *Nu, dawaj.*

Polał setkę ciepłej wódki. Zakręciło mi się w głowie. Musiałem coś zjeść. Wyciągnąłem chleb i ser.

– *Adam, budiesz kuszat'?*

Ciach. Obok mojego sera wylądowały jego kiełbasy i pomidory. Ktoś przyszedł, dorzucił coś jeszcze. Na tym polega wschodnia gościnność. Potem miałem się przekonać, że im dalej na wschód, im ludzie biedniejsi, tym bardziej otwarci i skłonni do dzielenia się wszystkim, co mają.

Pierwszy dzień był zapoznawczy. Trzeciego, gdy musiałem już wysiadać, wszyscy ciupali w karty, a wódka lała się strumieniami.

Z Biszkeku pojechaliśmy do Oszu, a stamtąd już w góry. Miałem ze sobą turystyczny namiot z masztami z włókna szklanego, kurtkę narciarską Alpinusa, skorupy i syntetyczny śpiwór, który zapewniał komfort do -4 stopni Celsjusza. Najcenniejszymi elementami wyposażenia były pożyczone spodnie i czekan.

Pik Lenina to brzydka góra. Wejście na szczyt normalną drogą nie wymaga umiejętności technicznego wspinania, dlatego jest to poligon doświadczalny dla wszystkich, którzy chcą spróbować wspinaczki na dużej wysokości.

Skład naszej wyprawy był słaby, a pogoda niezbyt sprzyjająca. Skończyło się na tym, że po dziesięciu dniach do ostatniego obozu, który rozbija się na Piku Razdielnaja (6148 m n.p.m.), dotarliśmy tylko moja siostra i ja.

Agnieszka zaczęła się regularnie wspinać pod moim wpływem, ale sama inspirowała mnie dużo wcześniej. To jej podkradałem kasety z muzyką Pink Floyd, The Doors, Kaczmarskiego i Gintrowskiego. To z nią pierwszy raz jechałem autostopem. Miałem może dwanaście lat. Piąty kilometr szliśmy, kiedy powiedziałem, że zawsze myślałem, że autostop to jeżdżenie samochodami, a nie długie marsze. Bardzo ją to ubawiło. Później zacząłem dzięki niej żeglować. Agnieszka wypływała tysiące godzin. Jako członek trzyosobowej załogi przepłynęła ośmiometrowym jachtem Atlantyk. Tamten rejs trwał w sumie sześć miesięcy. Zaczęli w Chorwacji, skończyli na Karaibach. W dzieciństwie zazdrościłem jej przygód i podróży. Ojciec mawiał wtedy: „Poczekaj, Adam, jeszcze przyjdzie twój czas".

Rano w dniu ataku szczytowego na Pik Lenina warunki były okropne. Dziś w ogóle nie wyszedłbym z namiotu, ale wtedy zaczęliśmy się wspinać.

Agnieszka, widząc, że zostaje w tyle, rozsądnie zdecydowała, że dalej nie idzie. Mnie pchała ambicja, poza tym czułem się świetnie. Później wielokrotnie miałem się przekonać, że mam predyspozycje do przebywania na dużych wysokościach. Parłem w głębokim

Pik Lenina (7134 m n.p.m.).
Lipiec 2000.

Pik Lenina – obóz III
na 6000 m n.p.m.
Lipiec 2000.

śniegu do przodu jak maszyna, ale wiatr był zbyt silny i musiałem zawrócić.

Następnego dnia, mimo wciąż kiepskiej pogody, spróbowałem ponownie, tym razem sam. Na grani wiało ponad osiemdziesiąt kilometrów na godzinę. Przewracałem się, ale ani myślałem zawrócić. Do szczytu miałem jeszcze siedemset metrów w pionie. Postanowiłem schować się przed wiatrem za granią i w tym celu strawersowałem na północną ścianę. Śnieg był głęboki, ale przynajmniej wiatr przycichł. Mijały godziny, a ja byłem coraz wyżej.

W pewnym momencie usłyszałem głośny trzask. Podniosłem lekko głowę i zobaczyłem linię pęknięcia, która znajdowała się metr nade mną. Stok dosłownie usunął mi się spod stóp i zacząłem spadać. Wciągnęło mnie pod śnieg, wypluło, zrobiłem salto w powietrzu i znów zanurkowałem pod śnieg, a potem lawina wyrzuciła mnie jeszcze raz. Wyleciałem z niej jak pocisk z katapulty. Straciłem przytomność.

Było ciemno, gdy otworzyłem oczy. Zrozumiałem, że jestem pod śniegiem, a przez głowę w ciągu sekundy przemknęły mi wszystkie historie o zasypaniu przez lawinę. Rozpaczliwym ruchem wyrzuciłem ręce przed siebie. Leżałem na plecach i byłem zasypany, ale co najwyżej dwudziestocentymetrową warstwą śniegu. Wygrzebałem się i poruszałem palcami, nogami, rękoma. Potem zadałem sobie kilka pytań: jak się nazywam, co robię i gdzie jestem. Potrafiłem na nie odpowiedzieć. To mnie uspokoiło.

Skoro zeszła lawina, to drugiej już nie będzie. Co miało spaść, to spadło. Zleciałem około stu metrów. Nic mi się nie stało, więc idę do góry. Zacząłem mozolnie odrabiać straconą wysokość i w końcu wyszedłem na grań szczytową. Na górze wiało okrutnie, a widoczność zmalała do kilku metrów. Sama kopuła szczytowa Piku Lenina to wielkie plateau, na którym piętrzą się kilkunastometrowe kopce z kamieni. Zawsze wydawało mi się, że łatwo jest znaleźć wierzchołek, wystarczy przecież iść ciągle w górę – aż do miejsca, w którym staje się to niemożliwe. A tam się okazało, że może być inaczej. Nie potrafiłem odnaleźć szczytu, nie wiedziałem, dokąd iść w tej mgle i która kupa kamieni jest najwyższa.

Zawróciłem. Szedłem na pamięć, bo ślady już zasypało. Jakimś cudem krótko po zmroku odnalazłem namiot. Nie miałem siły się rozebrać. Agnieszka ściągnęła mi raki, a potem buty. Zastanawiające było to, że czułem wilgoć w lewym botku. Zajrzałem do środka. W skorupie było pełno krwi. Podczas lotu musiałem wbić prawego raka w lewy piszczel. Nie wiem, czy to kwestia temperatury, czy adrenaliny, ale nic nie poczułem.

– Agna, może jutro znowu spróbuję. Przecież pogoda musi się w końcu poprawić – powiedziałem.

Nie wyglądała na zachwyconą wizją kolejnego dnia spędzonego bezczynnie w oczekiwaniu na moje zejście. Poza tym mocno kaszlała. Namówiła mnie do odwrotu. I dobrze, bo następnego dnia ból piszczela był nie do zniesienia. Schodziliśmy w bardzo trudnych warunkach. Noga bolała przez tydzień, napuchła, ale nie była złamana, bliznę za to mam do dziś.

Robert z ekipą wracał do Polski. Agnieszka wsadziła mnie w taksówkę do Ałmaty i poleciała do Urumczi, skąd miała przedostać się przez Pakistan do Indii. Umówiła się tam ze swoją przyjaciółką na włóczęgę po Azji. W Ałmaty miałem się spotkać z Kamilem, Alim i Arem, czyli z trójką, którą poznałem kilka miesięcy wcześniej w Tatrach. Telefony komórkowe jeszcze nie weszły do powszechnego użytku, nikt z nas nie był wcześniej w Kazachstanie. Wyliczyliśmy, ile mniej więcej powinna potrwać moja wyprawa na Pik Lenina. Ustaliliśmy, że w podanym terminie przez pięć dni będziemy się szukać przy kasach na dworcu kolejowym. Dwa razy dziennie w ustalonych godzinach.

Na miejscu okazało się, że w Ałmaty są dwa duże dworce kolejowe. Przez pierwsze dwa dni na zmianę czekałem raz na jednym, raz na drugim. Trzeciego dnia zatelefonowałem do domu.

– No, właśnie Kamil już do mnie dzwonił i mówił, że nie może cię znaleźć, bo dużo tych dworców – powiedział mój ojciec, szef Centrum Zarządzania Kryzysowego „Tychy".

Umówił mnie z Kamilem i w końcu się spotkaliśmy. Pojawił się jednak kolejny problem. Była połowa sierpnia, a przed wyjazdem obiecałem rodzicom, że zdążę na początek roku szkolnego. Taki postawili mi warunek. Zostały dwa tygodnie. W odróżnieniu od chłopaków miałem jednak świetną aklimatyzację.

Chcieliśmy zdobyć Chana od północy. Dojście pod górę od tej strony jest bardzo skomplikowane, sam trekking trwa tydzień. Dojechaliśmy wspólnie do Karakołu. Oni poszli dalej na nogach, a ja zacząłem szukać śmigłowca. Żeby zachować szansę na zdobycie góry i powrót do domu przed końcem sierpnia, musiałem dostać się do bazy helikopterem.

Lot nie był drogi, kosztował dwieście dolarów w obie strony, ale ta kwota stanowiła jedną czwartą mojego budżetu na obie góry.

– Można trochę taniej? – spytałem pilota.

– Absolutnie nie, nie ma szans – spławił mnie.

Za równowartość czterech złotych kupiłem flaszkę wódki i poszedłem spróbować raz jeszcze.

– Napijemy się?

Uśmiech rozjaśnił jego twarz.

– Czemu nie.

Trochę po polsku, trochę po rosyjsku zacząłem tłumaczyć, że mam problem, bo chcę wejść na Chana, a brakuje mi czasu i pieniędzy. Wypiliśmy jedną flaszkę, skoczyłem po następną. Ktoś się przysiadł, ktoś zaczął grać na gitarze. Upiliśmy się.

– Za ile ten lot? – spytałem raz jeszcze.

– Sto dolarów w jedną stronę – powtarzał cierpliwie.

– Nie mam tyle, a muszę się tam dostać – tłumaczyłem.

– Nie mogę taniej cię zawieźć, co niby powiem szefowi? Musiałbym resztę sam dopłacić.

– Ale ja z Polski jestem, przecież pijemy razem za pokój na świecie. Żaden ze mnie Germaniec, Amerykaniec. Ja Słowianin, Polak. I ty dla mnie masz cenę sto baksów?

– Dobra. Sześćdziesiąt! – walnął ręką w stół, pod który wkrótce się zwaliłem.

Kiedy rano zobaczył mnie przy helikopterze, to złapał się za głowę.

– No to co, lecimy? – spytałem.

– Tak, jutro.

– A pamiętasz, że za sześćdziesiąt dolarów?

– Bladź, pamiętam. Powiedziałem, że sześćdziesiąt, to będzie sześćdziesiąt.

Swój honor miał i słowa dotrzymał.

Grubas siedział na stołku i przez lunetę wpatrywał się w północną ścianę Chan Tengri. Na moje oko Wielki Szef wyprawy nie wspinał się przynajmniej od dwudziestu lat, ale nie przeszkadzało mu to w wydawaniu rozkazów. Był w tym świetny. Dwudziestu koreańskich wspinaczy chodziło jak w zegarku.

Amerykanie przyszli do mnie, kiedy kończyłem rozbijać namiot.

– Chłopcze, co tu robisz? – spytali uprzejmie.

– A, na Chan Tengri przyjechałem.

– Ale z kim?

– Sam.

– Jak to sam?

Kończyłem akurat wyciągać rzeczy z plecaka. Kładłem je na ziemi, a oni brali do ręki i przyglądali się jak archeolodzy oglądający wykopane starocie.

– Ale jak ty będziesz się wspinał z takim śpiworem? Co to za namiot? Umrzesz tam – byli przerażeni.

– Właśnie byłem na Piku Lenina i jakoś nie umarłem, więc i teraz będzie dobrze.

– Chłopie, przecież tu jest zimno! To jest Tien-szan! Nie możesz iść z takim sprzętem.

– Jak nie mogę, jak idę. Mam wybór: albo iść z tym, co mam, albo nie iść wcale. To raczej pójdę.

Następnego dnia przynieśli mi jakieś garnki, polar, ciepłą wkładkę do śpiwora i jeszcze kilka drobiazgów. Większość z tych rzeczy i tak zostawiłem na dole, bo stwierdziłem, że skoro jestem zaaklimatyzowany, to pójdę na szczyt w stylu alpejskim, czyli szybko i na lekko. Styl alpejski to przeciwieństwo stylu wyprawowego. Jego ideałem jest przejście drogi przez mały zespół na nieznanej mu ścianie, bez poręczówek i w pierwszej próbie. Wiąże się to z codziennym przenoszeniem biwaku w inne miejsce. W przypadku gór najwyższych przyjęcie takiego stylu zwiększa szybkość i wartość sportową przejścia. Jednak ze względu na konieczność ograniczania wagi i tak ciężkich plecaków wspinacze są bardziej narażeni na skutki złej pogody, a olbrzymi wysiłek związany z noszeniem całego sprzętu podnosi ryzyko wyniszczenia organizmu i choroby wysokościowej.

Baza leżała na wysokości 4100 m n.p.m., a wierzchołek – niecałe trzy kilometry wyżej. Liczyłem, że w pięć dni się wyrobię – trzy dni w górę, jeden dzień na zejście, jeden dzień zapasu. Spakowałem niezbędne rzeczy, w tym jedzenie na pięć dni. Podniosłem plecak i przygniótł mnie paradoks polegający na tym, że styl alpejski zwany również lekkim nierozerwalnie wiąże się z bardzo ciężkim worem. Wypakowałem połowę rzeczy, między innymi zapasowe skarpetki i sprzęt do asekuracji.

Droga do jedynki była mordęgą. Plecak wciąż miałem za ciężki. W obozie zostawiłem resztę haków, linę, część jedzenia, ubrań, gazu i kask.

Dwójkę rozbiłem na wypłaszczeniu grani w stosunkowo odsłoniętym miejscu. Przyszło załamanie pogody. W nocy zerwał się wiatr. Założyłem wszystkie ubrania, w skorupach wszedłem do śpiwora, potem wsadziłem nogi do plecaka, skuliłem się i próbowałem zasnąć. Zaczęło sypać, a wiatr był coraz mocniejszy. Namiot szamotał się jak dzikie zwierzę i w półśnie usłyszałem, jak coś łamie mu kręgosłup. Ocknąłem się. Pękły maszty, namiot spadł mi na głowę. Wygramoliłem się na zewnątrz

Chan Tengri i Pik Czapajewa od północy.
Sierpień 2000.

i taśmą izolacyjną próbowałem je skleić. Było cholernie zimno. Po dziesięciu minutach kijki znów pękły, znów je skleiłem, ale to nie miało sensu. Wbiłem maszty na sztorc, przykryłem się płachtą, kucnąłem i tak przesiedziałem całą noc i cały kolejny dzień. Sikałem do butelki, a mocz wylewałem na zewnątrz. Świrowałem od hałasu. Rozwalony namiot łopotał, dźwięk po wielu godzinach stał się nie do zniesienia, jakby ktoś trzepał mi nad uchem dywan.

Ale najciekawsze w tym wszystkim było to, że się cieszyłem. W końcu przeżywałem prawdziwą przygodę, taką, jakiej chciałem, o jakiej czytałem i marzyłem.

Próbowałem coś gotować, uruchomić kuchenkę w ciasnocie, między nogami, ale mi nie szło. Wariowałem od skurczów, niewygody i hałasu. Miałem dość.

Wyszedłem za potrzebą. Burza nagle ucichła, chmury zaczęły się rozstępować. Z zadymki śnieżnej wyłaniały się góry. Odsłoniły się leżące kilkaset kilometrów dalej wierzchołki. Kopuła szczytowa Chan Tengri jest zbudowana z marmuru. W promieniach zachodzącego słońca wydawała się płonąć krwistą czerwienią. Chmury mieniły się fioletami i seledynami. Aż trudno uwierzyć, że natura potrafi stworzyć taką paletę barw.

Nie mam wątpliwości, że gdyby zawieziono mnie tam helikopterem, to również doceniłbym ten widok, ale nie byłoby to doświadczenie mistyczne. Potrzebowałem dwudziestu godzin w kuckach w rozwalonym namiocie, aby poczuć szczęście i jedność z otaczającymi mnie górami. Z czasem nauczyłem się osiągać ten stan szybciej i łatwiej. Takich momentów szukam w górach.

Żeby to zrozumieć, trzeba by się zagłębić w zjawisko deprywacji sensorycznej. W dużych miastach można pójść do specjalnej komory. Kładziesz się w słonej wodzie, która cię unosi, nie ma tam dostępu światła, dźwięku, nie ma bodźców. To prowadzi do głębokich stanów mistycznych porównywalnych z działaniem środków psychodelicznych. Mogą wystąpić halucynacje. Te stany odnajduję w himalaizmie. W cierpieniu można znaleźć coś fascynującego. Pustelnicy, mistycy, ludzie uważani za odmieńców właśnie tego szukali w samotności. Chcesz poznać naturę człowieka? Przegłódź go, zmęcz, wychłódź, nie daj mu się wyspać. Wtedy zrzuci maskę, bo nie będzie miał siły jej nosić. Jeśli chcesz zobaczyć, do czego zdolny jest twój przyjaciel, zabierz go na wyprawę. Mamy wyobrażenia na swój temat. Himalaizm weryfikuje je bezlitośnie. To samo robią wojna czy samotny rejs. Jednym z piękniejszych aspektów wspinania jest to, że w pewnym momencie w moim umyśle nie ma nic poza kilkoma metrami kwadratowymi skały, świadomością własnego ciała i analizą warunków. Podczas ataku szczytowego jestem poza lękiem, polityką, tym, co się dzieje na dole. To stan głębokiej koncentracji, bardzo oczyszczający. Góry są moją świecką formą duchowości. Stany medytacyjne – odwodnienie, wychłodzenie, głód – mogą być źródłem samorozwoju.

Głęboka medytacja wymyka się słowom. Jak opisać dobry seks? Można to łatwo zwulgaryzować, to doświadczenie pozawerbalne. Dlatego podczas seksu niewiele się gada.

Wiele lat później miałem się przekonać, że podobną stymulację mogą dać mi ultramaratony – ekstremalny wysiłek, ale w bezpieczniejszym otoczeniu. Podobnie jak w górach wysokich długotrwałym biegiem doprowadzamy organizm do krańcowego zmęczenia, ale podstawowa różnica jest taka, że zawsze mogę powiedzieć: „chrzanię to, dalej nie biegnę". Wtedy schodzę z trasy, czekam, aż ktoś mnie z niej zwiezie. Tak było w 2015 roku podczas Łemkowyny Ultra Trail, gdzie trzeba pokonać sto pięćdziesiąt kilometrów czerwonego szlaku w Beskidzie Niskim. Po osiemdziesięciu kilometrach marszobiegu zaczął mnie boleć przyczep mięśnia w kolanie. Miałem na tyle duży zapas czasu, że nawet gdybym już tylko szedł, to zmieściłbym się w limicie i ukończył bieg, ale miesiąc później jechałem pod Nanga Parbat i nie mogłem ryzykować kontuzji. Na setnym kilometrze zszedłem z trasy. W górach to niemożliwe. Kiedy wychodzimy do ataku szczytowego, to wiemy, że nikt po nas nie przyjedzie, nikt nas nie uratuje i to pogodzenie się z ryzykiem sprawia, że przeżycie jest o wiele głębsze niż podczas ultramaratonu, a stany mistyczne łatwiejsze do osiągnięcia.

Nie wiem, jak długo stałem wtedy na Chan Tengri i gapiłem się na to, co robi z chmurami światło. Doświadczenie porażało głębią i pięknem.

Po kolejnej nocy spędzonej w dwójce obudziło mnie słońce. Wiedziałem, że w obozie trzecim są wykopane jamy śnieżne. Zostawiłem namiot, a raczej to, co z niego zostało. Starałem się nie korzystać ze starych lin poręczowych, bo skąd mogłem mieć pewność, że nie urwą się pod moim ciężarem? W trójce pogoda znów się załamała. Cały dzień spędziłem w jamie. W górze byłem już pięć dni. Skończyło mi się jedzenie. Szóstego śnieg i chmury zamknęły mnie w małej lodowej norze, z której nos wyściubiałem tylko po to, żeby się wysikać. Z nudów zacząłem powiększać swoje lokum i przez przypadek odkopałem kilogramową paczkę płatków owsianych, torebki herbaty i naboje z gazem. Zajadałem się płatkami i pocieszałem, że skoro koń ma taką siłę po owsie, to coś w tym musi być.

Siódmy dzień nie przyniósł odmiany, ale za to inne wyprawy w końcu ruszyły w górę, a w mojej jamie pojawili się goście. Izraelczyk Ariel poratował mnie jedzeniem. Przyszli też Rosjanie. Usiedli w kółeczko w lodowej jamie na wysokości 5900 m n.p.m., wyciągnęli kartofle i zaczęli je obierać.

Ruszyliśmy w nocy ósmego dnia. Z Arielem byliśmy najszybsi, jednak na wysokości 6600 m n.p.m. mój towarzysz powiedział, że jest mu za zimno w nogi, i zawrócił. Zostałem sam.

Chan Tengri – obóz II na stokach Piku Czapajewa. Sierpień 2000. ⇨

Szczyt chował się we mgle. Wiedziałem, że dzieli mnie od niego ostatni trudny kuluar. Chciałem chwilę odetchnąć, zebrać siły potrzebne do pokonania ostatniej przeszkody. Na wysokości około 6800 m n.p.m. zrobiłem pierwszy tego dnia postój. Usiadłem, zdjąłem plecak i bez ściągania rękawiczek wyciągnąłem termos. Wystarczyła chwila nieuwagi. Wyślizgnął się i zniknął w czeluści, zanim zdążyłem wziąć choćby łyk.

Chan Tengri ma piękny kształt: wydaje się, że wierzchołek wieńczący tę idealną piramidę będzie prawdziwym szpicem. Tymczasem szczyt jest tak rozległy, że można grać na nim w piłkę. Na skałce, za którą rozciągało się śnieżne plateau, znajdował się metalowy trójnóg. Wisiały na nim poszarpane flagi, maskotki i inne drobiazgi zostawione przez wspinaczy. Coś mi jednak nie pasowało. Trójnóg wcale nie stał w najwyższym punkcie! Przez czterdzieści minut kręciłem się po rozległym plateau szczytowym. Bielecki, pomyślałem w końcu, ty debilu, co ty właściwie robisz? Chodzisz w kółko po własnych śladach, byłeś już wszędzie, pewnie ze dwa razy przeszedłeś przez to, czego szukasz.

Opowiedziałem tę historię w bazie.

– Ale z ciebie idiota – wyśmiali mnie z sympatią miejscowi. – Wszyscy dochodzą tylko do trójnogu. Taka tradycja.

– Ale czy on jest najwyżej?

– Nie. Stoi na wysokości sześciu tysięcy dziewięciuset dziewięćdziesięciu pięciu metrów. Kawałek dalej jest czapa śnieżna, która w zależności od pory roku, opadów i wiatru ma dziesięć-piętnaście metrów więcej. No i się przemieszcza.

Nie mam zdjęcia ze szczytu, bo zamarzł mi aparat. O ile w górę szedłem szybko, o tyle droga w dół zajęła mi mnóstwo czasu. Bałem się zjeżdżać po starych poręczówkach, więc głównie schodziłem. Co jakiś czas siadałem i przysypiałem, ale na szczęście budziło mnie zimno. Na przełęcz dotarłem już po zmroku. Ariel i Rosjanie wyszli mi naprzeciw, co było bardzo miłe. Okazało się, że wszyscy poza mną zrezygnowali. Jedni nie mieli dość sił, inni przestraszyli się kiepskiej widoczności i silnego wiatru. Tego dnia na szczycie byłem sam.

W namiocie ściągnąłem w końcu rękawiczki. Straciłem czucie w kciuku. Wsadziłem go do buzi i cały wieczór żułem, aż pojawił się ból. Następnego dnia wyskoczyły mi bąble. Podczas jednodniowego zejścia do bazy spotkałem Aleksandra Lwowa, znanego himalaistę, który pewnie nie pamiętał nawet, że jestem tym samym dzieciakiem, który parę lat wcześniej przyjeżdżał z rodziną na organizowane przez niego spotkania miłośników „Gór i Alpinizmu". Prawie dwa tygodnie wcześniej spotkałem go w Karakole, ale kiedy powiedziałem, ile mam lat i co chcę zrobić, to szybko się ulotnił. Tym razem zachował się całkiem inaczej i szczerze pogratulował mi sukcesu.

A potem przyszli jacyś Rosjanie.

– Ile ty masz lat? – Nie wiem, który raz usłyszałem to pytanie.

– Siedemnaście? To jesteś najmłodszym zdobywcą Chana w historii! W dodatku wszedłeś sam i w stylu alpejskim. *Mołodiec!* – krzyczeli.

Z tym wejściem solo i w stylu alpejskim to według mnie nie do końca prawda, bo przecież korzystałem jednak ze starych poręczówek, a wokół mnie znajdowali się inni wspinacze.

W bazie dostałem od Rosjan darmowy obiad, wódkę, zaczęły się śpiewy i toasty. Nie pamiętam, jak znalazłem się w namiocie.

Spotkałem Kamila, Alego i Ara. Przyszli do bazy poprzedniego dnia po niezłych przygodach. Aro postanowił wrócić do kraju ze względu na kontuzję kolana, ale chciał poczekać na Kamila i Alego, którzy wymyślili, że zrobią trawers Chana i zejdą na południową stronę. Ja musiałem wracać do domu. Wydałem sześćdziesiąt dolarów na helikopter i w kieszeni zostały mi grosze. W Karakole wyżebrałem u innej wyprawy podwózkę do Ałmaty. Za ostatnie dolary zapłaciłem z góry za dwa noclegi.

Poszedłem do baru. Kupiłem trzy piwa i postawiłem je przed sobą. Byłem spłukany. Nie chciałem pisać do rodziców. To był mój pierwszy duży wyjazd i od razu wtopa? Nie wiedziałem, co robić, piłem piwo i rozważałem coraz bardziej absurdalne scenariusze.

Joachim Weisinger był Niemcem i do Ałmaty przyjechał turystycznie. Los chciał, że wszedł do tej samej knajpy co ja, zobaczył mnie, podszedł i zagadał. Jechał pod Chana, żeby wmurować tablicę upamiętniającą śmierć przyjaciela, który zginął tam dwa lata wcześniej. Kiedy dowiedział się, ile mam lat i że właśnie wróciłem ze szczytu, to nie mógł w to uwierzyć. Przede wszystkim nie pasowała mu moja mina.

– Coś ty taki skwaszony? – zapytał.

– A bo mi się pieniądze skończyły i nie mam jak wrócić do Polski – odparłem.

Pik Lenina (7134 m n.p.m.). Lipiec 2001 – na szczycie.

– Nie masz biletu na samolot?
– Przyjechałem pociągiem, ale nie mam biletu powrotnego. No i pieniędzy też nie mam.

Skończyła się miła rozmowa. Joachim był na mnie coraz bardziej zły.

– No i co teraz zrobisz? Jak to sobie wyobrażasz? – prawie krzyczał.

– Nie wiem, co zrobię! – sam się zirytowałem.

– A ile potrzebujesz? – spytał już spokojniej.

Pamiętałem, że bilet z Brześcia do Biszkeku kosztował dziewięćdziesiąt dolarów.

– Za sto dolarów dostanę się do Moskwy, a tam już sobie jakoś poradzę – powiedziałem.

– To ja ci te pieniądze pożyczę.

Zacząłem nim trząść ze szczęścia. Wyciągnąłem paszport.

– Zapisz mi tutaj swoje dane. Paszportu nie zgubię, a kartkę na pewno gdzieś zapodzieję. Jak najszybciej oddam ci kasę.

Joachim dał mi sto dolarów i to dopiero okazało się początkiem moich kłopotów.

Wróciłem do sali zbiorowej w hotelu, który pewnie był najtańszą noclegownią w mieście. To tam nauczyłem się, że najpierw należy zapalić światło, potem trzeba odczekać dwadzieścia sekund i dopiero można wejść do łóżka. W tym czasie robaki zdążą się pochować. Torbę przykułem łańcuchem do kaloryfera, a pieniądze schowałem w bucie. Jest takie kazachskie powiedzenie, że na jednego obywatela przypada trzech policjantów, a dwóch z nich to złodzieje.

Na dworcu stanąłem w długiej kolejce. W końcu przyszła moja chwila.

– Poproszę bilet do Brześcia.

– Do Brześcia się nie da.

– No to do Moskwy.

– Najbliższy za dwa tygodnie. Płackarta, sto dwadzieścia dolarów.

Prawie się rozpłakałem. Odszedłem od okienka, zrobiłem kilka kroków i odbiłem się od dwóch mężczyzn w mundurach.

– Dokumenty proszę – powiedział jeden z nich.

Podałem mu paszport.

– A *registrowka* gdzie?

Nie miałem ani pieniędzy, ani czasu, żeby to załatwić. W dobrym hotelu robią to za ciebie. Jeśli śpisz w tanim, to sam musisz pójść na posterunek policji i się zarejestrować, czyli powiedzieć, gdzie śpisz.

– Nie mam.

– *Oczień choroszo, sztraf budiesz platit'* – ucieszyli się.

– *Diengów niet.*

– *Nu, tak pajdiom.*

Wyszliśmy z dworca, przeszliśmy kawałek i jak na złość zaczęło padać, a raczej lać. Ulewa taka, że w pięć sekund byłem mokry. Kurwa, myślę, przecież te sto dolarów mam w bucie. A co, jak mi je zamoczy? Ale przecież nie wyciągnę przy nich ostatnich pieniędzy! Zaprowadzili mnie do komisariatu i zamknęli w celi. Przez trzy godziny nikt nie przyszedł.

– Halo, mam prawo do telefonu! Chcę zadzwonić – zacząłem się wydzierać.

W końcu przyszedł jakiś mężczyzna.

– Prawem tutaj jestem ja – powiedział.

– Ale musicie mnie wypuścić. Bierzcie, co chcecie – rozkleiłem się i zacząłem mu pokazywać puste kieszenie. – Ja nic nie mam.

– Co mnie to obchodzi – powiedział i sobie poszedł.

Wrócił po godzinie.

– Dobra, młody, paszoł.

Nic mi nie zabrali, niczego nie musiałem podpisywać. Po czterech godzinach kazali po prostu sobie iść. Byłem wolny, ale wciąż nie wiedziałem, jak wrócić do Polski.

Następnego dnia jeszcze raz poszedłem pod dworzec, ale bałem się, że znowu mnie złapią. Obszedłem budynek, wlazłem na drzewo i przeskoczyłem mur. Dzień wcześniej zdążyłem zapamiętać, o której odjeżdża pociąg do Moskwy, ten, w którym już nie było miejsc. Musiałem się do niego jakoś dostać. I to bez *registrowki* i biletu. Pomogła mi Polka Justyna Osińska, którą spotkałem wcześniej na Chanie. Wpadłem na nią przypadkiem w mieście. Znała dobrze rosyjski.

Każdy wagon ma swoją opiekunkę – tak zwaną prowadnicę. Chodziliśmy więc od jednej prowadnicy, do drugiej i prosiliśmy, żeby mnie zabrały. Justyna tłumaczyła im, że jestem chory i muszę jak najszybciej pójść do lekarza w Polsce, a w pociągu nie ma wolnych miejsc.

Cztery mnie wywaliły, piąta zapytała, ile mam pieniędzy.

– Osiemdziesiąt dolarów.

– Mało.

Już chciałem wysiadać, ale zmieniła zdanie.

– *Nu choroszo, dawaj.*

Ale miałem przecież sto dolarów w jednym banknocie. Zgodziła się, żeby jej zapłacić po wyjeździe z Kazachstanu. Musiałem jakoś rozmienić pieniądze. Pierwszą noc spędziłem na korytarzu. Drugiego dnia zwolniło się miejsce w przedziale. Usiadłem obok młodego chłopaka, który świetnie mówił po angielsku. Był synem ministra turystyki Kirgistanu i jechał do Moskwy na studia. Rozmienił mi dolary, karmił przez całą podróż i pomagał w formalnościach – krył mnie na granicy, gdy celnicy pytali o bilet. Nie wiem, co im powiedział, ale zrobił to na tyle skutecznie, że się odczepili.

Wysiadłem w Moskwie. Pociąg do Brześcia był dopiero następnego dnia. Najtańszy bilet kosztował kilkanaście dolarów. Kiedy go kupiłem, w kieszeni zostało mi sześć. W nocy z dworca dość brutalnie wyrzuciła mnie policja. Poszedłem do kafejki internetowej i napisałem mejla do rodziców.

„Chan zdobyty, wracam. Jutro albo pojutrze powinienem być w Polsce".

Po trzydziestu godzinach wysiadłem w Brześciu. Przeszedłem przez granicę. Miałem trochę rubli i złotówek. Kupiłem bilet do Warszawy. Od dziewięciu dni byłem w podróży. Głodny, brudny, śmierdzący. W Warszawie za ostatnie grosze dostałem coś do picia i gazetę.

Znalazłem pociąg do Katowic. Poszedłem do konduktora.

– Wie pan co? – zacząłem. – Wracam z centralnej Azji z dwumiesięcznej podróży. Nie mam biletu ani pieniędzy, żeby go kupić, ale tu są moje dokumenty. Proszę mi wypisać bilet kredytowy.

– Nie ma czegoś takiego.

– To proszę mi wypisać karę – powiedziałem.

– Nie. Spadaj, gówniarzu.

Wyrzucił mnie z pociągu. Witamy w Polsce.

Poszedłem do budki telefonicznej. Kolejna osoba, którą zaczepiłem – jakaś młoda dziewczyna – ulitowała się nade mną i dała mi kartę telefoniczną. Wciąż było na niej kilka impulsów. Zadzwoniłem do domu.

– Mamo, wiesz, bo jestem już w Warszawie, ale skończyły mi się pieniądze. Przecież tutaj mieszka ciocia Wiesia, to może bym do niej pojechał, umył się, pożyczył kasę, tylko podaj mi, proszę, adres...

– Nigdzie się nie ruszaj! Ojciec od dwóch dni kursuje między Warszawą Wschodnią a Centralną, wszystkie pociągi, co jadą z Terespola, sprawdza. Stój na Centralnej przy kasach, nigdzie się nie ruszaj!

Pół godziny później przyjechał tata.

– Jezu, Adam, ale ty śmierdzisz.

Ojciec w tajemnicy przede mną zgłosił wejście na Chan Tengri do Kolosów. Dostałem wyróżnienie za jedno z trzech

Janusz Janowski wręcza wyróżnienie w kategorii alpinizm. Kolosy, marzec 2001. ⇨

gazeta
t.pl
internetowy

największych osiągnięć alpinizmu polskiego w 2000 roku. Kiedy znalazłem się na scenie, zupełnie mnie zatkało. W pierwszym rzędzie zobaczyłem między innymi Annę Czerwińską, Krystynę Chojnowską-Liskiewicz i Krzysztofa Wielickiego, bohaterów mojego dzieciństwa. Miałem opowiedzieć im o swoim wejściu. To była pierwsza i najgorsza prelekcja w moim życiu. Byłem stremowany. Nie miałem poczucia, że to, co zrobiłem, zasługuje na wyróżnienie. Wydawało mi się, że dostałem je ze względu na wiek. Postanowiłem w duchu, że na Kolosy wrócę, ale po to, by zdobyć główną nagrodę. Tym razem za jakość przejścia. Nie sądziłem, że będę musiał czekać tak długo. Byłem przekonany, że Himalaje stoją przede mną otworem. Gdyby ktoś mi wtedy powiedział, że upłynie jedenaście lat, zanim przekroczę magiczną barierę ośmiu tysięcy metrów, tobym go wyśmiał.

Sądziłem, że wyprawy na Pik Lenina i Chan Tengri poszły mi świetnie. Parłem w górę jak maszyna nie do zatrzymania. Nieważne było, że pogoda jest zła i że obok schodzą lawiny. Dlatego myślę, że gdybym trafił w Himalaje, kiedy miałem dwadzieścia lat, to moja kariera wspinaczkowa mogłaby się okazać błyskotliwa, ale krótka.

Te pierwsze wyjazdy nauczyły mnie natomiast, że to człowiek się wspina, a nie sprzęt.

ROZDZIAŁ 3

NAJWYŻSZE POLE BITWY

Spośród czternastu ośmiotysięczników dziesięć znajduje się w Himalajach (Mount Everest, Kanczendzonga, Lhotse, Makalu, Czo Oju, Dhaulagiri, Manaslu, Nanga Parbat, Annapurna, Sziszapangma), a cztery w leżącym bardziej na północ Karakorum (K2, Gaszerbrum I, Gaszerbrum II, Broad Peak). Rozróżnienie ich ma zasadnicze znaczenie ze względu na odmienny klimat, który determinuje pogodę. W Himalajach u podnóża gór panuje klimat subtropikalny, a wilgotne masy ciepłego powietrza napływające znad oceanu sprawiają, że początkowe etapy trekkingu do bazy wiodą zazwyczaj przez bagnisty las o charakterze dżungli pełnej dzikich zwierząt i pijawek. W Karakorum jest inaczej. Tam monsun nie dociera, klimat kontynentalny suchy sprawia, że flora u podnóża gór jest stosunkowo uboga, a większość roślin ma kolce. Początek trekkingu wiedzie niemalże przez półpustynię. Zima w Karakorum jest średnio o 10 stopni chłodniejsza niż w Himalajach, a wiatry o czterdzieści kilometrów na godzinę mocniejsze. Wtedy nad Karakorum przesuwa się z północy prąd strumieniowy nazywany jet streamem, silny wiatr wiejący na granicy troposfery i stratosfery. Ze względu na wysokość, na której wieje, interesuje głównie pilotów i himalaistów. Jet stream potrafi rozpędzić się nawet do czterystu kilometrów na godzinę.

Te różnice sprawiły, że zanim zdobyto w Karakorum jakikolwiek ośmiotysięcznik zimą, wspinacze stali już na wszystkich w Himalajach. Wyjątkiem jest Nanga Parbat, góra, która geologicznie należy do płyty himalajskiej, ale będąc najdalej na zachód wysuniętym ośmiotysięcznikiem, klimat ma zdecydowanie bardziej zbliżony do klimatu w Karakorum.

Swego rodzaju barierę psychologiczną utrudniającą wspinanie na ośmiu tysiącach metrów zimą w Karakorum przełamali Simone Moro, Denis Urubko i Cory Richards, którzy w 2011 roku, rok przed naszą wyprawą na Gaszerbrum I, weszli na Gaszerbrum II.

Ale ja i tak zawsze będę przypominał o tym, co się wydarzyło w 1988 roku na Broad Peaku. Tamta próba wyprzedzała swoje czasy. Mało kto o niej pamięta i sądzę, że jest jednym z najbardziej niedocenianych osiągnięć himalaizmu XX wieku.

Zaczęło się od zimowego ataku na K2, dziś ostatni niezdobyty o tej porze roku ośmiotysięcznik.

– Jest ogromna, bardzo wysoka, niesamowicie stroma i leży o wiele dalej na północ niż Mount Everest, co oznacza, że notorycznie jest tam zła pogoda – mówi o K2 sir Chris Bonington, legenda brytyjskiego himalaizmu[1]. Reinhold Messner, pierwszy zdobywca wszystkich ośmiotysięczników, pisał, że przy K2 wejście na Everest jest spacerkiem.

W zimie 1987/1988 Andrzej Zawada zorganizował najdroższą w historii polskiego, a kto wie, czy nie światowego himalaizmu ekspedycję. Wyceniono ją na milion dolarów, z czego sporą część dorzucili Brytyjczycy i Kanadyjczycy, którzy dołączyli do trzynastu polskich himalaistów. W sumie Zawada miał do dyspozycji ponad trzydzieści osób, w tym kilkunastu bardzo mocnych

[1] Jerome Taylor, *The Big Question: What makes K2 the most perilous challenge a mountaineer can face?*, www.independent.co.uk/news/world/asia/the-big-question-what-makes-k2-the-most-perilous-challenge-a-mountaineer-can-face-885220.html [data dostępu: 13 stycznia 2017].

wspinaczy. Wyprawa potrzebowała tysiąca dwustu tragarzy, którzy przenieśli do bazy siedemnaście ton jedzenia i sprzętu.

W ciągu trzech miesięcy akcji górskiej himalaiści dostali od losu jedynie dziesięć dni pogody pozwalającej na wspinaczkę. Z trudem udało im się dotrzeć do wysokości 7300 m n.p.m.

– To było piekło. Warunki były tak ciężkie, że w pewnym momencie po prostu nie miałem serca wysyłać do góry kolejnych zespołów – komentował Zawada. Mówił też, że nie mają do siebie żalu, bo zrobili wszystko, na co było ich stać w tych nieludzkich warunkach. – To dobrze, że góry potrafią jeszcze od czasu do czasu nauczyć ludzi pokory. Podwójnie dobrze dzisiaj, kiedy człowiekowi wydaje się, że już w pełni zdołał opanować naturę. Kto pierwszy zdobędzie zimą K2, ten będzie wielki! – dodawał[2].

Tamta wyprawa na K2 nie poszła na marne między innymi dzięki odwadze i nieskrępowanej wyobraźni Macieja Berbeki i Aleksandra Lwowa. Skoro na K2 nie było dobrej pogody, postanowili spróbować wejść na leżący kilka kilometrów dalej Broad Peak, ośmiotysięcznik niższy i łatwiejszy. Zaatakowali szczyt w stylu alpejskim, niewiele wiedząc o topografii góry. Po prostu spakowali plecaki i poszli w kierunku wierzchołka, bez wcześniejszego zakładania obozów, kursowania w górę i w dół, wynoszenia sprzętu. Czegoś takiego w Himalajach próbowano już kilka lat wcześniej, ale nie w Karakorum zimą. Do dziś nikt nie zdobył w zimie ośmiotysięcznika w stylu alpejskim.

Berbece prawie się wtedy udało. Trzeciego dnia wspinaczki dotarli z Lwowem na wysokość 7300 m n.p.m. Czwartego dnia dopiero o ósmej rano wyruszyli w stronę szczytu. Drogę zagrodziła im duża szczelina, której obejście zajęło sporo czasu. Gdy byli mniej niż sto metrów od przełęczy, Lwow zawrócił.

W ciężkich koflachach, butach, w jakich dziś nikt się już nie wspina, pomimo kiepskiej pogody i silnego wiatru Maciek

[2] Janusz Kasza, Andrzej Zawada – „Pozostało jeszcze siedem" – wywiad, http://wyprawy.onet.pl/4164,509,1108459,ekspedycja.html [data dostępu: 13 stycznia 2017]. Marta Teper, fragment pracy magisterskiej zamieszczony na stronie http://andrzejzawada.pl/wyprawy/k2/ [data dostępu: 13 stycznia 2017].

o osiemnastej dotarł do Rocky Summit, skalnego przedwierzchołka. Był przekonany, że wszedł na szczyt. Połączył się z bazą.
Radiostację obsługiwał wtedy Leszek Cichy, a rozmowy nagrywano. Maciek był świetnie widoczny z bazy.

> – On jest na przedwierzchołku – słychać głos Cichego zwracającego się do siedzącego obok Wielickiego i potem dopiero padają zdania skierowane w eter do Berbeki, lecz o tym ani słowa. Nie wyprowadzono go z błędu, mogło to dla niego być zbyt niebezpieczne, a nuż poszedłby dalej[3].

Schodzącego Maćka przykryły chmury.

– Nie wiedziałem, gdzie góra, gdzie dół. Zejście, które powinno trwać sześć godzin, przedłużyło się do trzydziestu sześciu. Koledzy myśleli, że już nie wrócę – opowiadał Maciek w rozmowie z Dariuszem Wołowskim. – Z bazy widzieli przez lornetki, jak stałem na górze. W krótkim połączeniu radiowym powiedzieli mi „gratulujemy" – mówił Berbeka.

Lwow czekał na niego w namiocie. Maciek był poważnie odmrożony i wycieńczony, a ich zejście do bazy przerodziło się w akcję ratunkową. Naprzeciw schodzącym wyruszyła trójka kolegów: Krzysztof Wielicki, Mirek Gardzielewski i Mirosław „Falco" Dąsal.

Po zejściu do bazy Maciek odleciał do szpitala helikopterem. Był przekonany, że zdobył Broad Peak. Zawada w świat puścił fałszywą informację o pierwszym zimowym wejściu, Pakistańczycy odznaczyli Berbekę, a po powrocie do kraju sytuacja skomplikowała się jeszcze bardziej. Maćka uhonorowano medalem „za wybitne osiągnięcia sportowe". Wciąż nikt nie miał odwagi powiedzieć prawdy. O tym, że był na przedwierzchołku, a nie na szczycie, Maciek dowiedział się z artykułu Lwowa w „Taterniczku", gazecie środowiska wspinaczkowego o małym nakładzie. Rozżalony całą sytuacją na wiele lat wycofał się z udziału w wyprawach narodowych.

---

[3] Aleksander Lwow, *Zwyciężyć znaczy przeżyć*, Bezdroża, Kraków 2012.

Chociaż Maciek nie zdobył wtedy Broad Peaku, to jednak jako pierwszy człowiek w historii przekroczył barierę ośmiu tysięcy metrów zimą w Karakorum. Kto mógł przypuszczać, że na następny raz trzeba będzie czekać ponad dwadzieścia lat?

W 2012 roku w bazie pod Gaszerbrumem I nie byliśmy sami. Od południa nową drogą na szczyt próbowała wejść międzynarodowa wyprawa kierowana przez Austriaka Gerfrieda Göschla. W jej skład weszli Bask Alex Txikon, Hiszpan Carlos Suarez, Pakistańczyk Nisar Hussain, Szwajcar Cedric Hählen, a także Darek Załuski i Tamara Styś. W celu obniżenia kosztów zdecydowaliśmy się na wspólny trekking i dzielenie bazy. Spędzałem z Gerfriedem długie godziny na rozmowach i grze w szachy. Był najlepszym szachistą, z jakim w życiu miałem okazję się zmierzyć. Z Darkiem Załuskim każda partia

Major Billal szczególnie polubił polską herbatkę góralską.

okazywała się ciekawa, bo graliśmy na podobnym poziomie, Artura ogrywałem regularnie, co go trochę wkurzało, ale Gerfried był nie do pokonania. Przy okazji dobrze nam się rozmawiało i myślę, że się zaprzyjaźniliśmy. Łączyło nas to, że obaj wyrastaliśmy poza środowiskiem górskim. Ponadto pociągała nas eksploracja – wyszukiwanie niezdobytych wcześniej ścian i dróg. Miałem poczucie, że to nie jest nasze ostatnie spotkanie w górach. Nie czułem też, że rywalizujemy o pierwsze zimowe wejście szczyt. Oni robili swoje, a my swoje.

Na lodowcu Baltoro znajdują się obozy wojskowe oddalone od siebie o mniej więcej cztery godziny marszu. Dwadzieścia minut od naszej bazy stał największy z nich, w którym stacjonował dowódca pakistańskich sił zbrojnych na Baltoro. Był nim sympatyczny, dobrze wykształcony major Billal, który szczególnie polubił polską herbatkę góralską. Graliśmy z nim w szachy, a jego ludzie robili nam najwyżej położone barbecue na świecie. Wraz z kilkunastoma żołnierzami stacjonował w małych kapsułach,

Żołnierze stacjonowali w małych kapsułach, które swoimi kopułowymi kształtami przypominały te znane z *Gwiezdnych wojen*.

które swoimi kopułowymi kształtami przypominały te znane z *Gwiezdnych wojen.*

Jakoś w lutym majorzy się zmienili. Nowy był młodszy i z nim graliśmy w brydża – chwalił się, że grać uczył go sam Perwez Musharraf, były premier i prezydent Pakistanu.

Skąd żołnierze w takim miejscu? Od partycji, czyli rozdziału Indii i Pakistanu, kraje te pozostają w stanie ciągłego konfliktu. W 1949 roku po pierwszej z kilku wojen ustalono linię zawieszenia broni. Jej górską część określono jednym zdaniem: „na północ od lodowców". Do lat siedemdziesiątych niezamieszkane tereny Kaszmiru nikogo nie interesowały. Sytuacja zmieniła się wraz z pojawieniem się wypraw wysokogórskich. Skoro himalaiści są w stanie tam przeżyć, to dlaczego nie żołnierze?

W 1984 roku obie armie zaczęły budować sięgające coraz dalej w głąb gór posterunki, co doprowadziło do powstania najwyższego pola bitewnego świata. Najwyżej położony pakistański posterunek znajduje się na Przełęczy Conwaya na wysokości 6110 m n.p.m. Od początku konfliktu po obu stronach zginęło kilkanaście tysięcy żołnierzy, którzy jednak walczą nie tylko ze sobą, ale przede wszystkim z odmrożeniami, chorobą wysokościową, lawinami, szczelinami i innymi zagrożeniami typowymi dla gór wysokich.

– Nikt nie wygra, nieważne, jak długo będziemy walczyć. Ta ziemia jednak jest nasza, to część Pakistanu i nie poddamy się – podsumował major Billal.

W 2012 roku na lodowcu Siachen (*Sijaćen Himnadi*) lawina zabiła stu dwudziestu dziewięciu pakistańskich żołnierzy i jedenastu cywilów.

Artur cierpiał na lekką hipochondrię, często go coś bolało, a o swoim zdrowiu mógł z zapałem rozprawiać godzinami. Żeby zapewnić sobie maksymalny komfort podczas kolejnego już w swojej karierze zimowania, rozbił dwa namioty – jeden w drugim. Było mu

„Wieża Saurona", czyli namiot Artura Hajzera.

VAUDE

Na początku lutego ruszyłem w górę z Alim i Shaheenem.

Pakistańczycy poszli w górę sprawdzić warunki w kuluarze i stan starych poręczówek.

cieplej i wygodniej. Przychodziliśmy do niego jak na audiencję, a że jego duży namiot górował nad naszymi, nazwaliśmy go Wieżą Saurona. W tej wieży mieszkał strateg wyprawy i tam nocami dumał nad taktyką. Był w tym świetny.

Moja siostra nie brała udziału w akcji górskiej. Jej zadaniem była opieka nad bazą i łączność ze światem. Pisała relacje z wyprawy, ściągała aktualne prognozy pogody. Spisała setki, a może i tysiące rzeczy, które mieliśmy w bazie. Dzięki niej wiedzieliśmy, co znajduje się w każdej z kilkudziesięciu beczek wyprawowych, a także mieliśmy kontrolę nad sprzętem wyniesionym już do góry. Bardzo się cieszyłem, że Agnieszka wzięła udział w tej ekspedycji, bo dzięki niej nie czułem się pod Gaszerbrumem I samotny. Artur i Janusz byli kumplami, pochodzili z tego samego pokolenia, mieli mnóstwo wspólnych tematów i znajomych do obgadania. Ja byłem o dwadzieścia lat młodszy i siłą rzeczy trzymałem się trochę na uboczu. To głównie oni ustalali taktykę. Gdy coś mi się nie podobało, to po prostu zaciskałem zęby i robiłem swoje.

Na początku lutego ruszyłem w górę z Alim i Shaheenem. Mieliśmy założyć obóz II. Droga do dwójki okazała się łatwiejsza niż ta do jedynki. Naszymi śladami szli Artur i Janusz. Spieszyliśmy się, bo austriacki meteorolog Karl Gabl pisał, że czwartego lutego pogoda ma się znacznie pogorszyć i nie poprawi się przez kolejnych kilka dni. Gabl jest legendarną postacią w świecie himalaizmu sportowego. Od lat dostarcza zaprzyjaźnionym wspinaczom prognozy pogody, uważane powszechnie za najlepsze.

Kiedy dotarliśmy na miejsce, gdzie stanąć miał obóz II, Pakistańczycy poszli w górę sprawdzić warunki w kuluarze i stan starych poręczówek, a ja rozbiłem namiot. Spędziliśmy tam noc. Shaheen i Ali rano zeszli do bazy, ja natomiast czekałem na Artura i Janusza, którzy mieli wkrótce do mnie dołączyć. Chciałem stopić śnieg i przygotować coś do picia dla chłopaków, ale zapalniczka nie działała. Po wielu próbach skontaktowałem się z Arturem.

– Młody, a weź otwórz namiot – poradził nauczony własnym doświadczeniem Artur.

Zadziałało. Uświadomiłem sobie, że gdyby nie dobra rada kolegi, to mógłbym się udusić. Płomień się nie pojawiał, bo w zamkniętym namiocie było za mało tlenu. Zatrucie gazem grozi himalaistom topiącym śnieg w małych, słabo wentylowanych i szczelnych namiotach. Na zewnątrz nie możemy gotować, bo zbyt mocno wieje i jest to niewygodne. Chwile grozy przeżyli kiedyś polscy himalaiści próbujący zdobyć latem Nanga Parbat. Po kilkunastu godzinach wspinaczki trójce z nich udało się dotrzeć na wysokość sześciu tysięcy metrów i rozbić tam namiot. Wieczorem jeden poinformował przez radio lekarza wyprawy, że dwóch jego kolegów ma zaburzenia świadomości. Pierwszy – Artur Hajzer – był nieprzytomny i miał przyspieszony oddech. Drugi – Rafał Fronia – stał się pobudzony i agresywny. Lekarz miał dwa typy: zatrucie tlenkiem węgla, który pochodził z topiącej śnieg maszynki, albo wysokogórski obrzęk mózgu.

„Polecił przytomnemu himalaiście – Robertowi Kazimierskiemu zgaszenie palnika i przewietrzenie namiotu w celu dostarczenia do jego wnętrza świeżego powietrza oraz wstrzyknięcie domięśniowo chorym himalaistom po 8 mg deksametazonu”[4] – opisywał tę sytuację Robert Szymczak. Rafał Fronia, opowiadając mi o niej niedawno, wspomniał, że ostatnią rzeczą, którą zapamiętał, były trudności z odpaleniem zapalniczki...

Tym razem Gabl się pomylił, pogoda zepsuła się wcześniej, niż prognozował. Artur i Janusz doszli do dwójki w silnym wietrze i kiepskiej widoczności. Wróciliśmy do bazy i zapadliśmy w charakterystyczny dla zimowych wypraw letarg. W takich chwilach żałuję, że człowiek nie może się wyspać i najeść na zapas.

Dzień w bazie rozpoczyna się około ósmej rano śniadaniem, ale nie wszyscy na nie docierają, bo wolą się wyspać. Mesę

---

[4] Robert Szymczak, *Medycyna podróży. W wysokich górach:* „Doktorze, Adam jest nieprzytomny, a Rysiek zachowuje się agresywnie. Co mam robić?”, http://www.mp.pl/artykuly/65345,medycyna-podrozy-w-wysokich-gorach-doktorze-adam-jest-nieprzytomny-a-rysiek-zachowuje-sie-agresywnie-co-mam-robic [data dostępu: 13 stycznia 2017].

Artur i Janusz doszli do dwójki w silnym wietrze i kiepskiej widoczności. ⇨

ORLEN
CAMP
Hi Mountain
Hi Mountain

Dzień w bazie rozpoczyna się około ósmej rano.

ogrzewaliśmy kerozynowymi palnikami. Została zbudowana według wskazówek Hajzera i miała podwójne ściany. Temperatura w środku mieściła się w zakresie od -5 do -10 stopni Celsjusza. Ale bywały momenty, kiedy sięgała -15 stopni. Dwukrotnie udało nam się rozgrzać powietrze do 20 stopni Celsjusza. To było prawdziwe święto. Mogliśmy wtedy ściągnąć polary i spędzić czas w podkoszulkach. Lunch podawano około czternastej. Między 16.30 a 20.30 próbowaliśmy odpalać generator. Nie zawsze się udawało, psuł się bądź zamarzał, ale kiedy działał, mieliśmy prąd. Wysyłaliśmy do Polski relacje, przeglądaliśmy zdjęcia. Kolacje jedliśmy mniej więcej o dziewiętnastej. Potem czasami oglądaliśmy filmy.

Zabraliśmy też książki. Podczas wyprawy potrafię ich przeczytać dziesięć, a czasami nawet więcej. Dobrym pomysłem jest zabieranie angielskich wersji. Czytam je wolniej, więc starczają na dłużej.

Odważniejsi i najbardziej zdeterminowani próbowali się kąpać. W tym celu trzeba było narąbać lodu, stopić i zagotować wodę na kerozynowym palniku, potem przelać ją do wiadra, dorzucić lodu, aby nie parzyła, i się nią polewać. Gdy spływała po stopach, była już chłodna. Cała akcja odbywała się w przedsionku mesy, gdzie temperatura nigdy nie przekraczała kilku stopni. Na krótką metę to nie jest wielki problem, ale zimowe wyprawy trwają często po trzy miesiące. Podczas całej wyprawy odważyłem się wykąpać trzy razy. Z perspektywy poziomu morza wydaje się to dosyć obrzydliwe, ale trzeba pamiętać, że cała ekspedycja odbywa się w temperaturze głębokiego mrożenia, w której nie rozwijają się bakterie i nic nie śmierdzi. Skarpetki, które normalnie po kilku dniach sztywnieją i tracą swoje właściwości, na zimowej wyprawie wystarczają nawet na dwa tygodnie.

Minął pierwszy tydzień lutego. Do końca zimy mieliśmy jeszcze kilkadziesiąt dni. Podczas bezczynności w bazie najbardziej dokuczają myśli. Czy pogoda pozwoli nam zaatakować szczyt przed nadejściem wiosny? Czy w ogóle dostaniemy szansę?

W końcu pogoda się poprawiła. Wyszliśmy z Januszem i Alim do obozu II. Za nami szli Artur z Shaheenem. Lodowiec znów wyglądał inaczej. Część poręczówek, które położyliśmy wcześniej, znikła i trzeba było kombinować, żeby obejść szczeliny. Nagle śnieżny most pode mną się zawalił i spadłem w czeluść, ale Janusz sprawnie wyłapał mój lot. Zawisłem, wyciągnąłem małpę, czyli przyrząd samozaciskowy, który umożliwia podchodzenie na linie. Problem polegał na tym, że nad krawędzią szczeliny był przewieszony śnieżny nawis. Lina wcięła się w niego na jakieś dwa metry.

Kiedy spytać kogoś, ile waży metr sześcienny śniegu, to najczęściej odpowie, że sto kilogramów. To o wiele za mało. Waga zależy od konsystencji śniegu, od jego wilgotności i waha się od dwustu (świeży puch) do dziewięciuset (lód) kilogramów. To dlatego lawiny są tak niebezpieczne.

Nawis nade mną ważył jakieś kilkanaście ton. Nie wiedziałem, co zrobić. Bałem się poruszyć, bo gdyby zleciał, to mógł mnie zmiażdżyć. Spojrzałem w dół.

– Janusz! – krzyknąłem. – Ile masz luzu na linie?

– Kilka metrów!

– To mnie opuść!

Liny wystarczyło akurat, aby butami dotknąć dna szczeliny. Trudno o miejsce bardziej oddalone od życia, szczególnie że nie wiadomo, jaką grubość miała warstwa śniegu, na której stałem, i ile metrów pod nią znajdowało się rzeczywiste dno. Przeszedłem kawałek i wspiąłem się na krawędź szczeliny, ale po jej drugiej stronie. Kiedy wygramoliłem się na górę, okazało się, że między mną a Januszem jest kilkumetrowa dziura. Wciąż byliśmy związani liną i absolutnie nie mogliśmy się rozwiązać. Zaczęliśmy iść wzdłuż szczeliny, jak dzieci, które obchodzą wielki rów w nadziei, że spotkają się na końcu. Na szczęście wkrótce znaleźliśmy kolejny śnieżny most.

Nawis nade mną ważył jakieś kilkanaście ton. Widok w górę po locie w głąb szczeliny.

Kiedy wygramoliłem się na górę, to okazało się, że między mną a Januszem jest kilkumetrowa dziura. Wciąż byliśmy związani liną i absolutnie nie mogliśmy się rozwiązać.

Dziesiątego lutego założyliśmy z Januszem i Alim obóz III na wysokości siedmiu tysięcy metrów. Wiało czterdzieści pięć kilometrów na godzinę i temperatura spadła poniżej 30 stopni mrozu. Mimo tych trudnych warunków dobrze wspominam ten dzień. Niebo było bezchmurne, widoki piękne, a my cieszyliśmy się techniczną wspinaczką w Kuluarze Japońskim. W końcu, zamiast chodzić po prawie płaskim lodowcu, wspinaliśmy się w stromym terenie, szybko zdobywając wysokość. Spodziewaliśmy się mocnego wiatru następnego dnia, ale zaczęło wiać wcześniej. Noc była ciężka. Spałem od zawietrznej i prawie nie zmrużyłem oka, bo momentami czułem, że moja karimata podrywa się niczym latający dywan.

Rano zwinęliśmy obóz i zabezpieczyliśmy go kamieniami.

W obozie II pod przełęczą spali Artur i Shaheen. Hajzer drżał o nasze zejście, bo pogoda pogarszała się z minuty na minutę.

Dziesiątego lutego założyliśmy z Januszem i Alim
obóz III na wysokości 7000 m n.p.m.

Agnieszka z bazy próbowała dzwonić do Karla, prosić go o prognozy na najbliższe godziny, ale Gabl spał. W Austrii dopiero miało świtać. Potem potwierdził, że jego przewidywania nie do końca się sprawdziły – na rano zapowiadał wiatr o sile sześćdziesięciu kilometrów na godzinę. Wiało co najmniej osiemdziesiąt.

Wycofywaliśmy się w koszmarnych warunkach. Wiatr sprawił, że bardzo spadła temperatura odczuwalna. Janusz i Ali wpięli się w liny poręczowe i ruszyli w dół. Jak na złość spadł mi rak. Straciłem czucie w rękach, zanim go założyłem. Byłem sam i nie mogłem rozgrzać palców. Stanąłem na śnieżnej półce w stromym Kuluarze Japońskim, tym samym, w którym półtora roku później zginął Artur, i nie wiedziałem, co robić. Bielecki, pomyślałem, teraz to masz przesrane. Musisz się ruszać, bo zamarzniesz, ale nie możesz zacząć schodzić, bo nie masz czucia w rękach i przez to nie możesz wpiąć się do lin poręczowych.

Zacząłem podskakiwać, walić rękoma w zbocze. Poczułem strach.

– Janusz! Gdzie jesteś?! – próbowałem wywołać kogoś na radiu. – Czy ktoś mnie słyszy?

Nikt nie odpowiadał. Zostałem sam. Trząsłem się z zimna. Ręce zdrętwiały i stały się bezużyteczne. Rozsunąłem kombinezon i wcisnąłem jedną do środka. Zacząłem nią ruszać, nacierać ciepłe ciało. Wraz z bólem wracało czucie. Zbocze było strome, ale zamiast zjeżdżać, schodziłem, trzymając się lin poręczowych ręką. Nie udało mi się wpiąć przyrządu. Do dwójki dotarłem o dziesiątej rano. Koledzy czekali z herbatą. Porządnie się rozgrzaliśmy, dostałem zestaw leków rozrzedzających krew. Zeszliśmy na nocleg do jedynki. Jedenastego lutego po południu dotarliśmy do bazy.

Sprawdziłem palce. Ocalały. Trochę przemroziłem sobie stopy i jeden z palców w prawej ręce. Paradoksalnie najgorsze było jednak poparzenie. Za szybko chciałem rozgrzać dużego palucha nad palnikiem, a że nic nie czułem, to zbliżyłem go za bardzo do płomienia.

Cieszyliśmy się techniczną wspinaczką w Kuluarze Japońskim.

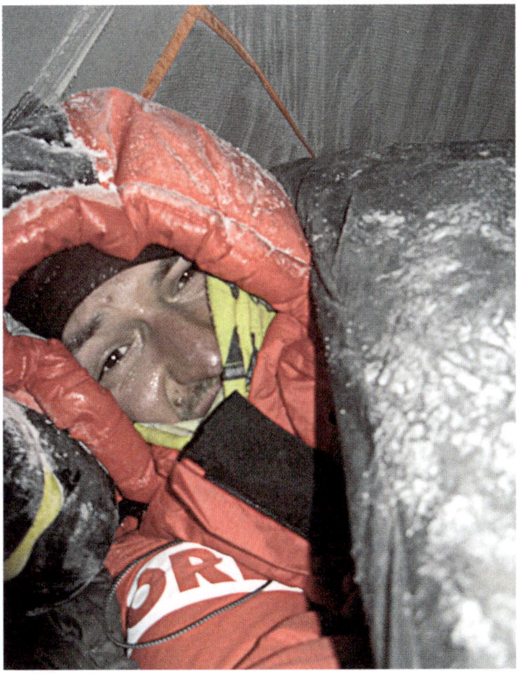

Noc była ciężka. Spałem od zawietrznej i prawie nie zmrużyłem oka, bo momentami czułem, że moja karimata podrywa się niczym latający dywan. Pierwsza noc w obozie III.

Gorzej było z Alim. Nic nie mówił, nie narzekał, a na dole okazało się, że jest dość poważnie odmrożony.

– Ali, przykro mi, dla ciebie to koniec wyprawy – powiedział Artur, kiedy zobaczył jego stopy.

– Nie ma mowy, nic mi nie jest.

– Chłopie, to odmrożenie drugiego stopnia.

Ali nie odpowiedział. Nie chciał wracać do domu, ale Hajzer był nieugięty. Pakistańczyk prawie płakał, kiedy parę dni później opuszczał bazę. Większość hapsów traktuje wyprawę jak źródło zarobku. Ali jest inny. Kocha wspinanie i ma sportowe ambicje.

W górach odmrażamy się na ogół przez zaniedbanie. Najgorsze w odmrożeniach jest to, że ich nie czuć. Przez cały czas trzeba kontrolować stan palców. To nie poparzenie, ciało nie wysyła sygnału, jak wtedy, gdy zbliżysz rękę do ognia. W przypadku odmrożenia wszystko dzieje się poza tobą. Po całym dniu wspinaczki łydka czasami bardziej boli mnie od poruszania palcami niż od samego wspinania. Trzeba wyrobić sobie ten nawyk. Są też pewne triki. Cały czas trzeba ruszać palcami u stóp, a kiedy jest kiepsko, można zacząć kopać butem w stok albo w drugi but. Najlepiej na moment się zatrzymać, zaprzeć o coś ręką i robić wyrzuty nogą. Wtedy krew szybko spływa do palców. Machanie ramionami pobudza krążenie i rozgrzewa ręce. Himalaiści są narażeni na odmrożenia nie tylko dlatego, że działają w niskich temperaturach, ale również, a może przede wszystkim dlatego, że krew w wyniku aklimatyzacji gęstnieje. Trudniej jest jej krążyć w cienkich naczyniach krwionośnych znajdujących się w kończynach.

Ali opuścił bazę, a z Shaheenem też nie było dobrze. Podejrzewaliśmy u niego wrzody żołądka. Często wymiotował, miał zgagę i był osłabiony. Obaj bardzo pomogli nam w poręczowaniu góry, byli twardzi i wytrzymali, ale o technice wspinaczkowej musieli się jeszcze dużo nauczyć. Podczas jednego z wcześniejszych przejść lodowca Shaheen wpadł do szczeliny. Ali słabo go przyasekurował, bo obaj pomimo ciągłego napominania nie zachowywali odpowiednich odstępów. Kiedy podeszliśmy do szczeliny, Shaheen dyndał na linie kilka metrów poniżej krawędzi.

– Shaheen, najpierw wyciągniemy twój plecak.

Po chwili plecak Shaheena był już na powierzchni.

– A chcesz drugą małpę? Będzie ci łatwiej – spytaliśmy.

– Dobra, ale przede wszystkim rzuć mi drugą linę – odkrzyknął.

Nie do końca rozumiałem, po co mu ona, ale i tak musiałem podać jakoś drugą małpę. Zestaw dotarł do Shaheena. W Polsce już trzeciego dnia kursu wspinaczkowego człowiek uczy się podchodzenia na linie za pomocą przyrządów samozaciskowych. Wystarczy wpiąć dwa jumary w jedną linę, jeden na nogę, a drugi na ciało. Pakistańczyk wpiął w obie żyły liny po jednym z jumarów i zaczął podciągać się na samych rękach. To był prawdziwy pokaz zmarnowanej mocy.

Dostaliśmy nowe prognozy. Pogoda miała się zepsuć na dwa tygodnie.

Oczekiwanie nigdy nie robi dobrze wyprawie. Hibernujemy się, zagrzebujemy w śpiwory, przechodzimy w stan niskoenergetycznego letargu. Na siedmiu tysiącach metrów wiało sto kilometrów na godzinę. Pogoda ze złej zmieniała się na gorszą.

Do końca zimy pozostał nieco ponad miesiąc.

Nie dało się działać wysoko, ale już na wysokości sześciu tysięcy metrów wiatr był wyraźnie słabszy. Agnieszka zaczynała mieć dość bezczynnego siedzenia w bazie. Uprosiła Artura, żeby puścił ją z Shaheenem do obozu I. Przy okazji wynieśli do jedynki sprzęt, który miał się nam przydać w ataku szczytowym, a potem zwinęli pozostawiony przez nas namiot, bo rozbity nie miał szans przetrwać nadciągającego huraganu. Dziewiętnastego lutego byli z powrotem.

– Co pisze Karl? – spytałem Artura.

Hajzer jakby nie słyszał. Jeszcze raz spojrzał na monitor i przeczytał prognozę.

– Na ośmiu tysiącach sto sześćdziesiąt kilometrów na godzinę. Na sześciu – ponad sto dwadzieścia, a to oznacza, że w bazie będzie wiało koło setki. Musimy się przygotować – powiedział.

Baza dwóch wypraw działających zimą pod Gaszerbrumem I.

Taki wiatr to realne zagrożenie dla istnienia bazy. Gdyby zwiało nam kuchnię albo mesę, to w najlepszym wypadku skończylibyśmy wyprawę. Wolałem nie myśleć, co gorszego mogło się stać.

Dobra wiadomość była taka, że między dwudziestym piątym a dwudziestym ósmym lutego miało pojawić się okno pogodowe, ale najpierw trzeba było przetrwać huragan. Rozpoczęliśmy przygotowania jak do wojny. Dzień przed zapowiadanym uderzeniem wiatru okazał się piękny i słoneczny, dało się pracować bez rękawiczek, a pracy było sporo. Mesę i kuchnię obłożyliśmy kanistrami z kerozyną, dorobiliśmy odciągi w namiotach, a także dołożyliśmy dodatkowe elementy stelaża wewnątrz mesy. Wiatr uderzył wieczorem dwudziestego trzeciego lutego, miesiąc przed nadejściem wiosny. Nikt nie spał tej nocy, trzeba było trzymać mesę, żeby nie odleciała, i na bieżąco łatać rozdarcia powłoki namiotu. To było zadanie Agnieszki, która wykorzystała ścieg używany do szycia żagli. Wiało przez całą noc i następny dzień. Ciężkie beczki latały dookoła mesy jak wściekłe szerszenie. Zmienialiśmy się na wachtach. Drżeliśmy, czy mesa nie odleci w dół lodowca Baltoro.

Odleciał jednak Gołąb.

Akurat skończył wachtę. Około ósmej nad ranem razem z namiotem porwał go wiatr. Gdy wystartował, był w tym dezorientującym stanie na styku jawy i snu. Zrobił pełne salto, obróciło go w powietrzu i rzuciło o ziemię cztery metry dalej. Przez podłogę namiotu przebił się kamień. Janusz złapał go odruchowo i być może to go uratowało. Zatrzymał się na krawędzi moreny, tuż nad kieszenią lodowca. Wiatr był tak mocny, że przesunął o dwadzieścia metrów znajdujący się w pobliżu bazy wrak helikoptera Mil Mi-17. Nowy śmigłowiec tego typu waży bez wyposażenia siedem i pół tony, ma prawie pięć metrów wysokości i osiemnaście i pół metra długości.

Potem, kiedy siedzieliśmy w mesie, włączyłem kamerę, a Hajzer zaczął podpuszczać Janusza do opowieści.

– Bardzo wiało, budzę się... – Artur zrobił pauzę.

– I jeb. Nie ma mnie. Jestem cztery metry dalej z pełnym obrotem – dokończył zdanie Janusz.

O tym, jak bardzo to wydarzenie zapadło Januszowi w pamięć, mieliśmy się przekonać kilka tygodni później, kiedy przygotowywaliśmy się do opuszczenia bazy, a prognozy mówiły, że czeka nas trudna noc, bo znów nadciąga silny wiatr. Rankiem Janusz przyszedł na śniadanie. Wyglądał kiepsko. Miał podkrążone oczy.

– Chłopaki, kurde, dostałem takiej traumy, że normalnie nie mogłem zmrużyć oka. W końcu się wkurzyłem, założyłem uprząż, wkręciłem w przedsionku namiotu śrubę, przyasekurowałem się i wtedy zasnąłem jak dziecko – powiedział.

„Jak mawia Waluś Nędza – wiary i pary, bracie, będziesz potrzebował. Ani jednego, ani drugiego nam nie brakuje" – pisał w krótkim raporcie wysłanym do Polski Janusz.

Czekaliśmy na okno pogodowe. Mieliśmy górę rozpoznaną do wysokości siedmiu tysięcy metrów, ale też świadomość, że najtrudniejsze będzie ostatnie pięćset metrów, których jeszcze nie znaliśmy.

Ruszyliśmy o świcie dwudziestego piątego lutego we czterech – Artur, Janusz, Shaheen i ja. Po południu byliśmy w obozie I. Wiało mocniej, niż mówiły prognozy. Przez dwa kolejne dni niewiele miało się zmienić. Plan polegał na tym, żeby dwudziestego ósmego lutego, kiedy podmuchy się uspokoją, być w obozie III. Chodziło o to, aby pomimo silnego wiatru przebić się jak najwyżej i wykorzystać krótkie okno pogodowe na sam atak szczytowy. Kiedy doszliśmy w miejsce, gdzie wcześniej stał obóz II, zbaranieliśmy.

Zimowa wspinaczka to gra z wiatrem. Latem raz rozbity namiot zwijasz dopiero na koniec wyprawy. W zimie nie ma o tym mowy, następnego dnia już by go nie było. Każdego dnia trzeba więc przejść przez upierdliwą i niebezpieczną procedurę rozbijania i zwijania namiotu. Wiąże się to z wielokrotnym ściąganiem łapawic. W nich wielu rzeczy zrobić się nie da. Wystarczy jednak kilkadziesiąt sekund i tracimy czucie w palcach, wtedy trzeba je ogrzać, czyli znów założyć łapawice, by po chwili je ściągnąć i dokończyć czynność. I tak w kółko. Zwinięty namiot pakujesz do wora, wbijasz w śnieg szable, wkręcasz śruby w lód lub wbijasz haki w szczeliny skalne i wszystko to zabezpieczasz liną.

Nasz obóz II zniknął. Nie było po nim nawet śladu. Wróciliśmy do jedynki. Co teraz?

– Chodźmy stąd prosto do trójki – zaproponowałem.

– Ja nie dam rady, dla mnie to zbyt dużo, ale jak chcecie, to próbujcie – powiedział Artur.

– To kompletnie bez sensu. Jeśli nawet uda nam się przedrzeć i dojść do trójki, to nie będziemy mieli siły na atak szczytowy – stwierdził Janusz.

– Chciałbym spróbować – upierałem się. – Skoro Janusz nie chce, to może pójdę z Shaheenem?

– Jasne, spróbujcie – zgodził się Artur.

Janusz się wściekł. Zaczął marudzić, że to rozwalanie wyprawy.

– Albo idziemy wszyscy, albo nikt – osądził.

– Janusz, spokojnie, niech młody spróbuje – próbował załagodzić sytuację Artur.

– Przecież to nie jest przeciwko tobie, Janusz – zacząłem. – Ja tylko próbuję wykorzystać każdą szansę. Jeśli pójdziesz ze mną, to będę się bardzo cieszył, ale jeśli nie chcesz iść, to nie złość się na mnie za to, że chcę spróbować.

– To ja w takim razie kończę wyprawę – powiedział Gołąb.

Zrobiło się tak cicho, jak tylko może być cicho przy wiejącym kilkadziesiąt kilometrów na godzinę wietrze. Nie wiedziałem, co powiedzieć. Nie rozumiałem, o co chodziło Januszowi, jednocześnie bardzo go szanowałem i zależało mi na dobrej atmosferze w zespole.

– Artur, rozsądź – zwróciłem się do Hajzera. – Nie muszę tam iść, ale nie widzę żadnego logicznego powodu, dla którego miałbym tego nie robić.

– To rozbijanie zespołu, kompletne zaprzeczenie działania zespołowego. Dla mnie to nie do zaakceptowania – powiedział Janusz.

Artur milczał. Sytuacja była patowa. Kładliśmy się spać, kiedy Hajzer szepnął mi: – Młody, nie przejmuj się, ja z Januszem pogadam.

Rano powiedział, że możemy iść z Shaheenen. Pakistańczyk nie palił się do wyjścia, ale się zgodził. Pogoda była okropna, nic praktycznie nie widzieliśmy.

– Bardziej w lewo! – próbował przekrzyczeć wiatr Shaheen.

– Nie, bardziej w prawo! – odkrzyknąłem.

Po półgodzinie przecięliśmy własne ślady. Kręciliśmy się w kółko po plateau, na którym stał obóz I. Odpaliłem GPS-a i dzięki niemu udało się nam dotrzeć do dwójki. Potem weszliśmy w Kuluar Japoński. Wiało jak diabli. Śnieg walił po oczach, ale chmury się rozstąpiły i z minuty na minutę poprawiała się widoczność.

– Adam, wieje za mocno! Za mocno! – krzyczał Shaheen.

– Wiem, ale spróbujmy! Jutro ma być ładna pogoda! Damy radę! – przekonywałem go.

– OK – powiedział zupełnie bez przekonania.

Podeszliśmy kawałek. Byliśmy na wysokości około 6650 metrów, czterysta metrów poniżej trójki.

– Adam, musimy zawrócić.

– Shaheen, dawaj, niedługo wiatr ucichnie.

– Dobrze, ale...

Nie słyszałem, co powiedział, bo nagle poczułem kompletną dezorientację. Wiatr zaczął odrywać mnie od zbocza. Działo się coś dziwnego. Kuluar zamienił się w wielką tubę. Ktoś musiał dmuchać w nią z dołu, bo poczułem, że tyłek zaczyna mi lewitować.

– O kurwa, Shaheen, schodzimy!

Zawróciliśmy. Spojrzałem w dół w kierunku lodowca. Coś tam leżało. Zeszliśmy kawałek. Nie miałem wątpliwości: to była nasza świnia. Tak nazywaliśmy zapakowane wory, w których trzymaliśmy namiot i resztę sprzętu obozowego. Wiatr przeciągnął nasz depozyt ponad trzysta metrów. Poszliśmy po niego, był uszkodzony, ale chyba dało się go naprawić. To była dobra informacja, bo brakowało nam namiotów.

Do bazy zeszliśmy dwudziestego siódmego lutego w nocy. Janusz i Artur czekali tam już na nas. Byli sponiewierani i zniechęceni.

– O, Adam, super, że znaleźliście namiot. Może jakoś uda się go naprawić – ucieszył się Hajzer.

Janusz nic nie mówił. Widać, że sytuacja z dwójki nie dawała mu spokoju.

– Gdybyśmy tam nie poszli, to nie znaleźlibyśmy namiotu, a tak mamy go i wciąż są szanse na atak szczytowy. Wyszło dobrze. Nie potrafisz tego docenić? – przekonywałem.

– Ale to nie jest gra zespołowa – uciął Janusz.

Byłem coraz bardziej poirytowany.

– Ekspedycja w Himalaje to coś innego niż zespół wspinaczkowy w ścianie – próbowałem do niego trafić. – Na dużej ścianie wspinamy się w zespole i kiedy komuś się coś dzieje, to wszyscy schodzimy. Nie ma innej możliwości, ze względu na trudności techniczne zespół jest ze sobą nierozerwalnie związany. Tutaj wyprawa odniesie sukces, jeśli ktokolwiek stanie na szczycie. Jeśli będziesz to ty, ucieszę się, na tym to polega. Oczywiście, że chcę tam wejść. Tak samo jak i ty. Każdy z nas chce zdobyć ten szczyt, ale koniec końców chodzi o to, żeby wszedł ktokolwiek. Powiem ci inaczej: wolę, żebyś ty tam wszedł, niż żeby nie wszedł nikt – powiedziałem.

– No co ty? Przecież to bez sensu. Albo wchodzimy wszyscy, albo nikt nie wchodzi – odparł Janusz.

Nie potrafiłem tego zrozumieć. W bazie jeszcze raz przegadaliśmy sprawę i więcej do niej nie wracaliśmy.

Po nieudanej próbie ataku szczytowego lizaliśmy rany. Shaheen przez większość czasu spał. Był osłabiony, narzekał na bóle żołądka. Mieliśmy poważne wątpliwości, czy będzie w stanie dalej się wspinać.

Janusz i Artur w jedynce.

Zbliżał się kolejny huragan. Czwartego i piątego marca na wysokości sześciu tysięcy metrów wiało z prędkością stu dwudziestu kilometrów na godzinę. Spodziewaliśmy się, że w bazie wiatr dojdzie do setki. Aż tak źle nie było, ale prognozy pogody nas dobijały. Kolejne uderzenie wiatru miało nastąpić między trzynastym a osiemnastym marca. Kilka dni później kończyła się zima.

Piątego marca zastanawialiśmy się, co robić. Jedyną szansą na szczyt było wyjście nazajutrz. Ósmego marca w okolicach wierzchołka miało wiać z prędkością czterdziestu do pięćdziesięciu kilometrów na godzinę. Następne dwa dni zapowiadały się gorzej, ale nie na tyle, żeby nie dało się zejść do bazy.

Ostateczny plan brzmiał następująco: wyruszamy szóstego marca, siódmego marca omijamy dwójkę i dochodzimy do trójki. Ósmego marca spotykamy się z ekipą Gerfrieda na szczycie. Wtedy wszyscy bylibyśmy pierwszymi zimowymi zdobywcami, bo przyjmuje się, że liczy się data, a nie godzina zdobycia szczytu. Himalaiści się nie ścigają, nieważne, kto pierwszy znajdzie się na wierzchołku.

Artur mawiał, że stare lisy kity nie moczą, i rzeczywiście nie brakowało mu taktycznego wyrachowania. Kiedy podczas wyprawy pytał, co robimy, odpowiadałem zazwyczaj: „Idziemy do góry!". To nie jest dobra strategia. Dzięki prognozom pogody mamy przewagę nad wspinaczami z lat osiemdziesiątych. Trudno mi sobie wyobrazić, jak wtedy wyglądał himalaizm zimowy. Każde wyjście w górę, kiedy wieje i sypie, kosztuje tyle energii, że po prostu może zabraknąć ci sił, kiedy pogoda będzie dobra.

Typowe na przykład jest zjawisko uciekającego okna pogodowego. Często zdarzało się, że czekaliśmy długo na trzydniowe okno, wszystko planowaliśmy, a potem okazywało się, że wprawdzie się doczekamy, ale trzy dni później. Okno się przesuwało. A potem zwężało – zamiast trzech dni dobrej pogody dostawaliśmy jeden i wszystkie plany brały w łeb. Na Gaszerbrumie I dowiedziałem się, że zimowy himalaizm często jest sztuką czekania na coś, co być może nie nastąpi. Jaką strategię przyjąć? Przebijać się w złej pogodzie do obozu III, ryzykując odmrożenia? Czy poczekać na lepszą, której może nie być?

Artur miał wyczucie w tych kwestiach. Pytał Janusza o zdanie, mnie raczej nie, a potem i tak decydował sam. I miał rację, bo po co mnie pytać, skoro ja zazwyczaj i tak chciałem iść do góry?

Shaheen jakoś się pozbierał. Opuściliśmy bazę o szóstej rano. Wiało jak diabli, osiemdziesiąt, a może nawet sto kilometrów na godzinę.

I ten cholerny lodowiec znów wyglądał inaczej. Najgorszy był jego potrzaskany początek i końcówka z wąskimi, ale niewidocznymi szczelinami. Lód żył. Luźne liny poręczowe po kilku dniach były naprężone do granic możliwości, a śruby lodowe – powyginane. Obrywały się całe fragmenty naszej drogi, znów musieliśmy kluczyć i szukać nowego przejścia.

Janusz Gołąb prezentuje uszkodzoną śrubę lodową.

Przed zmrokiem dotarliśmy do jedynki. Przespaliśmy się kilka godzin i rankiem siódmego marca poszliśmy w górę. Mieliśmy do pokonania tysiąc sto metrów w pionie, które dzielą jedynkę i trójkę. Początek był świetny. W dwójce znaleźliśmy się już przed dziesiątą. Ale kiedy zaczęliśmy się wspinać w Kuluarze Japońskim, znów zaatakował nas wiatr. Momentami podmuchy musiały dochodzić do osiemdziesięciu kilometrów na godzinę.

– Adam, schodzimy – chłopaki przekazały mi przez radio wiadomość, której spodziewałem się od jakiegoś czasu.

– Spróbujmy, uda się! – przekonywałem.

– Nie, bez sensu, zawracamy.

Poczułem się tak cholernie rozczarowany, że chciało mi się płakać.

Nie wszystko było jednak stracone. Prognozy mówiły, że ósmego i dziewiątego marca rano pogoda będzie niezła. Cel wydawał się jasny – dojść do trójki, chwilę odpocząć i w nocy z ósmego na dziewiątego zaatakować szczyt.

To miała być nasza ostatnia szansa. Zbliżał się huragan.

ROZDZIAŁ 4

NADZIEJA, RADOŚĆ, SZCZĘŚCIE / ROZCZAROWANIE, STRACH, ROZPACZ

Po liceum zacząłem studiować psychologię na Uniwersytecie Jagiellońskim w Krakowie. Po pierwszym roku chciałem pojechać na Pik Pobiedy, ale jak zwykle nie miałem pieniędzy. Wziąłem więc urlop dziekański i razem z Krzysiem Urbańskim, moim ówczesnym partnerem wspinaczkowym i przyjacielem, wyjechałem tam, gdzie się wtedy jeździło po pieniądze, czyli do Anglii. Polska nie była jeszcze w Unii Europejskiej. Nie miałem wizy ani pozwolenia na pracę. Spaliśmy w pokoju z pięciorgiem znajomych Polaków. Przez pierwsze dwa tygodnie szukałem roboty. Nie chciałem zmywać garów. Wymyśliłem sobie, że będę barmanem. Obszedłem bezskutecznie kilkadziesiąt pubów. Byłem szczery – przyznawałem, że nie mam doświadczenia, ale szybko się uczę, mówię po angielsku, brakuje mi wprawdzie papierów, ale to chyba nie problem, bo moi kumple też ich nie mają, a pracują.

Stwierdziłem, że to niemożliwe, żeby nigdzie nie potrzebowali barmanów. Zrobiłem ksero pierwszej strony w paszporcie i ksero wizy Krzysia. Napisałem CV, w którym prawdziwe były tylko dane osobowe, wyszedłem w miasto i po godzinie miałem pracę. Szybko znalazłem jeszcze jedną. Pracowałem jak głupi, przez pierwszych osiem tygodni po dwanaście–czternaście godzin dziennie bez ani jednego dnia przerwy, na dwa etaty. Rano jechałem do pierwszej pracy, potem miałem trzygodzinne okienko, akurat żeby przejechać na drugi koniec miasta, przez półtorej godziny powspinać się na ściance i zdążyć do drugiej roboty. Po powrocie do domu siły starczało mi tylko na jedzenie i spanie.

Byłem barmanem w dwóch bardzo różnych miejscach. Pierwsze to typowy angielski pub przy Clapham Common w drugiej strefie (londyńska aglomeracja ma dziewięć stref komunikacyjnych, a strefa pierwsza to ścisłe centrum). Przychodzili tam pracownicy fizyczni. Spotykali się po robocie, żeby wypić piwo i pogadać. Bardzo fajna atmosfera.

Drugi bar, w którym pracowałem, mieścił się przy Victoria Station w sercu Londynu na parterze wielkiego biurowca. To była sieciówka Litten Tree. Przychodzili tam bogaci ludzie, głównie stali klienci pracujący na górnych piętrach. Najpierw w południe zjeżdżali windami na lunch. Jedli, pili dwa-trzy piwa i wracali do pracy. Kończyli ją między osiemnastą a dziewiętnastą i schodzili na kolejne pięć piw. Następnego dnia to samo. Dzień w dzień, tydzień w tydzień, miesiąc w miesiąc.

Po kilku tygodniach wiedziałem już, co kto pije i jak się nazywa.

– Mogę zadać ci pytanie? – zagaiłem stałego klienta.

– No pewnie – odpowiedział. – W końcu znamy się nie od dziś.

– Masz żonę?

– No, mam.

– A gdzie ona teraz jest?

– W pubie ze swoimi znajomymi z pracy pije browary.

– A masz dzieci?

– Tak, dwójkę. Sześć i dziesięć lat.

– I gdzie one teraz są?

– Mamy nianię, są teraz z nią na zajęciach pozalekcyjnych – odpowiedział.

– Fajnie. A co robisz, jak masz wolne?

– Czasami gram w golfa. Kiedyś żeglowałem, ale jak masz trzy tygodnie urlopu w roku, to ciężko znaleźć czas na przyjemności. Dwa lata temu byłem na Malediwach, to trochę nurkowałem – powiedział.

Wziął piwo i poszedł.

Nie mogłem pojąć, jak to jest: facet ma kupę kasy, ale brak mu czasu, żeby ją wydać. Kupił aparat, który kosztuje w przeliczeniu czterdzieści tysięcy złotych, ale nie ma czego fotografować. Nie rozumiałem, dlaczego ludzie pozwalają wcisnąć się w garnitur, zamknąć w biurze na cały rok i zadowolić trzema tygodniami urlopu. Przecież to nieludzkie. Jaki jest sens takiego życia, kiedy brakuje ci czasu dla siebie i nawet nie widujesz zbyt często swojej rodziny?

Przypomniałem sobie, jak rok wcześniej gdzieś w Austrii łapaliśmy z Krzysiem stopa. Padał deszcz, byliśmy przemoknięci, na plecach mieliśmy duże plecaki. Chcieliśmy dojechać do Chamonix i powspinać się na dużych ścianach. Zatrzymało się wielkie BMW z przyczepą, na której stał jacht. Usiadłem obok kierowcy i zaczęliśmy rozmawiać.

– Dokąd pan jedzie? – spytałem.

– Nad Jezioro Garda.

– A, to blisko Arco! Świetne wspinanie.

Koleś był bizesmenem. Akurat miał tydzień wakacji, a nad Gardą dom.

– A wy gdzie jedziecie? – spytał.

– Do Chamonix, wspinać się.

– A na ile?

– Na ile wystarczy nam pieniędzy i jedzenia.

– A co robisz w Polsce?

– Studiuję, ale głównie spędzam czas w górach.

Rozmowa się kleiła. Opowiadał o swoim życiu pełnym sukcesów zawodowych, ale czułem, że zazdrości nam naszego luzu i naszej swobody.

– Wie pan co – powiedziałem – to może pojedziemy z panem do tego Arco, tam też jest wspinanie, a autostop coś nam słabo idzie.

Ta przypadkowa podwózka i praca w Anglii pomogły mi zrozumieć, że nie chcę pracować na etat. Chrzanić superposadę. Skoro ludzie, którzy osiągnęli zawodowy sukces, zazdroszczą mi mojego autostopowania, to znaczy, że ono musi mieć swoją wartość.

Szef baru z ludźmi w garniturach po miesiącu zaprosił mnie na rozmowę.

– Adam, dobrze ci idzie. Krótko tu jesteś, a już szkolisz innych pracowników. Wiesz, może jeszcze nie dziś, może nie jutro, ale kiedyś awansujesz. Masz w naszej pracy przyszłość – zaczął. – Co byś powiedział za jakiś czas na posadę supervisora?

– Dzięki, Mike, ale mi jest dobrze z moją robotą. Nie upatruję przyszłości w biznesie barowym. Dla mnie to praca tymczasowa. Bycie supervisorem to większa odpowiedzialność za niewiele większe pieniądze, obecna posada w zupełności mi wystarcza – grzecznie odpowiedziałem.

Opadła mu szczęka, coś wymamrotał pod nosem i odszedł.

Minęło trochę czasu, miała przyjechać do mnie moja przyszła żona Dobrochna.

– Słuchaj, Mike, pracuję dwa miesiące, przysługuje mi urlop. Za dwa tygodnie przyjeżdża moja dziewczyna i chcę pięć dni wolnego – powiedziałem.

– No, ciężko będzie, wiesz, mało nas tutaj, nie wiem, czy się uda...

– Ja wiem, ciężko, ale sorry, potrzebuję tego urlopu. Należy mi się. Dlatego mówię ci wcześniej, żebyś znalazł zastępstwo.

– No, dobra, coś wymyślimy – powiedział.

Minął tydzień.

– Mike, pamiętasz o moim urlopie? – spytałem. – Za tydzień przyjeżdża moja dziewczyna, od poniedziałku nie przychodzę do pracy.

– Co? Chyba zwariowałeś! W ogóle nie ma takiej możliwości!

– Tak? W takim razie pracuję ostatnie pięć dni i odchodzę.

– Nie możesz tego zrobić!

– Jak to nie mogę, skoro właśnie to zrobiłem? To było oficjalnie wypowiedzenie. Dziękuję, dobrze nam się współpracowało. A teraz wracam do pracy, bo klienci czekają – powiedziałem.

Przyszedł do mnie po zmianie.

– Adam, jakoś się dogadamy. Popatrzyłem w grafik, poprzestawiałem ludzi, coś wymyślimy.

– Wiesz co, Mike? Uczucie, kiedy powiedziałem, że kończę tu pracować, było tak doskonałe, że chyba podjąłem dobrą decyzję. Dzięki, ale nie. Zwalniam się.

Miałem jeszcze jeden argument. Ludzie w garniturach rzadko kiedy coś wrzucali. W robotniczym pubie dostawałem dwa razy więcej napiwków. Zastanawiało mnie, czy klienci sieciówki są bogaci dlatego, że są skąpi, czy są skąpi dlatego, że są bogaci.

Z napiwków się utrzymywałem, a wypłatę odkładałem. Kiedy przyjechałem do Polski, funt kosztował siedem czterdzieści. Za tę samą pracę w Anglii zarabiałem siedem razy tyle co w Polsce. W Londynie nauczyłem się żyć z odpadków kapitalizmu. Mieszkałem na squacie, jeździłem na gapę. Jedzenie mieliśmy dzięki *skippingowi*, czyli wyciągaliśmy je ze śmietników pod hipermarketami. W sobotę wyrzucano to, co przed poniedziałkiem traciło datę ważności. Wszystko zapakowane. Wystarczyło opłukać opakowania pod prysznicem i mieliśmy darmowe, dobre jedzenie. Po dwóch miesiącach pracowałem już mniej, bo i tak wiedziałem, że odłożę tyle, ile mi potrzeba. Dużo imprezowałem i jeszcze więcej się wspinałem. Na ściance bywałem prawie codziennie i wkrótce wpuszczali mnie tam za darmo w zamian za układanie boulderów, co było tak naprawdę świetną zabawą.

Krzysia Urbańskiego poznałem w Chatce Ascety. Dziś to miejsce już nie istnieje. Swego czasu stało się bazą zimowego taternictwa i moim drugim domem. Zawsze zapełniali ją świetni wspinacze. Można było z nimi pogadać, podpytać o patenty i sprzęt. Chatka stała na polanie Włosienica i pierwotnie była budką parkingowego. Niezwykłe, ile ludzi mogło się w niej zmieścić. Szefowali tam niezapomniani Tadzio „Asceta" Targalski i Ewa Libera. To tam zjeżdżała czołówka (i nie tylko) polskiego wspinania zimowego. Razem z siostrą spaliśmy w chatce

przed próbą na depresji Niżnich Rysów. To były nasze zimowe początki, a Agnieszka wspinała się wtedy z czekanem turystycznym. Za opis drogi służył nam przewodnik Witolda Henryka Paryskiego, w skrócie *WHP*.

Opisy w *WHP* miały to do siebie, że najczęściej stawały się zrozumiałe dopiero po przejściu drogi „lekko wznoszącą się trawiastą płaśnią kilkadziesiąt metrów w lewo na niewyraźny filarek". A potem rzeczywistość: jesteś w ścianie, a tam pełno półek. Oczywiście nie widać żadnej trawy, bo jest zima. A kilkadziesiąt metrów to ile? Dwadzieścia pięć czy osiemdziesiąt trzy? Szybko stwierdziłem, że przewodnik jest bez sensu i trzeba iść tam, gdzie teren „puszcza". Wyciągnąłem jednak przewodnik z plecaka jeszcze raz. Byliśmy u podstawy kopuły szczytowej. Droga stawała się trudniejsza, a ściana bardziej stroma. Książka wyleciała mi ze zmarzniętych rąk i spadła kilkaset metrów do podstawy ściany.

– I co teraz? – spytała Agnieszka.

– Szczyt jest tam – wskazałem ręką. – Po prostu trzeba się wspinać w tamtym kierunku.

Asceta, który obserwował nasze postępy z Morskiego Oka, podobno skomentował wtedy, że albo jesteśmy bardzo ambitni, albo bardzo głupi.

Na początku wspinaliśmy się powoli i ostrożnie, przyspieszyliśmy, kiedy zaczęło się ściemniać. Po raz kolejny przekonałem się, że kiedy robi się niebezpiecznie i jestem zmęczony, to znajduję w sobie dodatkową moc. Coś jak awaryjne turbodoładowanie. Zacząłem iść jak maszyna, byle szybciej, byle zdążyć przed zmrokiem. Aby zaoszczędzić czas, ściągałem Agnieszkę idącą na drugiego z ciała, co znaczy, że zamiast asekurować ją za pomocą specjalnego przyrządu, wykorzystywałem tarcie liny oplecionej o własne ciało. Nagle usłyszałem krzyk. Wiedziałem, że lot będzie długi, bo trawersowała fragment ściany, na którym założyłem

⇦ Tatry. Szare Zacięcie na ścianie czołowej Mięguszowieckiego Szczytu Wielkiego. Marzec 2001.

może ze dwa przeloty. Szarpnęło linę i mocno przygięło mnie do małej półki, na której stałem.

– Aga, żyjesz?

– Żyję.

– To odciąż linę! – krzyknąłem.

Pozbierała się i doszła do stanowiska. Była trochę przestraszona, ale nic jej się nie stało. Wyszliśmy na grań szczytową. Warunki były koszmarne. Po polskiej stronie jeszcze szło się jako tako, ale po słowackiej głęboki śnieg przypominał konsystencją cukier puder. Zaczęliśmy wspinać się granią. Mijała dwudziesta godzina akcji górskiej. Od dawna było już ciemno. Nagle usłyszałem pobrzękiwanie haków. Odwróciłem się, ale nikogo nie zobaczyłem. Wciąż jednak słyszałem albo raczej wyczuwałem obecność jakiegoś wspinacza za sobą. Obracałem się kilka razy, ale wciąż nikogo nie widziałem. Przeszliśmy jeszcze kawałek. W pewnym momencie Agnieszka stanęła.

– Adam, sorry, ale zasypiam na stojąco. Boję się, że nie jestem w stanie cię asekurować, bo jak pójdziesz do przodu, to ja po prostu tutaj zasnę – wysapała.

– Dobra, no to kibel.

Kibel, czyli nieplanowany biwak. Dla Agnieszki debiutancki.

– Pamiętaj, najważniejsze przed kiblem to się porządnie wysikać, bo kiedy zachce ci się w nocy, to będzie bardzo trudno wstać i to zrobić – poinstruowałem.

Agnieszka całą noc grzecznie przesiedziała, a ja sikałem trzy razy. To był chyba jedyny kibel w mojej karierze, po którym zaspałem. Wyjęliśmy enercetkę, czyli folię termiczną, zagrzebaliśmy się w śniegu, usiedliśmy na linie, nogi włożyliśmy do plecaka, ręce pod kurtkę, przytuliliśmy się i w końcu zasnęliśmy. O ósmej obudziło nas słońce. Okazało się, że spaliśmy dwadzieścia minut od czerwonego szlaku prowadzącego na Rysy.

Podczas zejścia spotkaliśmy Edwarda Lichotę, TOPR-owca na dyżurze, który zaniepokojony poszedł nas szukać. Agnieszka przez ten kibel nie zdążyła na egzamin. Asceta napisał jej usprawiedliwienie.

Po wspinaczce w Chatce Ascety.

Koleżanka Agnieszka Bielecka brała udział w zimowym szkoleniu taternickim. Ze względu na trudne warunki pogodowe zejście ze ściany groziło śmiercią lub kalectwem. W związku z powyższym proszę o usprawiedliwienie jej nieobecności na egzaminie z meteorologii. Tadeusz Targalski, szef Bazy Taternictwa Zimowego na polanie Włosienica

Pik Pobiedy atakowałem dwa razy. Za pierwszym razem bez skutku z Krzyśkiem Urbańskim. Ta porażka nie dawała mi spokoju. Drugi raz pojechałem pod Pobiedę z Adasiem Ciućką. Kiedyś był moim klientem na Elbrusie. Uczyłem go chodzić w rakach i posługiwać się czekanem. Szybko przyswajał wiedzę i bardzo się wkręcił we wspinanie, zrobił kurs skałkowy i taternicki.

Pik Pobiedy atakowałem dwa razy.

W 2008 roku zaproponował mi wspólny wyjazd w Tien-szan. Mieliśmy być partnerami. Adaś to bardzo sympatyczny facet, były żołnierz, który w Anglii pracuje jako ogrodnik.

To, że wróciłem z tej wyprawy żywy, uważam za jeden z największych sukcesów wspinaczkowych w moim życiu.

Od początku działaliśmy w bardzo złej pogodzie. Ale mimo to udało się założyć kolejne obozy i zaaklimatyzować się na tyle, że mogliśmy myśleć o ataku szczytowym.

Pik Pobiedy słynie z kiepskich warunków pogodowych, więc gdy w końcu pojawiła się prognoza mówiąca o trzech słonecznych i względnie bezwietrznych dniach, wiedzieliśmy, że być może jest to ostatnia w sezonie szansa na zdobycie szczytu. Do jamy śnieżnej na 5900 m n.p.m. doszliśmy w kompletnej „dupówie". Z daleka ktoś machał do nas i krzyczał. To było irytujące, bo drogę znałem doskonale, a okrzyki mogły spowodować lawinę.

W starej jamie ledwie nadążaliśmy z odkopywaniem wciąż zasypywanego wejścia.

Moja irytacja stała się jeszcze większa, gdy wspinacz, który okazał się członkiem niemieckiej wyprawy, zasugerował, że nie zmieścimy się w jamie, którą kilkanaście dni wcześniej wykopaliśmy z Adasiem. Wytłumaczyliśmy mu, że lepiej będzie, jeśli znajdzie się dla nas miejsce.

Wyglądali na przestraszonych.

– Regularnie zasypuje nam jamę. Musimy trzymać wartę – opowiadał pełen emocji.

Rozumiałem go, kilkanaście dni wcześniej lawiny też robiły na mnie wrażenie. Ale już przestały. Byliśmy zmęczeni i chcieliśmy po prostu spać.

– Słuchaj, jeśli śnieg nas zasypie, to obudźcie nas, oczywiście pomożemy w odkopywaniu. Dobranoc – zamknąłem oczy i od razu zasnąłem.

Następnego dnia miało już być ładnie. Ale nie było. Niemcy poszli na dół, a my w górę. Po jedenastu godzinach wspinaczki, która częściowo sprowadzała się do rycia korytarza w głębokim po pas śniegu, dotarliśmy do przełamania grani na wysokość 6900 m n.p.m. Byliśmy bardzo zmęczeni fizycznie i psychicznie. Po drodze śnieg, który obsunął się ze stoku, zamurował mnie od pasa w dół. Na szczęście Adaś pomógł mi się wydostać. Wykopanie schronienia mogącego pomieścić dwie osoby to minimum cztery godziny ciężkiej pracy, więc tym bardziej ucieszyliśmy się, gdy znaleźliśmy starą jamę lodową. Od początku wiedziałem, że jest źle zrobiona. Była wykopana poziomo, a powinna schodzić w głąb stoku. Nie mieliśmy jednak motywacji, by zrobić nową, i tak zostaliśmy uwięzieni w niej na trzy dni. Na zewnątrz wiało tak mocno, że strach było wyjść. Ledwie nadążaliśmy z odkopywaniem wciąż zasypywanego wejścia. Kończył nam się gaz. Trzeciego dnia strop jamy zawalił się nam na głowy. Kompletnie mnie zasypało, nie mogłem ruszyć żadną częścią ciała. Adam miał więcej szczęścia i to nas uratowało. Jedną ręką próbował dokopać się do powierzchni, a drugą mnie odkopywał. Buty, śpiwory – wszystko mokre. Zaczęliśmy się bać.

Na szczęście wkrótce trochę się przejaśniło i chociaż wciąż mocno wiało, to przynajmniej przestało sypać. Normalnie odczekalibyśmy co najmniej jeden dzień, aż lawiny zlecą, a świeży śnieg chociaż trochę się uklepie, ale Pobieda to nie jest normalna góra. Wiedziałem, że to może być ostatni dzień względnie dobrej pogody w tym sezonie, więc jeśli teraz nie zejdziemy, to zostaniemy tam na zawsze. Nigdy później nie wycofywałem się w tak koszmarnych warunkach. Mieliśmy jakoś trafić na wąską grań, ale wiało mocno, widoczność była słaba i nie mogliśmy jej znaleźć.

Jeden krok i zapadaliśmy się do pasa, drugi i znikaliśmy do samej piersi. Znalazłem na to sposób: kładłem plecak na śniegu, wchodziłem na niego kolanami, ugniatałem śnieg przed sobą, cofałem się, przesuwałem plecak na dopiero co ugnieciony śnieg, wchodziłem na niego kolanami i tak metr po metrze poruszałem się do przodu. W ten sposób wyzwoliliśmy trzy lawiny, szczęśliwie wszystkie oberwały się poniżej nas.

Nie wiem, jakim cudem trafiliśmy na grań, ale to nas jeszcze nie ratowało. Świeżego śniegu leżało tyle, że kolejne lawiny były tylko kwestią czasu. Nerwy mieliśmy zszargane do granic. Wyciągnąłem cyfrówkę i zacząłem oglądać zdjęcia ściany, które zrobiłem wcześniej z bazy. Na ekranie aparatu wyszukałem nową linię zejścia, która wiodła po skałach, gdzie lawiny nie powinny nam grozić.

Było już ciemno, kiedy po wielu zjazdach dotarliśmy w końcu do lin poręczowych. Wydawało się, że jesteśmy uratowani, ale w pewnym momencie poręczówki zniknęły. Próbowaliśmy schodzić w różnych kierunkach, ale baliśmy się zgubić w ciemnościach. W końcu znaleźliśmy linę, którą prawie na całej długości przysypał śnieg. Próbowaliśmy ją wyszarpać, ciągnęliśmy ze wszystkich sił, ale bez skutku.

Adam się poddał. Usiadł i położył głowę na śniegu.

– Umrzemy tutaj – powiedział zrezygnowanym głosem.

Wybuchłem z wściekłości:

– Sam se, kurwa, umieraj!

Szarpnąłem jeszcze raz.

Śnieg puścił i uwolnił linę poręczową.

Góry nauczyły mnie, że jeśli mam w nich zginąć, to walcząc. Ekstremalne sytuacje wyzwalają w nas niewiarygodne siły, czerpiemy z rezerw, o których istnieniu nie mamy pojęcia. Każdy chciałby walczyć do końca, ale nie każdy zdoła. Ja wiem, że będę walczył do ostatniego tchu.

Dotarliśmy do jamy na wysokości 5900 m n.p.m., przeczekaliśmy w niej noc i kolejnego dnia zeszliśmy do bazy. Ludzie patrzyli na nas jak na duchy. Rozładował nam się radiotelefon i od kilku dni nie było z nami kontaktu. Myśleli, że już nie żyjemy.

Podczas pierwszych sezonów w Tatrach i w Alpach, wspinaczek w Pamirze i Tien-szanie miałem sporą wiedzę na temat zasad bezpieczeństwa i technik linowych, ale zdecydowanie brakowało mi

Zachód słońca widziany z wnętrza jamy lodowej w obozie II, na wysokości 5900 m n.p.m.

wyobraźni. Po prostu nie zastanawiałem się nad tym, czy coś może mi się stać. Z biegiem czasu przestałem bezwarunkowo godzić się na to, że w górach musi być ciężko i niebezpiecznie. Przyczyną tej przemiany było prowadzenie wyjazdów partnerskich. Byłem młody, a pomagałem w górach prawnikom, lekarzom, mechanikom samochodowym. W życiu na nizinach stosunkowo rzadko mamy głębszy kontakt z ludźmi dwukrotnie od nas starszymi, a tam rozmawialiśmy swobodnie o życiu, kobietach, problemach i pierdołach. Bardzo wtedy dojrzałem. Okazało się, że dużo łatwiej ryzykować własny tyłek, niż narażać innych.

Uczestnicy wyjazdów partnerskich podpisywali oświadczenie, że biorą udział w wyprawie bez licencjonowanego przewodnika i że robią to na własną odpowiedzialność. Teoretycznie nie odpowiadałem za klientów – nie ponosiłem odpowiedzialności prawnej, ale moralną i etyczną już tak. Nigdy nie nazywałem siebie przewodnikiem, nie mam takich uprawnień. Mimo to czułem,

Gran Paradiso – sierpień 2001.

że w praktyce pełnię tę funkcję. Byłem przecież najbardziej doświadczony w grupie, robiłem za kierownika wyjazdu. Ludzie polegali na mnie i ufali mojemu osądowi sytuacji. I dopiero ta świadomość pozwoliła mi zacząć kalkulować niebezpieczeństwo, zastanawiać się, czy aby na pewno podejmuję dobre decyzje. Dopiero kolejne trudne sytuacje w górach pozwoliły mi zrozumieć, jak bardzo niebezpieczne jest to, w co się bawimy. A kiedy pojąłem, zacząłem się zmieniać. Ostrożnym wspinaczem stałem w wieku dwudziestu kilku lat. Dziś jestem zaprzeczeniem siebie z młodości. Łącznie poprowadziłem około czterdziestu wypraw. Miałem stałe grono klientów, którzy chcieli jeździć właśnie ze mną. Po sześć razy byłem na Elbrusie i Kilimandżaro, trzy razy na Aconcagule, dwa razy na Denali. Prowadziłem też wyjazdy na mniej popularne góry, jak na przykład Chimborazo, Cotopaxi, Ruwenzori, Ras Daszen w Etiopii. Wydaje się, że robiłem to dobrze, bo nigdy nie przydarzył mi się wypadek. Wiele osób ma do mnie pretensje za tamten okres. Skoro nie masz uprawnień, piszą – bo nie mówią, wprost nigdy nikt mi niczego takiego nie powiedział – to nie powinieneś był zabierać ludzi w góry. Rozumiem ich argumenty, chociaż z doświadczenia wiem, że żadne uprawnienia nie dają gwarancji bezpieczeństwa. Kiedyś wprowadzałem grupę na Gran Paradiso w Alpach Graickich blisko Mont Blanc. Na ostatnim, mocno eksponowanym odcinku drogi powiesiłem poręczówkę. Miałem dwie osoby do pomocy i dziesięciu klientów. Specjalnie wyszliśmy później, żeby nie blokować trasy. Zacząłem powoli puszczać klientów po tej poręczówce, a mój kolega odbierał ich na szczycie i wysyłał w dół. Szło nam całkiem sprawnie. Wtedy pojawił się międzynarodowy przewodnik górski z klientem. Ciągnął go jak na postronku i ciągle popędzał. Kiedy nas zobaczył, to stanął i zaczął krzyczeć.

– Co wy odpierdalacie? Nie można tutaj robić takich rzeczy, blokujecie górę!

– Nie masz żadnego powodu, żeby się wydzierać. Wstrzymam swoich ludzi, puszczę was. Wystarczyło zapytać – odpowiedziałem.

Przewodnik rzucił jeszcze kilka chamskich odzywek, padło parę przykrych słów o Polakach. Szarpnął klienta i ruszyli w górę. A potem się poślizgnął. Zaczął spadać, lina się napięła i ściągnęła klienta. Spadali jakieś sto metrów.

– Zajmijcie się grupą – powiedziałem do dwóch kolegów, którzy mi pomagali. – Lecę zobaczyć, co się tam stało.

Zjechałem do nich na linie, inni wspinacze byli jeszcze daleko.

– Ze mną wszystko dobrze – powiedział przewodnik. Był w szoku.

Podbiegłem do klienta. Popatrzyłem na jego nogę i zrobiło mi się niedobrze. Była wykrzywiona w totalnie nienaturalny sposób. Nożem rozciąłem nogawkę jego spodni. Po tym, co zobaczyłem, stwierdziłem, że lepiej, gdyby to było złamanie otwarte. Noga wyrwała się ze stawu kolanowego, piszczel był obciągnięty skórą do granic. Miałem wrażenie, że gdyby dotknąć go czubkiem noża, to skóra pękłaby, a kość wystrzeliła. Zrobiłem facetowi zastrzyk przeciwbólowy. W międzyczasie doszli do nas inni wspinacze i przewodnicy. Ktoś wezwał helikopter.

Przewodnik zaczął pluć krwią. Pierwsze, o czym pomyśleliśmy, to że złamał sobie żebro, a kość prawdopodobnie przebiła płuco. Przyleciał helikopter i zabrał przewodnika, bo jego życie było zagrożone. Pogoda się zepsuła i po klienta z fatalnym złamaniem już nikt nie przyleciał. Przez kolejne pięć godzin w kilka osób znosiliśmy go poniżej krawędzi chmur.

Miłą odmianą od górskiej rutyny okazał się wyjazd nad Bajkał z Mirkiem Żochowskim.

Mirek był moim klientem na Elbrusie i jedną z ciekawszych osób, które poznałem w życiu. Cierpi na zespół Tourette'a, czyli wrodzone zaburzenie neurobehawioralne, które objawia się licznymi tikami i wydawanymi mimowolnie dźwiękami. Tyle mówi definicja, a w praktyce tourette oznacza, że Mirek niewiarygodnie przeklina. W górach było mu trudno, bo oprócz przeklinania choroba wywołuje u niego niekontrolowane napięcia mięśniowe i przyruchy. Trzęsło nim, czasami podskakiwał znienacka. Z tego powodu na wysokości tracił bardzo dużo sił i brakowało mu oddechu. Był jednak wytrzymały, regularnie biegał maratony i w ogóle dzielnie stawiał czoła codzienności. Ludzie z tourette'em często zamykają się w domach. Wielu z nich choruje na depresję. Czują się wykluczeni, boją się wyjść do sklepu po bułki. Czasem się samookaleczają, zdarza się, że popełniają samobójstwa. Mirek ten etap ma już za sobą. Ożenił się, realizuje się przez sport. Potrafi pójść do prezydenta miasta, w najwulgarniejszy możliwy sposób zwyzywać go do czwartego pokolenia wstecz, a na koniec i tak dostać dziesięć tysięcy złotych na kolejną wyprawę.

Mirek postanowił, że zostanie polarnikiem. Podczas swojej pierwszej wyprawy na Grenlandię zgubił się jednak i dosyć szybko musiał wrócić do cywilizacji bez osiągnięcia założonego celu sportowego. Ewidentnie potrzebował towarzysza i opiekuna.

Mirek jest jedną z ciekawszych osób, które poznałem w życiu.

Mieliśmy umowę,
że codziennie znikam
na godzinę,
żeby odpocząć.

Nad Bajkał dojechaliśmy
pociągiem.

Polubiliśmy się i dlatego zaproponował mi wspólny wyjazd zimą na Syberię.

Naszym celem miało być przejście sześciuset kilometrów po zamarzniętym Bajkale. Każdy z nas miał swoją działkę. Mirek zajmował się zagadnieniami związanymi z polarnictwem i szukał sponsorów. Moim zadaniem było kupno biletów, wizy i szeroko pojęta logistyka wyprawy. Kiedy dojechaliśmy pociągiem do Moskwy, na placu Czerwonym trwało jakieś święto i roiło się od pijanych żołnierzy.

– *Swobodnaja Czecznia*! – zaczął krzyczeć w ich kierunku Mirek.

Zbladłem. Zespół Tourrette'a to nie tylko przekleństwa i tiki. Osoby, które na niego cierpią, mówią często dokładnie to, czego w danym momencie nie powinny. Byłem przerażony, wyciągnąłem go za fraki z tłumu i czym prędzej stamtąd uciekliśmy.

Oczy Mirka zamykały się na krótko, a usta praktycznie wcale. Szybko zrozumiałem, że jedyną szansą na sen są zatyczki do uszu. Mieliśmy umowę, że codziennie znikam na godzinę, żeby odpocząć.

Spośród obiecanych sponsorów większość się wycofała, więc wyjazd był nad wyraz niskobudżetowy. Nie stać nas było na hotele i inne zbytki. Na miejsce dojechaliśmy pociągiem, a nad samym Bajkałem w Listwiance zasquatowaliśmy jakiś rzekomy pustostan. Był przełom grudnia i stycznia, temperatura wynosiła -30 stopni. Bardzo się zdziwiliśmy, gdy zobaczyliśmy, że jezioro wcale nie jest zamarznięte. Teraz już wiem, że to było do przewidzenia. Bajkał to największy zbiornik słodkiej wody i jednocześnie najgłębsze jezioro na świecie. Gorące lata na Syberii nagrzewają ten ogrom wód do tego stopnia, że gdy w końcu przychodzi zima, to trzeba miesięcy, by jezioro oddało energię. Mimo kilkudziesięciostopniowego mrozu Bajkał zwykle zamarza dopiero na przełomie stycznia i lutego. Nic to, jak nie da się iść po tafli, to pójdziemy brzegiem. Szybko okazało się, że nasze profesjonalne pulki – sanki używane przez polarników – są zupełnie nieprzydatne na wąskich i niekoniecznie zaśnieżonych ścieżkach. Cały sprzęt musieliśmy nieść na plecach, a sanki, zamiast ułatwiać sprawę, stały się dodatkowym obciążeniem. Po siedemdziesięciu kilometrach mieliśmy dość.

Mirek chciał wracać. Przebiliśmy się do jakiejś drogi i stopem wróciliśmy do Listwianki.

– Ja jeszcze bym sobie gdzieś poszedł. Poczekasz na mnie trzy dni? – spytałem.

Zgodził się. Na południe od nas wznosiła się Góra Czerskiego. Została tak nazwana na cześć Jana Czerskiego, polskiego geologa i badacza Syberii. To samo nazwisko nosiła moja babcia ze strony ojca. Nie wiem, czy jest z nim spokrewniona, ale góra to góra – chciałem na nią wejść. Mirek został w naszym squacie, a ja pojechałem stopem na południe do Sludianki.

Kiedy dotarłem do ostatniej wsi przed górą, zacząłem rozpytywać o drogę. Mieszkańcy pukali się w czoło.

– Chyba oszalałeś, zimą będziesz tam szedł pięć dni – mówili.

– Ja bym chciał w dwa, tak jest napisane w przewodniku.

– W lecie, owszem, jak jesteś szybki, to da się w dwa. Wtedy zapraszamy na wycieczkę. W zimie nikt tam nie chodzi.

Droga w dwie strony zajęła mi czterdzieści godzin. Przeszedłem jakieś sześćdziesiąt kilometrów. Na szczycie było 37 stopni mrozu. Wiatr wyciskał łzy. Zamarzły mi powieki i rzęsy. Nie mogłem otworzyć oczu. Bezskutecznie przecierałem je rękawiczką. Chuchałem w dłonie. Ciepło oddechu na chwilę topiło lód, ale świat zaraz znikał pod zamarzniętymi powiekami. Pierwszy raz w życiu doświadczyłem tego irytującego zjawiska. Wiele lat później podczas zimowych wypraw w Karakorum musiałem się do niego przyzwyczaić.

Kiedy wróciłem do Listwianki, w naszym squacie trwała impreza. Przyjechały dzieci właściciela domu z ekipą znajomych. Byliśmy dla nich atrakcją i nie mieli nic przeciwko temu, że mieszkamy w chacie ich rodziców.

Miałem dwadzieścia osiem lat, minęło jedenaście, od kiedy zdobyłem Chana, i byłem pewien, że zaraz wyjadę w Himalaje. Z każdym rokiem frustrowałem się coraz bardziej. Sprawdzałem, kiedy w najwyższe góry świata trafili Wojciech Kurtyka, Jerzy Kukuczka czy Krzysztof Wielicki. Wciąż byłem młodszy, ale to, że nie spełniłem swojego marzenia i nie przekroczyłem jeszcze granicy ośmiu tysięcy metrów, zaczęło mnie już mocno dołować. Czułem, że stoję w miejscu. Moje wyjazdy komercyjne i wspinanie uważałem za amatorszczyznę. Prawdziwe rzeczy działy się obok, gdzie prawdziwi himalaiści wchodzili na prawdziwe góry. Przez ostatnich jedenaście lat wspinałem się nie tylko z klientami. Pokonałem przeszło sto dróg wspinaczkowych w Tatrach i Alpach. Mimo że wiązałem się liną z fantastycznymi ludźmi, takimi jak na przykład Robert Rozmus, Kamil Michalik, Rafał Kalinowski czy Krzysiek Urbański, to jednak bardzo doskwierał mi brak równorzędnego albo mocniejszego partnera. Często wspinałem się z siostrą albo robiłem przejścia solowe bądź wiązałem się liną z przypadkowymi osobami poznanymi na miejscu. Nie miałem się od kogo uczyć, co powstrzymywało mój wspinaczkowy rozwój. Na wszystkich drogach w Tatrach i Alpach prowadziłem całość albo przynajmniej kluczowe wyciągi. Doświadczenie unikalne, ale mające też swoje minusy, bo jeśli wspinasz się z równorzędnym partnerem, to możesz zaryzykować przejście trudniejszej drogi. Jeśli osłabniesz, to wiesz, że ktoś cię zmieni. Mnie nie miał kto zmieniać. Przez wiele lat brakowało mi tego komfortu. Wiedziałem, że jeśli wbijam się w drogę, to nie dość, że muszę ją przejść na pierwszego, to mam jeszcze do przypilnowania drugą osobę i muszę się upewnić, czy da sobie radę.

Moim pierwszym ośmiotysięcznikiem miała być Nanga Parbat. Razem z Ciućką chcieliśmy dołączyć do wyprawy organizowanej w 2011 roku przez Olę Dzik. Pomysł zaczął się sypać, gdy się okazało, że Artur Hajzer organizuje ekspedycję Polskiego Himalaizmu Zimowego na Makalu. Adaś napisał, że chce wziąć w niej udział. Kiedy został zakwalifikowany, a mnie w składzie nie było, pomyślałem, że coś poszło nie tak. Wiedziałem, że Adaś jest mocny, ale przecież zaczął się wspinać, gdy dysponowałem już pokaźnym wykazem przejść.

Nasz obóz nad Bajkałem.

Mejl od Oli, w którym pisała o komplikacjach z wyprawą na Nangę, przyszedł, kiedy byłem w Andach. Prowadziłem wyjazd na Aconcaguę. Mimo że dostęp do internetu kosztował kilka dolarów za minutę, zacząłem słać wiadomości. Poprosiłem Olę o adres do Artura i niezwłocznie do niego napisałem z pytaniem o możliwość dołączenia do ekspedycji. Przedstawiłem się, wymieniłem swoje osiągnięcia („Pobieda, Lenin, Chan Tengri – najmłodsze wejście na świecie solo w stylu alpejskim"), opisałem mocne strony („jestem raczej szybki. (...) Na McKinleya wlazłem z ostatniego obozu dwa razy w ciągu 24h, na Pik Lenina w niecałe 6h z ostatniego obozu, na Matterhorn solo w niecałe 5h, na Lyskamm solo z Balmenhornu na szczyt i z powrotem w 3h, na Aguille de Bionnassay solo z Goûtera i z powrotem w 3h etc. (...) Chyba jestem aklimatyzacyjnym mutantem, bo do 6000 m dochodzę bez aklimatyzacji i czuję się ok").

Artur odpisał:

Podane przez Ciebie czasy wejść nie powalają – serio, serio – są zupełnie przeciętne. Ale podstawa to wykaz przejść. Czekam, aż go zarejestrujesz. Z tego, co piszesz, wynika, że będę Cię namawiał do zaliczenia letniej Betlejemki egzaminem eksternistycznym (już mieliśmy takie przypadki) i ukończenia tej zimy zimowej Betlejemki lub/i wykazania się tej zimy przejściami tatrzańskimi – 5 dróg nie krótsze niż 4 wyciągi i nie łatwiejsze niż III stopień. Podane przez Ciebie na ten moment informacje nie kwalifikują Cię do wyprawy na Makalu – bo zdaje mi się, że jak wpadnę do szczeliny, to Ty mnie z niej nie wyciągniesz. Namawiam do pracy nad sobą. Drzwi pozostają otwarte warunkowo. Pozdrawiam, Artur

Masakra.

Zacząłem grzebać w sieci. Rzeczywiście, Artur próbował wskrzesić projekt, który pod koniec lat siedemdziesiątych wymyślił Andrzej Zawada.

– Nasza dominacja w zimie to wina Stalina i Bieruta, bo zamknęli nas w klatce. Kiedy inni dokonywali pierwszych wejść na ośmiotysięczniki, my tkwiliśmy za żelazną kurtyną. Kiedy się podniosła, wyskoczyliśmy z klatki. Byliśmy bardzo głodni – opowiadał później Hajzer.

Przegapiłem informację o powstaniu programu Polskiego Himalaizmu Zimowego, bo byłem zbyt sfrustrowany. W pewnym momencie przestałem czytać górskie magazyny, przyjeżdżać na festiwale. Odpuściłem, bo nie chciałem dowiadywać się o wyczynach innych wspinaczy w najwyższych górach świata, w które wciąż nie wiedziałem, jak się dostać.

Kiedy wczytałem się w założenia programu, stwierdziłem, że to coś, na co czekałem przez tyle lat. Hajzer dawał szansę młodym, zdolnym wspinaczom. Zabierał ich na ośmiotysięczniki, a jeśliby się sprawdzili, to mieli szansę pojechać na zimową wyprawę.

O wsparcie dla programu Polskiego Himalaizmu Zimowego Artur starał się w Ministerstwie Sportu i Turystyki. Rozmowa z ministrem się nie kleiła. Wtedy Hajzer poszedł na całość.

– Panie ministrze, Ruski nas biją! – powiedział, nawiązując do zimowych planów rosyjskich himalaistów.

I potem już jakoś poszło, dostaliśmy od rządu pieniądze.

Hajzer był świetnym strategiem. Miał ksywkę Toranaga, jak jeden z bohaterów serialu *Szogun*. Filmowy Toranaga walczył o władzę w Japonii na przełomie szesnastego i siedemnastego wieku. Gdy totalna klęska była blisko, okazywało się, że Toranaga ma nad wszystkim kontrolę i ratuje sytuację. Bywał jednak bezwzględny.

W lutym 1980 roku osiemnastoletni Artur Hajzer drżał z przejęcia. Sam dopiero uczył się wspinać, a żeby pojechać na zagraniczną wyprawę, musiał zebrać doświadczenie w Tatrach – referencje sportowe były ważne dla Harcerskiego Klubu Taternickiego w Katowicach. Zgodnie z regulaminem stopni PZA bez ukończonego zimowego kursu Centralnego Ośrodka Szkolenia Hajzer i koledzy mogli pójść sobie co najwyżej szlakiem na Giewont.

„Nie znam alpinisty, który w swoim życiu nie złamałby regulaminu stopni" – napisał Hajzer w swojej pierwszej książce *Atak rozpaczy*.

Trekking do bazy pod Makalu.

Oczywiście i oni zostali przyłapani na samodzielnej wspinaczce i wyrzuceni z Betlejemki na Hali Gąsienicowej, gdzie do dziś kolejne pokolenia uczą się zasad sztuki. Zimę jednak zaliczyli, mogli jechać dalej.

A dalej był Spitsbergen, później Hindukusz. To tam w 1983 roku na Tirić Mirze Hajzer postawił się starszym kolegom i wywalczył sobie prawo do zdobycia szczytu. Doszedł ledwo żywy. „Nie wytrzymały nawet zwieracze" – napisał w *Ataku rozpaczy*. W książce, tak jak w życiu, relacjonował bez upiększania. Pokazywał twardy świat polskich wspinaczy. Nie zawsze kolorowy, nie zawsze koleżeński i uczciwy, czasami seksistowski.

Zdobycie Tirić Miru otworzyło mu drogę w Himalaje. Atakował Lhotse, Manaslu, Annapurnę. Wspinał się z najlepszymi na świecie: Kukuczką, Wielickim, Czokiem, Pawłowskim. Cudowne dziecko złotej ery polskiego himalaizmu. Starszych kolegów, którzy rządzili w Himalajach, zaskakiwał werwą. Nie był tak wytrzymały jak Kukuczka, nie chodził tak szybko jak Wielicki, ale był silny i miał zapał.

Kiedy zimą 1987 roku pod Annapurną Kukuczka zapytał: „Kto założy ze mną obóz piąty?", Hajzer, nazywany przez kolegów Słoniem, wykazał się refleksem rewolwerowca i krzyknął ile sił w płucach: „Jaaa!". Ta sekunda, o którą był szybszy od Wielickiego, zdecydowała, że stanął na szczycie.

Po latach, wspominając tę sytuację, z satysfakcją mówił, że chociaż raz prześcignął Krzyśka.

Artur z Krzyśkiem postanowili odbudować pozycję polskiego himalaizmu. Byli wyjątkami, inni z tego pokolenia albo zginęli w górach, albo nie interesowało ich już wychowywanie następców. Od połowy lat osiemdziesiątych i na początku dziewięćdziesiątych czarna seria zabierała kolejnych kolegów. W 1985 roku zginął szczególnie bliski Hajzerowi Rafał Chołda, z którym Artur wspinał się od początku swojej kariery. W 1986 roku podczas zimowej wyprawy na Kanczendzongę w trakcie biwaku zmarł Andrzej Czok. W 1989 roku Eugeniusz Chrobak i Andrzej Marciniak weszli na Everest trudną drogą zachodnią granią. Podczas zejścia lawina zmiotła zespół sześciu himalaistów, oprócz zdobywców szczytu: Zygmunta Heinricha, Mirosława „Falco" Dąsala, Wacka Otrębę i Mirosława Gardzielewskiego.

Marciniak, we wspomnieniach zebranych do epilogu książki Mirosława Dąsala *Każdemu jego Everest*, wspomina to tak:

> W pewnym momencie, gdy Gardziel zrównał się z Wackiem – pamiętam dobrze, bo aż się zdziwiłem, co jest grane – śnieg jakby się podniósł przede mną i utworzył jakby falę, która zaczęła błyskawicznie zsuwać się w dół i pochłaniać wszystko po drodze.[1]

Ocknął się u podstawy ściany. Krwawił, bolała go szczęka. Przelecieli dwieście-trzysta metrów. Niedaleko leżał Chrobak, a Dąsal

[1] Mirosław „Falco" Dąsal, *Każdemu jego Everest*, At Publications 1994.

wisiał lekko uniesiony na linie. Marciniak chciał wstać, ale nogi mu nie pozwoliły. Zsuwał się, szukając zasypanych. Odkopywał kolegów: Otrębę – był jeszcze ciepły, wydawało się, że oddycha; Heinricha – krzyczał, w ciszy jego głos brzmiał dramatycznie, Marciniak przykrył go puchówką; Gardzielewskiego – twarz miał siną, nienaturalnie wykrzywioną, nie żył.

Marciniak znalazł radio i zawiadomił bazę. W tym czasie Dąsal przestał oddychać, masaż serca i sztuczne oddychanie nie pomogło. Umarł też Heinrich. Marciniak został sam z Chrobakiem, ale ten nie przeżył nocy. Pomoc z bazy nie mogła nadejść, bo zagrożenie lawinowe było zbyt duże. Mimo narastającej śnieżnej ślepoty Marciniak doszedł do namiotu. Miał problemy z oddychaniem, bolały go żebra, kręgosłup i szczęka.

Do Katmandu, w którym przebywał Hajzer, dotarła wiadomość o wypadku. Artur był wcześniej członkiem tej wyprawy, później przeniósł się pod południową ścianę Lhotse, gdzie dołączył do prestiżowej, międzynarodowej wyprawy kierowanej przez Reinholda Messnera. Znał angielski, był obrotny i wygadany, łatwo nawiązywał kontakty, a dzięki sukcesom odniesionym podczas wypraw z Kukuczką okazał się pożądanym partnerem.

Aby ratować Marciniaka, poruszył niebo i ziemię, użył swoich kontaktów w zagranicznych ambasadach. Bezradny szukał wsparcia wszędzie i gdy wydawało się, że przegra z losem, przyszła niespodziewana pomoc. W grę wchodziła tylko droga od strony chińskiej. Dzięki kontaktom Amerykanów Chińczycy zgodzili się na wjazd i dostarczyli samochód na granicę. Po pięćdziesięciu pięciu godzinach jazdy i marszu dotarli na przełęcz Lho La. Przyszli w chwili gdy Marciniak mozolnie zakładał buty i poranionymi palcami starał się zamocować raki.

W chwili, gdy wstał z kolan, usłyszał:

– To ja, Artur, przyszliśmy po ciebie. Chłopie, jesteś uratowany.

Za tę akcję Hajzer otrzymał nagrodę Fair Play Polskiego Komitetu Olimpijskiego oraz tytuł honorowego członka Himalayan Rescue Association.

W 1989 roku odszedł kolejny wielki wspinacz. Piekielnie trudna południowa ściana Lhotse zabrała Jerzego Kukuczkę.

– No i wszystko ostatecznie zdechło – mówił Hajzer.

– W latach osiemdziesiątych polscy himalaiści pojechali po bandzie – to słowa Andrzeja Paczkowskiego, który w latach 1974-1995 był prezesem PZA.

Po wypadku – wydawałoby się – niezniszczalnego Kukuczki Artur wycofał się z wyczynowego himalaizmu. Nie przestał jednak podróżować. Interesował się żeglarstwem, jeździł na Spitsbergen.

– My, Polacy, zostaliśmy uznani za najlepszą nację w tym sporcie, ale z perspektywy lat mam wątpliwość, czy rozegraliśmy tę partię profesjonalnie. Czy pewna granica wariactwa, wyścigu, konkurencji nie została przekroczona, bo historia wystawiła nam rachunek bardzo wysoki. Polska potęga himalajska wzięła się i zabiła – mówił.

Szesnastoletni Hajzer jeszcze wybitnym wspinaczem nie był, za to krawcem już pierwszorzędnym. Szył plecaki, sprzęt puchowy, odzież. W 1978 roku uszył klubowemu koledze (Klub Wysokogórski Katowice) Jerzemu Kukuczce uprząż, w której ten pojechał na pakistański siedmiotysięcznik Tirič Mir. Z szycia utrzymywał się jako student kulturoznawstwa. Zaopatrywał wyprawy, wszystko robił w domu. Szara strefa. PRL-u jako systemu nie znosił, ale przyznawał, że czasy go zahartowały. Jak prawie każdy himalaista przemycał.

– Nie było nas stać na kemping w Alpach, o hotelu nie wspominając, za to w Polsce stać nas było niemal na wszystko. Absurd gonił absurd. Żyło się i trudno, i łatwo – w sklepach tylko ocet, a my jeździliśmy w Himalaje, między innymi dzięki importowi z Indii – mówił w rozmowie z Łukaszem Długowskim[2].

W latach dziewięćdziesiątych, kiedy himalaizm w Polsce przygasł i większość starej gwardii schowała raki do piwnic, młodszy od nich Hajzer szukał swojego sposobu na życie. Zadebiutował jako biznesmen na rynku odzieży outdoorowej. Wraz

[2] Łukasz Długowski, *Idee na szczycie*, http://www.sukcesmagazyn.pl/artykul/943388.html [data dostępu: 26 stycznia 2017].

z przyjaciółmi z gór, Januszem Majerem i Ryszardem Wareckim, założyli firmę, która była właścicielem wiodącej na polskim rynku marki Alpinus.

Chcieli sprzedawać swoje produkty za granicą. Pod koniec lat dziewięćdziesiątych otworzyli kilka sklepów w Austrii, która okazała się bardzo trudnym rynkiem dla produktów outdoorowych. Wpadli w tarapaty, a bank zajął prawa do marki Alpinus.

Nie poddali się, założyli HiMountain z nadzieją, że tym razem mądrzejsi o jedną klapę zbudują stabilny produkt.

Hajzer poświęcił biznesowi kilkanaście lat, podczas których góry poszły w odstawkę. Zarobił sporo. W połowie poprzedniej dekady postanowił jednak wrócić do wspinaczki. Wykorzystał to, czego nauczył się na wolnym rynku.

Swój powrót potraktował poważnie. Wiedział, że nie ma już dwudziestu pięciu lat i że teraz naprawdę musi się przyłożyć. Zaangażował osobistego trenera, zaczął biegać, schudł. Chciał wrócić nie tylko jako starzejący się kierownik, ale też jako wspinacz.

Jeszcze przed jego powrotem w zimowym himalaizmie coś ruszyło. W 2002 roku Wielicki na zjeździe PZA wygłosił *Manifest zimowy*. Mówił, że nastąpił całkowity odwrót od wspinania się zimą, a liczba ambitnych celów jest niewielka. „Nadeszła moda na wspinanie łatwe, przyjemne, najlepiej weekendowe, bo nie wymaga poświęcenia czasu lub kariery. Po prostu *for fun* i by było *cool*... Rozumiem, teraz takie czasy, że każdy sukces musi być kojarzony z nazwiskiem, osobą, że to dobrze podaje się wymogom medialnym, ale co stoi na przeszkodzie, by znów mówiono: Polacy weszli zimą na Sziszapangmę czy K2?" – pytał Wielicki.

Wzywał młodych, gniewnych i ambitnych. Oferował pomoc swoją i innych doświadczonych himalaistów. Apel kierował też do Polskiego Związku Alpinizmu. Chciał zainteresować młode pokolenie zimową wspinaczką i prosił o pomoc. Marzyło mu się, żeby Polacy zdobyli w zimie wszystkie ośmiotysięczniki jako pierwsi. W 2002 roku było to jeszcze możliwe. Na swoje dziewicze zimowe wejścia czekały Sziszapangma, Makalu, Gaszerbrumy I i II, Broad Peak, Nanga Parbat i K2. Wielicki zorganizował wyprawę na ten ostatni, jednak szczytu nie udało się wtedy zdobyć. W 2005 roku Piotr Morawski i Simone Moro weszli w zimie na wierzchołek Sziszapangmy. Wciąż jednak brakowało systemu, który umożliwiałby szkolenie i organizację wyjazdów w najwyższe góry świata dla młodych himalaistów z Polski.

W listopadzie 2009 roku pojawił się brakujący element układanki – do Hajzera przyszło trzech wspinaczy: Jacek Czech, Arkadiusz Grządziel i Tomasz Szumski. Prosili o pomoc w napisaniu wniosku do PZA o dofinansowanie wyprawy. Chcieli pojechać na jakiś ośmiotysięcznik. Zainteresowali Artura swoim pomysłem. Niedługo później powołano program Polski Himalaizm Zimowy. Do zdobycia zimą pozostawało wtedy jeszcze pięć z czternastu ośmiotysięczników – czemu by nie spróbować? Pomysłowi przyklasnął Polski Związek Alpinizmu.

Plan był taki: znaleźć i doszkolić młodych himalaistów, którzy pod okiem doświadczonych kolegów mogliby odnieść sukces. Arturowi chciało się działać i wierzył, że można wiele zmienić.

Miał pozycję, firmę, szczęśliwe życie, mógł realizować swoje ambicje w górach, jeździć w nie za swoje pieniądze. A stwierdził, że coś komuś da. Miał misję. Bardzo to szanuję. Postanowił, że weźmie młodych, da im szansę, pomoże, nauczy, dźwignie polski himalaizm. I zrobił to skutecznie – od czasu powołania programu zdobyto zimą pięć ośmiotysięczników, na dwa z nich weszli Polacy w ramach wypraw organizowanych przez PHZ.

Ale program nie ograniczał się tylko do zimowych wypraw, organizowane były też wyprawy unifikacyjne. Latem zdobyto pięć ośmiotysięczników. W ramach PHZ łącznie odbyło się dwanaście ekspedycji. Był też wyjazd na bieg Elbrus Race, który dobrze oddawał podejście Artura – himalaista ma być sportowcem. Aleksandra Dzik wygrała rywalizację kobiet, a Andrzej Bargiel mężczyzn, dodatkowo bijąc rekord Denisa Urubki.

Artur uważał, że nowoczesny himalaista nie może być jak ikona wspinaczki wysokogórskiej lat osiemdziesiątych Jerzy Kukuczka. Między wyprawami trudno było na pierwszy rzut oka zauważyć, że ten miłośnik golonki wytrzymuje nadludzki wysiłek.

Artur żartował, że do trenowania pogania batem.

Zadzwoniłem do ojca i poprosiłem, żeby wysłał mi ksero kapownika, czyli zeszytu, w którym zapisywałem przejścia. Kolejne trzy dni spędziłem, próbując odtworzyć moje wspinaczkowe CV. W końcu wysłałem Arturowi pełen wykaz przejść. Szybko odpisał. „Wykaz jest OK – myślałem, że będzie cieńszy".

Po powrocie z Ameryki Południowej spotkaliśmy się u niego w domu.

– Kojarzę cię. Wszyscy cię kojarzą w środowisku. Pracujesz dla Annapurny. Co o tym myślisz? – spytał Hajzer.

Spodziewałem się tego. Odpowiedziałem, że wyjazdy komercyjne były dla mnie sposobem dostania się w góry wysokie.

– Kiedy zaczynałem je prowadzić, nie widziałem dla siebie alternatywy – tłumaczyłem. – Dużo się dzięki nim nauczyłem. Dziś może zrobiłbym to wszystko inaczej, ale nie potępię ich jednoznacznie.

Rozmowa trwała blisko godzinę i była bardzo merytoryczna. Artur wypytał mnie o pokonane drogi i o to, czym jest dla mnie wspinanie. Pozwolił mi mówić. W końcu usłyszałem:

– Dobra, młody. Myślę, że jest OK. Jak stoisz finansowo?

– Nerkę sprzedam, a pojadę! – zapaliłem się.

– Bo widzisz, skład wyprawy jest już praktycznie zamknięty, nie za bardzo mogę ci pomóc, musisz sam załatwić znaczną część kasy.

– Ile?

– Dwadzieścia-dwadzieścia pięć tysięcy złotych. Ale zanim się zgodzę, to powiedz mi, co możesz dać wyprawie i dlaczego akurat ciebie miałbym zabrać.

– Jakkolwiek by to dziwnie zabrzmiało, bardzo lubię torować – zacząłem po namyśle. – Nie mam z tym żadnego problemu. Dobrze sobie radzę w głębokim śniegu i nawet mi to odpowiada.

– Hm, to ciekawe – uśmiechnął się.

Jak się później okazało, to była aż za dobra odpowiedź. Na Makalu mieliśmy całkiem ładną pogodę, ale codziennie o piętnastej zaczynało sypać i torowania podczas wyprawy było naprawdę dużo. Artur doskonale pamiętał, co mu powiedziałem, więc przez cały czas słyszałem: „No, młody, toruj! Masz, co lubisz!”.

Mimo że bardzo lubiłem zajęcia na uczelni i nie miałem problemów z zaliczaniem kolejnych semestrów, to ciągłe wyjazdy sprawiły, że ukończenie studiów zajęło mi dziewięć lat. To, że w ogóle je skończyłem, zawdzięczam przychylności większości wykładowców z Instytutu Psychologii Uniwersytetu Jagiellońskiego.

Nigdy nie łączyłem psychologii z górami, zwykłem mawiać, że studiuję hobbystycznie. Na UJ od trzeciego roku wybiera się specjalizację, a ja specjalnie tego nie zrobiłem. Chciałem uczyć się wszystkiego: od biopsychologii i neurofizjologii, czyli twardych nauk z pogranicza biologii i chemii, aż do teorii umysłu, czyli

Uczestnicy wyprawy na Makalu.

dziedziny bardziej filozoficznej. Najbardziej zainteresowała mnie jednak neuropsychologia, teorie świadomości, a także psychologia rozwojowa – szczególnie okresu dorastania.

Na pewno dzięki psychologii łatwiej było mi później odnajdywać się w towarzystwie himalaistów. Żeby dostać się do bazy pod ośmiotysięcznikiem, trzeba mieć twardy charakter. A w drodze na szczyt być upartym mułem, bo wchodzenie na ośmiotysięcznik to walka o każdy krok i oddech, starcie z wątpliwościami i ulatującą motywacją, wydzieranie każdego metra górze. W jednej sekundzie przychodzą ci do głowy tysiące powodów, dla których powinieneś zawrócić, i najczęściej są to naprawdę dobre wymówki. Ci, którzy osiągają sukcesy w himalaizmie, to często ludzie pewni siebie i uparci, co nie ułatwia rozwiązywania ewentualnych konfliktów.

To, gdzie mieszkałem i co jadłem w trakcie studiów w Krakowie, było dla mnie sprawą drugorzędną. Wsparcie od rodziców i pieniądze zarobione na wyprawach partnerskich wystarczały na wynajęcie małej kawalerki i zaspokajanie podstawowych potrzeb. Żyłem z dnia na dzień, nie miałem regularnego dochodu. Przeżycie każdego kolejnego miesiąca było możliwe, bo zawsze umiałem improwizować. Łapałem różne dziwne fuchy. Jedną z ciekawszych okazało się stawiane mongolskiej jurty na Spitsbergenie dla francuskiej firmy turystycznej. Nigdy nie odczuwałem potrzeby, aby posiadać zbyt wiele. Nie chciałbym wygrać w totka, bałbym się nieuniknionych zmian. Wiem, że duże pieniądze odmieniają ludzi, niekoniecznie na lepsze. Pieniądze mają wartość dopiero wtedy, kiedy potrafi się ją im nadać. Dla mnie najważniejsze było zebranie pieniędzy na wyjazdy i sprzęt.

W tym kontekście znalezienie dwudziestu pięciu tysięcy złotych, czyli sumy niezbędnej, aby pojechać na Makalu, wydawało się jednak nierealne. A to nie wszystko – musiałem przecież dokupić jeszcze wyposażenie, ubezpieczyć się i mieć jakieś kieszonkowe.

Przypomniała mi się pewna rozmowa, którą odbyłem pod Elbrusem po zejściu ze szczytu. Piliśmy wódkę, klienci chwalili moją wydolność i profesjonalizm, a ja się żaliłem.

Wyjazdy partnerskie były dla mnie sposobem na dostanie się w góry i zwiedzanie świata. ⇨

CONGRATULATIONS!
YOU ARE NOW AT
UHURU PEAK, TANZANIA, 5895M. AMSL.
AFRICA`S HIGHEST POINT
WORLD`S HIGHEST FREE-STANDING MOUNTAIN
ONE OF WORLD`S LARGEST VOLCANOES.
WELCOME

– Ale ile ci trzeba na te Himalaje? – spytał mnie Hubert Doluk, prezes L'Biotiki, polskiej firmy kosmetycznej.

– Jakieś dwadzieścia pięć tysięcy.

Usłyszałem kiedyś, że tyle to niejedna firma wydaje dziennie na ulotki. To zdanie zmieniło moją perspektywę. Dla mnie, studenta z niezbyt bogatej rodziny, to były ogromne pieniądze, a dla dużej firmy grosze. Początkowo myślałem o wyprawie na K2 i z tym pomysłem zamierzałem się zgłosić do Doluka. Tylko że K2 to poważna góra. Pomyślałem, że może trzeba jednak zacząć od czegoś łatwiejszego.

Napisałem do Huberta. Dostałem od niego dziesięć tysięcy złotych na Makalu – pierwsze sponsorskie pieniądze w życiu. Już zawsze będę mu wdzięczny, że uwierzył we mnie i mi wtedy pomógł. Wziąłem wszystkie możliwe wyjazdy w Annapurnie. Pojechałem na Denali, dwa razy na Kilimandżaro i jeszcze na Mont Blanc. I się uzbierało.

W tym samym roku oświadczyłem się i po dziewięciu latach skończyłem studia.

W piątek zdawałem ostatni egzamin, w poniedziałek składałem pracę magisterską, w środę się broniłem, w czwartek leciałem do Ameryki Północnej. A to oznaczało, że nie dotrę w Himalaje z resztą ekipy i będę musiał ich gonić.

Trekking pod Makalu rozpoczął się w mieście Tumlingtar na wysokości 500 m n.p.m., czyli do szczytu mieliśmy osiem kilometrów w pionie. Normalnie droga do bazy zajmuje himalaistom osiem dni. Ja chciałem dojść w pięć.

Wynająłem dwóch tragarzy. Nie znali ani jednego słowa po angielsku. Pokazywali na migi: przerwa, czas na obiad, śpisz tutaj. Żarcie było kiepskie. Na nepalskiej prowincji nie odkryli jeszcze filetowania. Po prostu rozbijali mięso młotkiem, więc kości były potrzaskane i musiałem uważać, żeby nie przebić sobie podniebienia.

Na początku ledwo nadążałem za tragarzami – mimo że nieśli o piętnaście kilo więcej niż ja. Skwar był niesamowity. Ale im wyżej, tym robiło się chłodniej, a ja czułem się coraz lepiej. Żeby dojść pod Makalu, trzeba przejść przez wszystkie piętra roślinności. Zaczyna się w 40-stopniowym upale. Szybko wchodzi się w gęstą dżunglę pełną uciążliwych pijawek. Potem jest las zwrotnikowy zarośnięty bambusami, palmami i olbrzymimi paprociami. Powyżej dwóch tysięcy metrów zaczynają się pojawiać drzewa liściaste - dęby, kasztany i pięknie kwitnące magnolie. Następnie są drzewa iglaste, głównie sosny i cedry himalajskie. Od trzech i pół tysiąca metrów otwiera się widok na góry, a drzewa ustępują miejsca krzewom rododendronów i karłowatych jałowców. Wyżej są już tylko hale wysokogórskie, śnieg, skała i lód.

Czy sobie poradzę? Nigdy nie wspinałem się z prawdziwymi himalaistami, z profesjonalistami – kotłowało mi się w głowie podczas trekkingu. Przed wylotem oczywiście sprawdziłem uczestników wyprawy. Miało nas jechać ośmiu. Artur był liderem. Tomek

Z Arturem Hajzerem i Tomaszem Chwastkiem w drodze do obozu I.

Chwastek biegał sto kilometrów w jakimś kosmicznym czasie. Kacper Tekieli miał sporo świetnych przejść w Tatrach. Adam Ciućka i Maciej Stańczak zdobyli już doświadczenie na ośmiotysięcznikach. Adaś wszedł na Gaszerbrum II, a Maciek wrócił bez szczytu spod Czo Oju, ale w wieku dwudziestu czterech lat zdobył tytuł Śnieżnej Pantery, czyli wszedł na pięć najwyższych siedmiotysięczników byłego ZSRR. Jacek Groń sporo wspinał się w Tatrach. Tylko o Tomku Wolfarcie nie mogłem znaleźć żadnych informacji.

Nazwano nas „przedszkolem Hajzera". Poniekąd słusznie.

Nigdy nie lubiłem biegać. Uważałem, że to beznadziejnie nudne zajęcie, szybko się męczyłem i w dodatku łapała mnie kolka. Mogłem się wspinać, wiele godzin iść z ciężkim plecakiem, ale biegać? Hajzer, tworząc program, postawił sprawę jasno: himalaiści to sportowcy jak wszyscy inni. A sportowcy muszą trenować. Wierzył w nowoczesne metody treningowe, starał się je przenosić ze sportów wyczynowych. Zaangażował specjalistów z AWF-u w Katowicach. Mierzyli himalaistom VO2max, czyli maksymalną ilość tlenu, którą organizm jest w stanie dostarczyć do mięśni w jednostce czasu. Każdy uczestnik miał rozpisany program treningowy.

Późno dołączyłem do składu, więc nie załapałem się na badania wydolnościowe, ale od razu dostałem kontakt do Zbyszka Borka, który rozpisał mi trening biegowy. Przez pierwszy miesiąc sumiennie realizowałem program.

Któregoś dnia zadzwonił do mnie Zbyszek.

– Jak ci idzie? Właśnie podesłałem ci nową rozpiskę – powiedział.

– Trochę się opuściłem, bo piszę magisterkę, ale oczywiście zaraz wracam do treningów.

– To dobrze, bo zapisałem cię na takie jedne zawody biegowe pod koniec maja.

– Jakie? – spytałem.

– Bieg Rzeźnika.

– A co to takiego? Jaki dystans?

– A to sobie sam sprawdź w internecie. Tam się biega parami, mam już dla ciebie partnera – powiedział i się wyłączył.

Magisterka mnie wykończyła. Męka trwała miesiąc. Mało spałem, denerwowałem się, paliłem papierosy, piłem litry kawy. Prawie zapomniałem o biegu. Tylko ta nazwa nie dawała mi spokoju. Dopiero tydzień po telefonie Zbyszka sprawdziłem, o co chodzi.

– Zbyszek, czy ty zwariowałeś? – spytałem.

– Co się stało, Adam? – przeraził się Borek.

– Osiemdziesiąt kilometrów i trzy tysiące dwieście metrów przewyższenia? Ja w życiu dychy nie przebiegłem! Może byśmy zaczęli od czegoś normalnego, na przykład półmaratonu? Jak mam przebiec osiemdziesiąt kilometrów? Przecież to podwójny maraton, i to po górach!

– Dasz radę, wydolny jesteś.

– Nie ma mowy! Musisz mnie z tego wypisać. Ja tam umrę. Niemożliwe, żebym to przebiegł – próbowałem go przekonać.

– Nie możesz się teraz wycofać. Mam dla ciebie partnera. Trenuje od dziewięciu miesięcy. Nie możesz go zawieść – mówił ze spokojem Zbyszek.

– No właśnie, od dziewięciu, a ja od miesiąca.

– Adam, chcesz wejść bez tlenu na ośmiotysięcznik. Wysoki. To powinna być dla ciebie pestka.

Byłem przerażony. Całe życie myślałem, że jestem w stanie wejść normalną drogą na ośmiotysięcznik, bo wiem, że dobrze znoszę wysokość. Ale przebiec maraton? Jak można przebiec czterdzieści kilometrów? To musi być coś niewiarygodnego. Nadludzki wysiłek. A dwa maratony, i to jeszcze pod górkę? Do biegu wciąż było sporo czasu, a ja naprawdę musiałem skupić się na ostatnich egzaminach i na tym, by przekazać promotorce ostateczną wersję pracy magisterskiej.

Kiedy w końcu to zrobiłem, zorganizowałem wielką imprezę. Następnego dnia o dziesiątej przed południem obudził mnie telefon. Zignorowałem go i próbowałem spać dalej, ale ktoś nie przestawał dzwonić. Za piątym razem odebrałem. Chyba byłem jeszcze lekko wstawiony.

– Adam, Paweł już jest na miejscu, a ty? Do dziewiętnastej musicie się zarejestrować. O trzeciej w nocy start – powiedział Zbyszek.

Zbaraniałem.

– Noo taaak… właśnie wyjeżdżamy z Krakowa.

– To dobrze, zadzwoń do Pawła, bo się niepokoi. Trzymam za was kciuki!

Odłożyłem telefon i zawołałem:

– Dobrochna! Jedziemy w Bieszczady!

Wypiłem tyle wody, ile byłem tylko w stanie. Chciałem wyfiltrować alkohol z organizmu. Po drodze zjadłem duży obiad, a potem jeszcze jeden, już na miejscu. Spóźniłem się na rejestrację, ale mój partner wszystko załatwił. Położyłem się spać na dwie godziny. Bieg rozpoczął się o trzeciej w nocy.

Było naprawdę ciężko i to mi się od razu spodobało. Nie miałem zielonego pojęcia o bieganiu, nie wiedziałem nawet, że istnieje coś takiego jak ultramaratony. Startowałem na kacu. Biegłem w zwykłych butach trekkingowych – na szczęście niskich, w zwykłych majtkach i krótkich spodenkach, na głowie miałem arafatkę. Nie zabrałem czołówki, kijków ani żadnego żelu energetycznego. Nie zakleiłem sobie sutków. W nocy nie do końca widziałem, gdzie biegnę. Przewróciłem się na czwartym kilometrze. Wpadłem w błoto. Wyznaczyłem sobie plan minimum: przebiec czterdzieści dwa kilometry. Plan maksimum zakładał ukończenie biegu w limicie szesnastu godzin. Mój partner był ode mnie mocniejszy i od razu podyktował mocne tempo, ale wiedziałem, że jeśli ma się udać, to musimy zacząć powoli. Dobiegliśmy po czternastu godzinach i pięćdziesięciu ośmiu minutach. Bezpośrednio po biegu nie było tak źle, ale gdy rano próbowałem wstać, to przewróciłem się z powrotem na łóżko. Kiedy potem szedłem do sklepu w Komańczy kupić coś na śniadanie, to żałowałem, że nie mam balkoniku. Czułem się jak stary człowiek. Prawie umarłem z bólu pod prysznicem. W pachwinach miałem dwie głębokie rany od obtarć. Ze startych sutków ciekła mi krew.

Trzy lata później razem z Pawłem Bugajnym przebiegłem Rzeźnika znacznie szybciej, i to nawet nie dlatego, że byłem lepiej przygotowany. Po prostu tym razem miałem buty biegowe, kijki, czołówkę, bezszwowe majtki i zaklejone sutki. Następnego dnia poszedłem jeszcze z rodziną na spacer przez Połoninę Wetlińską.

W biegach ultra lubię uczucie wyczerpania. To dobry sposób na poznanie granic swojego organizmu. Gdybym kilka razy w życiu nie był odwodniony, potwornie zmęczony, to nie wiedziałbym, gdzie znajduje się granica, poza którą zaczyna być groźnie. Stan, w którym znajdujemy się podczas ataku szczytowego na ośmiotysięcznik w zimie, jest daleko poza granicą tego, co zwykły człowiek uważa za zmęczenie. Stopienie litra śniegu na wysokości 7400 m n.p.m. zajmuje godzinę. Na takiej wysokości przy takim wysiłku powinno się pić sześć-siedem litrów dziennie. To niemożliwe, by przez siedem godzin tylko topić wodę. Kiedy się wspinać, rozbijać obóz, spać?

Z bazy wychodzimy wypoczęci, ale zanim dojdziemy do ostatniego obozu, mijają dwa dni i już jesteśmy zmęczeni, odwodnieni i głodni. Jedzenie to spalanie, spalanie to tlen, którego ledwo wystarcza do zaspokojenia podstawowych funkcji życiowych. Dlatego organizm odcina to, co zbędne, między innymi układ trawienny. A największy wysiłek przychodzi dopiero trzeciego, czwartego dnia. To tak, jakbyś codziennie biegł ultramaraton, a na koniec czeka cię ten najtrudniejszy bieg. Atak szczytowy może trwać ponad dwadzieścia godzin, a to też nie koniec, bo trzeba jeszcze wrócić do bazy.

Jest takie powiedzenie, że zanim gruby schudnie, to chudy umrze z głodu. Zwłaszcza w górach wysokich to prawda. Myślę, że dlatego pomysł Artura, by z ultramaratończyków zrobić himalaistów, nie do końca się sprawdził. Nawet świetnie wytrenowana, ale zbyt szczupła osoba, która nie ma zbędnego grama tłuszczu, po dwóch tygodniach w bazie traci parę, a przecież atak szczytowy rzadko następuje szybciej niż po trzydziestu dniach od przybycia pod górę.

Baza pod Makalu stanęła na lodowcu Barun na wysokości 5600 m n.p.m. 1 września 2011 roku, a ja zjawiłem się tam dwa dni później. Idąc, obawiałem się, że będę solidnie spóźniony, trochę martwiłem się też tym, że grupa już się zgrała, a ja zostanę outsiderem. Dopiero po dojściu do bazy uświadomiłem sobie, że od sześciu dni z nikim nie rozmawiałem. Kiedy w końcu odezwałem się do nowych kolegów po polsku, poczułem się dziwnie.

Wieczorem usiedliśmy w mesie. Od razu zrobiło się swojsko, a chłopcy fajnie mnie przyjęli. Zdziwiłem się, że tak późno dotarli do bazy, a oni, że dotarłem tak wcześnie.

– Jutro spróbujemy założyć jedynkę. Kto chce iść? – spytał Artur.

Zgłosiłem się od razu.

– Dopiero co przyszedłeś, ale dobrze, jak chcesz, to idź – powiedział.

To pierwsze wyjście dodało mi trochę pewności siebie, bo okazało się, że wcale nie jestem wolniejszy niż inni. Poza tym przez tyle lat prowadziłem wyprawy, że czułem się naturalnie z przodu,

Na pięknej śnieżnej grani Makalu.

wyszukując drogę przez lodowiec. To był jeden z najpiękniejszych dni w moim wspinaczkowym życiu. Pod Makalu przyjechaliśmy jesienią, dzięki temu byliśmy jedyną wyprawą, która działała w okolicy, i mieliśmy górę tylko dla siebie. Szliśmy drogą normalną, ale za to bez pomocy tragarzy wysokościowych. Wspinaliśmy się też bez dodatkowego tlenu z butli.

Po przejściu lodowca i pokonaniu stromej ścianki śnieżno-lodowej odstawiłem mocno chłopaków i wszedłem na piękną śnieżną grań. Pogoda była świetna. Fantazjowałem, że jestem pierwszym człowiekiem na tej górze. Przepełniała mnie moc i radość. Nic nie mogło mnie zatrzymać – byłem właściwym człowiekiem na właściwym miejscu. Widziałem już punkt, w którym powinna stanąć jedynka, ale ze względu na szczeliny teren zaczął się robić niebezpieczny. Chłopaki były daleko za mną, więc zawróciłem. Zaporęczowaliśmy pokonaną wcześniej na żywca ściankę i wróciliśmy do bazy.

Makalu ma 8485 m n.p.m. To piąta pod względem wysokości góra świata. Dziś już wiem, że tych pięć najwyższych ośmiotysięczników jest innych niż reszta. Fizjolodzy mówią, że o ile na wysokość ośmiu tysięcy metrów przy odpowiednim treningu i aklimatyzacji może wejść prawie każdy, o tyle czterysta metrów wyżej są w stanie przetrwać tylko niektórzy. A za granicę ludzkich możliwości uznaje się dziewięć tysięcy metrów, co znaczy, że gdyby Everest był o sto dwadzieścia metrów wyższy, to teoretycznie nie dałoby się go zdobyć bez tlenu. Jego historia pokazuje zresztą, jak trudno tam wejść bez wspomagania. Zdobyło go prawie osiem tysięcy osób, ale bez dodatkowego tlenu mniej niż dwieście[3]. To dość niezwykłe, że najwyższe góry są skrojone dokładnie na miarę ludzkich możliwości.

Ostatni raz bez tlenu Polacy na Makalu byli dwadzieścia trzy lata wcześniej. W 1988 roku na szczyt weszli Tomasz Kopyś i Ryszard Kołakowski. Ten drugi zginął podczas zejścia.

---

[3] Według Eberharda Jurgalskiego, specjalisty od himalajskich statystyk, do stycznia 2017 roku Everest zdobyły dokładnie 7642 osoby, w tym 198 bez tlenu.

Po przejściu lodowca i pokonaniu stromej ścianki śnieżno-lodowej.

Obóz II na Makalu. W tle Everest i Lhotse.

Piątego września mieliśmy już obóz I, który stanął na wysokości 6500 m n.p.m. Na Makalu Artur grał podwójną rolę – zawodnika i lidera. Było widać, że bardzo chce stanąć na wierzchołku. Schlebiało mi, że tak zorganizował kolejne wyjścia, abyśmy się znaleźli razem w zespole. Od początku dobrze nam się razem wspinało, podczas pierwszego wspólnego wyjścia zaporęczowaliśmy drogę między jedynką a dwójką, która stanęła powyżej przełęczy Makalu La na wysokości 7400 m n.p.m.

Na tej wyprawie zrozumiałem, że himalaizm składa się z setek małych rzeczy. Jeśli zaniedbasz jedną, to może nic się nie stanie, ale jeśli trzy, to nie wejdziesz na szczyt. Jeżeli zaniedbasz sześć, to się odmrozisz. Zapomnisz o dziesięciu – zginiesz. I nie chodzi tu o samo wspinanie, ale o to, jak okopiesz obóz i czy namiot rozstawisz tak, by wyjście było od zawietrznej. Trzeba pamiętać, by przygotować sobie śnieg do stopienia, zanim ściągniesz buty; znać patenty na suszenie skarpet i rękawiczek. Zapamiętać, co się zrobiło z zapalniczką; ułożyć sobie rzeczy w namiocie tak, aby nic ważnego nie zamokło, ale też żeby to, co istotne, było pod ręką. Jeżeli robisz to wszystko szybko i sprawnie, niejako automatycznie, to możesz więcej energii przeznaczyć na samo wspinanie. Tych umiejętności nie można nabyć podczas jednego wyjazdu. To, czego nauczyłem się przez wszystkie lata prowadzenia wypraw i włóczenia się po różnych górach świata, zaprocentowało na Makalu i pozwoliło mi stworzyć z Arturem sprawny zespół.

W górach jestem perfekcjonistą, dokładnie przygotowuję sprzęt, dbam o drobiazgi, mam wszystko poukładane. Ale po zejściu się zmieniam. Jakbym cierpiał na rozdwojenie jaźni. Jestem roztrzepany, bałaganię, zapominam o wielu prostych sprawach. Chyba wszystko przez to, że na poziomie morza wymagania są mniejsze. Nie muszę utrzymywać porządku, nie muszę być ostrożny, nie muszę uważać. Dopiero gdy sytuacja tego wymaga, spinam się. Bo jeśli w górach przed snem nie zabezpieczę skarpet, to rano będą mokre, a to może zdecydować o powodzeniu ataku szczytowego i przede wszystkim o odmrożeniach. Chyba nigdy nie zapomniałem ważnej rzeczy, jadąc w góry, ale na nizinach zdarza mi się wyjść do sklepu bez portfela.

Siedemnastego września wyprawę opuścił Jacek Groń. Nie najlepiej znosił pobyt na wysokości. Ktoś musiał z nim zejść poniżej bazy. Polubiłem Jacka, więc zgłosiłem się na ochotnika. Wiedziałem, że stracę przez to sporo sił, a inni będą w tym czasie odpoczywać i się regenerować. Wyprawa to jednak gra zespołowa i czasami ktoś musi zrobić coś, czego nikt inny zrobić nie chce.

Na Makalu sporo się nauczyłem od Artura. Było jednak widać, że również on uczył się od nas. Pytał o żele energetyczne, chciał

Maciek Stańczak i nasza koza.

sprawdzić, co nam dają. Mówił: „My byliśmy amatorami, a wy dziś macie być profesjonalistami".

Miał w sobie coś z choleryka. Łatwo się złościł, ale szybko mu przechodziło. Gdy jednak powiedział kilka ostrych słów, to raczej za nie nie przepraszał, nawet wtedy, gdy się mylił. Szanowałem jednak to, że pytał zespół o zdanie, uwzględniał nasze sugestie, chociaż ostateczna decyzja należała do niego. Z doświadczenia wiedziałem, że jeżeli wprowadzisz na wyprawie pełną demokrację, uczestnicy wejdą ci na głowę. Jeśli jednak będziesz despotą, to w końcu ktoś nie wytrzyma, powie ci, że jesteś tyranem, i wybuchnie bunt. Jakoś kierować wyprawą jednak trzeba. Sztuka polega na tym, żeby uczestnicy mieli realny wpływ, dopóki to możliwe, ale wtedy, kiedy należy podjąć stanowczą decyzję, musi ją podjąć kierownik. Hajzer to potrafił. Nie urodził się z tym. Wciąż się uczył i z wyprawy na wyprawę widać było postępy. Nie miałem wątpliwości, że bardzo chce wejść na szczyt Makalu. Później się zmienił. Na Gaszerbrumie I zrezygnował z atakowania wierzchołka, aby zwiększyć szanse na sukces wyprawy.

Baza pod Makalu jest jedną z najwyżej położonych na świecie. Na wysokości ponad 5700 m n.p.m. metabolizm znacznie zwalnia, a regeneracja zajmuje dużo czasu. Dlatego Artur zaproponował, aby przed atakiem szczytowym odpocząć w Yangri Kharka, ostatniej siedzibie ludzkiej, na wysokości 3620 m n.p.m.

Drugim powodem zejścia było jedzenie. A raczej jego brak.

– Chcemy mięsa! – W bazie prawie wybuchł bunt.

– W takim razie musimy zejść do Szczerbatego – zarządził lider.

Tak nazywaliśmy lokalnego potentata pasterskiego. Szczerbaty w sezonie wypasał na łąkach w Yangri Kharka swoje liczne stado. Miał diaboliczny śmiech i wyraźnie braki w uzębieniu.

W ciągu kilku godzin zeszliśmy odcinek, który chłopakom idącym do bazy zajął trzy dni. Pierwszy raz od trzech tygodni widzieliśmy zieloną trawę i spaliśmy w łóżkach.

Rozmowę ze Szczerbatym zaczęliśmy od konkretów:

– Chcemy kupić mięso.

– Proszę bardzo, jak was stać, to możecie wziąć nawet jaka, ewentualnie owcę. Najtańsza jest koza.

– A więc koza.

– No to sobie wybierzcie – wskazał na stadko.

Przez pół dnia ganialiśmy po łące i wybieraliśmy kozę. Kiedy się zdecydowaliśmy, Tomek Wolfart wynegocjował dobrą cenę, a Maciek wziął zwierzę na plecy i przyniósł do Szczerbatego.

– A teraz musicie ją sobie zabić – powiedział Nepalczyk.

– Co?

– My po tej stronie rzeki nie zabijamy zwierząt.

– Ale dlaczego? – spytaliśmy.

– Dwa lata temu jeden zabił kozę, a potem złamał nogę. A jak drugi zabił jaka, to zginął w lawinie kamiennej. Od tej pory nie zabijamy zwierząt po tej stronie rzeki – wyrecytował.

Rzeka była dwa dni drogi stąd. Zaczęła się debata nad tym, kto i jak ma zabić kozę, ale nie było chętnych.

– Chłopaki, skoro chcemy zjeść mięso, ktoś musi wziąć za to odpowiedzialność. Nie mam pojęcia jak, ale jeśli nikt się nie zgłosi, trudno, zrobię to – powiedziałem.

– No dobra, ja mogę to zrobić – powiedział zrezygnowanym głosem Maciek, na co dzień ratownik medyczny.

– Wiecie, wychowywałem się na wsi, też wiem, jak to zrobić – dodał Adam.

Poszliśmy we trzech. Maciek jednym sprawnym pociągnięciem ciężkiego, zakrzywionego noża *kukri*, który dostaliśmy od Szczerbatego, poderżnął kozie gardło.

Czasami głupio się zastanawiam, czy nie przypieczętował tym losu swoich palców.

Do ataku szczytowego ruszyliśmy w siedmiu. Nie było z nami Jacka, który wcześniej opuścił wyprawę. Hajzer, jako zwolennik stylu *light and fast*, sprawdzał nam przed wyjściem plecaki.

– Za ciężki. Z takim nie pójdziesz. Musisz coś wypakować – powiedział mi.

– Ale jak to? Dam sobie radę, potrzebuję tych rzeczy.

– Nie interesuje mnie to. Wypakuj.

Dwudziestego czwartego września w głębokim śniegu doszliśmy do jedynki. Całą noc sypało. Rano pogoda wciąż była kiepska, ale licząc na poprawę w kolejnych dniach, ruszyliśmy w górę. Pierwsze poręczówki, które wiodły do dwójki, znajdowały się pod śniegiem. Na dodatek zrobiło się lawiniasto. Szedłem z przodu, ale czułem, że Artur zaczyna się wahać.

– Chłopaki! – krzyknął. – Czekajcie. Musimy się zastanowić. Co robimy? – spytał.

– Jest lawiniasto, ale jeżeli przejdziemy jeszcze sto metrów, to będziemy bezpieczni na poręczówkach. Jestem za tym, żeby spróbować – powiedziałem.

Wolfart mnie poparł, ale ktoś inny, chyba Tomek Chwastek, rozsądnie stwierdził, że jest zbyt duże zagrożenie lawinowe. Jedni byli za tym, żeby się wspinać, inni chcieli schodzić.

– Dobra, wracamy – zdecydował Hajzer.

Tomek Wolfart się wkurzył, a to z kolei zdenerwowało Artura. Atmosfera siadła. Cofnęliśmy się do obozu I i tam utknęliśmy. Ciągle sypało. Spadło z pół metra świeżego śniegu. Okazało się, że kierownik podjął dobrą decyzję. Spędziliśmy w jedynce dwa dni. Kończyło się jedzenie. Gdybyśmy wszyscy zeszli wtedy do bazy, to mogłoby nam później nie starczyć sił na kolejny atak. Kacper uratował wyprawę. Pomimo kiepskiej pogody i zagrożenia lawinowego wziął plecak, zszedł po zapasy i wrócił do nas.

Dwudziestego ósmego września ruszyliśmy w końcu w stronę przełęczy Makalu La. Przejaśniło się, chociaż wciąż mocno wiało. Z chmur wyłoniły się wierzchołki Everestu i Lhotse. Obóz II rozbijaliśmy w trudnych warunkach. Namiot, który wcześniej zostawiliśmy z Arturem w dwójce, wmarzł w stok. Adam, Tomek i Kacper musieli go wykuć z lodu, a potem rozstawić. Kosztowało ich to sporo sił. Rano stwierdzili, że schodzą. Zostało nas czterech: Hajzer, Stańczak, Wolfart i ja.

Zwinęliśmy obóz z zamiarem przeniesienia go wyżej. Zostawiliśmy tylko kilka kartuszy z gazem i tlen (ze względów bezpieczeństwa butla z tlenem do celów medycznych zawsze znajdowała się na wyposażeniu wypraw PHZ). Podejście do trójki było jednym z moich najcięższych doświadczeń w górach. Pierwszy odcinek wiódł przez rozległe śnieżne plateau, które doprowadziło nas pod spiętrzenie wiszącego lodowca. Nie wiedzieliśmy dokładnie, którędy iść. Intuicyjnie udało się jednak znaleźć optymalną linię przejścia pomiędzy lodowymi wieżami i szczelinami. Ostatnie trzysta metrów przed

Wnętrze naszego namiotu – obóz III.

obozem to łagodnie nachylony śnieżny stok. Był pozbawiony trudności technicznych, ale sprawił nam najwięcej problemów, bo brnęliśmy w głębokim śniegu. Na wierzchu okazał się twardy, ale w środku – sypki jak cukier. Najpierw więc trzeba było się przebić przez skorupę rakiem, wepchnąć kolano, a potem się zapaść.

W pewnym momencie Artur kazał chłopakom wziąć ode mnie większość rzeczy z plecaka. Miałem torować. Doszliśmy w końcu na wysokość 7800 m n.p.m. Obóz szturmowy złożony z naszych dwóch namiotów stanął o szesnastej. Byłem zmęczony, a o północy mieliśmy atakować szczyt. Temperatura spadła do -20 stopni Celsjusza. W niższych obozach staraliśmy się trzymać w namiocie porządek, ale tutaj wrzuciliśmy do przedsionka śnieg, z którego topiliśmy wodę.

Pierwszy raz znalazłem się na takiej wysokości. Miałem tam spać, a następnego dnia iść jeszcze wyżej. Warunki były dla mnie ekstremalne.

Wysikałem się do naszej puszki na mocz.

– Ale piździ – powiedziałem do Artura.

– Ech, młody, co ty wiesz o zimnie? Pojedziesz na pierwszą zimówkę, to potem do końca życia będzie ci ciepło we wszystkich górach świata – odpowiedział z niezmąconym spokojem.

Miał rację. Kiedy później pojechałem na Gaszerbrum I, to przekonałem się, że z perspektywy -40 stopni Celsjusza -20 to komfort. Zimowa wyprawa na zawsze zmienia definicję zimna.

Na kolejne godziny pogrążyłem się w letargu, półśnie, który jest charakterystyczny dla wieczoru poprzedzającego atak szczytowy. Jesteś zmęczony, powinieneś odpoczywać, ale wysokość i emocje robią swoje.

O północy rozpoczęliśmy przygotowania do ataku. Musieliśmy stopić wodę do termosów, rozgrzać botki nad palnikiem, wmusić w siebie jakieś śniadanie, założyć ciuchy i raki. Około drugiej w nocy ruszyliśmy do góry. Było mi zimno, więc pognałem do przodu i odstawiłem chłopaków. Przebiliśmy się pod serakami i weszliśmy w kuluar, który miał doprowadzić nas w partie podszczytowe. Dotarłem do jego końca krótko po tym, jak wzeszło słońce. Dalej rozciągał się śnieżny płaskowyż. Po lewej stronie piętrzyła się stroma ściana. Trzeba było przejść pod nią około stu pięćdziesięciu metrów, by dotrzeć do Kuluaru Francuzów – ten z kolei miał nas wyprowadzić na grań szczytową.

Zrobiłem krok i zapadłem się po pas. Dołożyłem drugą nogę i wpadłem jeszcze głębiej. Nie ma szans, pomyślałem, tego się nie da zrobić. Popatrzyłem za siebie. Chłopaków jeszcze nie było widać. Mieliśmy dobrą pogodę, nie wiało szczególnie mocno, na niebie żadnych chmur. Wciąż było wcześnie. Czułem się świetnie, ale przejście dwustu metrów w głębokim śniegu na ośmiu tysiącach metrów wydawało się barierą nie do pokonania. Dojście do Kuluaru Francuzów zajęłoby nam z pięć godzin. Nie mieliśmy tyle czasu. Ale bliżej, jakieś pięćdziesiąt metrów ode mnie,

w ścianie wznoszącej się po lewej stronie, dostrzegłem wypukłą formację, coś jakby filar – trochę skały, trochę śniegu. Kończył się na grani. Wściekle wryłem się w śnieg i po godzinie torowania stanąłem u jego podnóża. Miał mniej więcej trzysta metrów wysokości i był na tyle stromy, że nadmiar śniegu się obsypywał. Po pierwszych stu metrach natrafiłem na resztki starych lin poręczowych. Nie nadawały się do użytku, ale otuchy dodawał mi fakt, że ktoś tutaj przede mną był. Wspinaczka, chociaż stroma, nie przekraczała II stopnia trudności. Szło nieźle aż do momentu, gdy drogę przegrodziła mi wysoka na sześć metrów, nachylona pod kątem mniej więcej sześćdziesięciu stopni płyta. Pokrywał ją słabo związany śnieg. Wyglądało na to, że dalej znów będzie łatwiej. Tylko jak przejść tę cholerną płytę? Zacząłem drapać czekanem w nadziei, że znajdę punkt zaczepienia, ale tylko zrzucałem śnieg, pod którym znajdowała się gładka skała. Przed oczami stanęło mi bardzo podobne miejsce, które pokonywałem kiedyś w Tatrach. Wtedy śnieg wyjechał mi spod nóg i zaliczyłem dwudziestopięciometrowy lot. Płyta przede mną pochylała się pod podobnym co tamta kątem, nawet śniegu było na niej tyle samo. Ta była o wiele krótsza, ale tym razem nie miałem żadnej asekuracji. Po krótkim wahaniu postanowiłem zaryzykować. Na miękkich nogach pokonałem pierwszy metr z myślą, że jeśli coś będzie nie tak, to najwyżej zawrócę. Po kilku minutach strachu niebezpieczne miejsce miałem za sobą.

Dobra, Bielecki, limit szczęścia na dzisiaj wyczerpany. Jeszcze jedna taka sytuacja i zawracasz, obiecałem sobie w myślach.

Pół godziny później odezwało się radio.

– Adam, Adam, zgłoś się, odbiór – to był Artur.

– Halo, zgłaszam się, odbiór – powiedziałem.

– Adam, Adam, odezwij się, odbiór.

– Tu Adam, zgłaszam się, odbiór.

– Adam, Adam, czy mnie słyszysz, odbiór.

– Tak, Artur, słyszę cię, odbiór.

⇦ Artur toruje w głębokim śniegu drogę do obozu III.

– Adam, Adam, nie słyszę cię – mówił Artur. – Jeśli mnie słyszysz, kliknij dwa razy, odbiór.

Kliknąłem dwa razy.

– Czy wszystko OK? Jeżeli czujesz się dobrze, to kliknij dwa razy, odbiór.

Klik, klik.

– Maciek się wycofuje, my z Tomkiem idziemy, czekaj na nas, odbiór.

Nie chciałem siedzieć bez ruchu ze względu na zimno. Kliknąłem trzy razy w nadziei, że Artur zrozumie.

– Adam, bez względu na wszystko czekaj na nas albo schodź – odpowiedział.

Dwa kliknięcia. Usiadłem zrezygnowany. Czekałem ponad godzinę. Kiedy w końcu zobaczyłem Artura, byłem na granicy hipotermii.

– Ale ciężko – powiedział Hajzer, kiedy w końcu do mnie doszedł. Ruszyliśmy dalej. Kiedy wyszliśmy na grań, spytałem, czy mógłby zmienić mnie na prowadzeniu. Zrobił to, ale szedł wolno, więc po chwili znowu się zamieniliśmy. Śnieg był głęboki. Bałem się, że wyzwolimy lawinę. W końcu przed nami pojawił się stromy wierzchołek, ale wiedzieliśmy, że to jeszcze nie szczyt. Byłem przerażony.

– Ja pierdolę – wysapałem. – To musi być przedwierzchołek. Nie ma mowy, żebyśmy to przeszli.

– No, co ty, młody, przecież nie kończy się wyścigu na ostatnim zakręcie – odparł pogodnie Artur.

– Czy ty nie widzisz, jak wygląda ten śnieg? Jest w ogóle niezwiązany, to wszystko zaraz poleci. Wiszą jakieś stare liny poręczowe, ale ja ich nie dotknę. Bokiem też się nie da obejść. Wymiękam – powiedziałem.

– E tam, młody, dasz radę – wyśmiał moje obawy Hajzer.

– Jak jesteś taki mądry, to prowadź. Mogę iść za tobą – zaproponowałem.

– Ja już się w życiu nawspinałem. Czas na młodych.

– Jak chcesz, to spróbuj. Jak nie, to schodzimy – powiedziałem twardo.

Artur zbliża się do przedwierzchołka Makalu, najtrudniejszego technicznie odcinka grani szczytowej. Wysokość ok. 8440 m n.p.m. ⇨

Ostatnie metry przed szczytem Makalu.

Podjąłem decyzję, byłem gotowy się wycofać. Obiecałem sobie wcześniej, że nie będę już dzisiaj ryzykował, i nie zamierzałem się oszukiwać. Ale Artur mnie zaskoczył.

– No dobra – rzucił i zaczął iść w kierunku przegradzającego nam drogę spiętrzenia. Stanął pod nim. Spróbował z lewej. Cofnął się. Spróbował z prawej. To samo. Kombinował, zabierał się do wspinaczki jak pies do jeża. Minęło pół godziny, zacząłem marznąć. Podszedłem bliżej.

– Artur, albo idziesz, albo schodzimy.

– Młody, weź spróbuj.

– Przecież powiedziałem ci przed chwilą, że nie ma mowy. Śnieg wyjedzie nam spod nóg. Nawet liny nie mamy – tłumaczyłem.

– Młody, na pewno dasz radę.

Zdenerwowałem się. Sam nie chciał iść, a mnie wypychał. Tak często działa szczyt. Potrafi zaczarować wspinacza swoją bliskością.

Trudno odpuścić, kiedy jest się na finiszu. Utknęliśmy. Nie wiedziałem, co robić, nie chciałem iść do góry i nie mogłem przekonać Artura do zejścia. Spróbowałem szantażu emocjonalnego.

– Dobra, pójdę, ale jeśli spadnę i się zabiję, to powiesz moim rodzicom, że wcale nie chciałem tam iść.

– Dobra – odpowiedział Artur bez chwili zastanowienia.

Zatkało mnie.

Poszedłem. Okazało się, że nie jest tak źle. Ze śniegu dało się uformować stopnie. Kilka minut delikatnej wspinaczkowej roboty i wszedłem na przedwierzchołek, nazywany powszechnie False Summit. Przede mną była ostra jak żyletka, ale stosunkowo krótka i prosta grań, która kończyła się prawdziwym szczytem.

– Artur, jesteśmy! – krzyknąłem radośnie. Czułem, że teraz już nic nas nie zatrzyma.

Chwilę później staliśmy na wierzchołku Makalu. W końcu ten mały chłopiec z Tychów wszedł na swój pierwszy ośmiotysięcznik.

Na szczycie nauczyłem się dwóch rzeczy. Po pierwsze, tak samo jak nie wysyła się SMS-ów po pijaku, nie należy zbyt dużo gadać do kamery powyżej ośmiu tysięcy metrów. Mój film ze szczytu Makalu ma prawie siedem minut i przypomina podziękowania na rozdaniu Oscarów. To chyba najdłuższa przemowa w historii zdobywania ośmiotysięczników bez tlenu. Nagranie najbardziej podoba się mojej żonie, której na szczycie wyznałem miłość.

Po drugie, gdy wieje, to flagę Polski należy trzymać do góry nogami. Inaczej, gdy wiatr ją obróci, na zdjęciu pojawi się flaga Indonezji.

– Godzina czternasta dwadzieścia siedem. Trzydziesty września dwa tysiące jedenastego roku. Jestem na szczycie Makalu. Osiem tysięcy czterysta sześćdziesiąt trzy metry nad poziomem morza[4]. Było bardzo ciężko. Artur już idzie. Widać go na grani. Daleko w tle. Tomek Wolfart nie wiem, czy zdąży dojść do szczytu. Jezus Maria, popatrzcie dookoła. Piękna pogoda. Odrobina wiatru. Everest, Lhotse – zacząłem.

---

[4] Wysokość aktualna w momencie zdobycia szczytu. Od tego czasu pomiar uległ zmianie.

Potem dziękowałem siostrze, rodzicom, Dobrochnie i sponsorom. W międzyczasie na szczycie pojawił się Hajzer.

– Kolega Artur Hajzer, lider. Bez tlenu! – powiedziałem w jego kierunku.

– Ale z jednym Szerpą. Białym. Z Tychów – odpowiedział.

Zrobił kilka kroków i dodał:

– Nie zapowiadało się, że to się tak pięknie skończy. Teraz jeszcze zejść.

– Jeszcze zejść. Jestem przerażony – przytaknąłem.

– Dobra, spadamy – rzucił Hajzer kilka sekund po tym, jak wzniósł ręce w uniwersalnym geście zwycięstwa.

Szczyt Makalu jest bardzo „powietrzny". Nie da się na nim wygodnie stanąć, dlatego czekając na Artura, siedziałem na grani okrakiem, a obie nogi wisiały nad przepaścią.

Pod przedwierzchołkiem spotkaliśmy Tomka Wolfarta. Podszedłem do niego, spojrzałem na zegarek. Było przed piętnastą. Po osiemnastej robiło się ciemno. O dziewiętnastej zaczynała się noc. Droga na szczyt zajęła nam ponad dwanaście godzin.

– Tomek, musisz zawrócić – powiedziałem.

– Nie, nie, spoko, dam radę.

– Wiesz, jaki jestem ambitny, ale gdybym był na twoim miejscu, to gwarantuję ci, że zawróciłbym. Nie masz szans na zejście przed nocą. Jak zapadnie zmrok, to będziesz musiał biwakować. Jak zabiwakujesz, to zamarzniesz i umrzesz – wysapałem.

– Adam, dam radę – odpowiedział Tomek.

Spojrzałem na Hajzera.

– Tomek, Adam ma rację – powiedział Artur.

– Dam radę – powtórzył Tomek.

Typowa sytuacja górska, próbujesz zawrócić partnera, który się upiera, by jednak iść do szczytu. Co zrobić? Zacząć się z nim szarpać na wąskiej grani? Później wiele razy myślałem o tej chwili. Do dziś nie wiem, jak ją ocenić. Wierzę w to, że każdy ma prawo decydować za siebie, ale z drugiej strony musimy pamiętać, że taka decyzja ma wpływ na cały zespół. Tomek poszedł w kierunku szczytu. My kontynuowaliśmy drogę w dół.

Jeszcze idąc w górę, obmyśliłem plan zejścia do obozu. Schodzenie drogą podejścia wymagałoby licznych i czasochłonnych zjazdów, dlatego w dół szliśmy drogą klasyczną, brodząc w głębokim śniegu. Pod koniec Kuluaru Francuzów założyliśmy dwa zjazdy i dostaliśmy się na plateau. Godzinę po zmroku byliśmy w obozie. Poszło nam bardzo sprawnie.

Maciek leżał w swoim namiocie oddalonym od naszego o dwa metry. Powiedział, że przemroził ręce i dlatego zawrócił. Z Tomkiem utrzymywaliśmy łączność radiową. Wszedł na szczyt półtorej

Siedziałem na grani okrakiem, a obie nogi wisiały nad przepaścią.

Widok ze szczytu Makalu.
Widać Tomka Wolfarta na grani.

godziny po nas i miał problemy ze znalezieniem drogi zejściowej.

– Tomek, łatwiej ci będzie zejść Kuluarem Francuzów. My tak schodziliśmy. Gdzie jesteś? – zapytałem przez radio.

Nie potrafił określić swojej pozycji. Coś było nie tak. Pobłądził, nie widział naszych śladów. W końcu powiedział, że poczeka do rana. Myślę, że spędził noc gdzieś na wysokości 8300 m n.p.m. W międzyczasie kontrolowaliśmy, co z Maćkiem.

– Maciek, jak tam?

– Spoko, odpoczywam.

– Pijesz coś?

– Tak, piję, piję.

– No to OK.

Rano pełni obaw wywołaliśmy na radiu Tomka.

– Tomek, Tomek, odezwij się, jak się czujesz? Odbiór – pytał Artur.

Tomek mówił, że schodzi, czuje się świetnie i nie potrzebuje

Z Arturem Hajzerem na Makalu.

odpoczywać, ale wszystko to było jakieś nieskładne. Postanowiłem, że ruszę mu naprzeciw. Wziąłem termos, kilka batoników, wyszedłem z namiotu. Spojrzałem na zegarek i zacząłem zakładać raki.

Po ataku szczytowym byłem zmęczony, ale gdyby mnie ktoś wtedy spytał, jak się czuję, to powiedziałbym, że w porządku. Wydawało mi się, że zakładanie raków zajęło mi nie więcej niż dziesięć minut. Wiadomo, trzeba ściągnąć rękawiczki, pasek od raków jest zamarznięty, trochę to wszystko trwa.

Kiedy skończyłem i spojrzałem na zegarek, zatkało mnie. Spędziłem na tej operacji czterdzieści pięć minut. Zupełnie nie uświadamiałem sobie upływu czasu.

– Artur, nie jest dobrze – powiedziałem, wkładając głowę do namiotu.

– A co ty tam robiłeś tak długo?

– Zakładałem raki.

Hajzer nic nie odpowiedział, ale widziałem, że też nie czuje się najlepiej.

Zakląłem w duchu. Wydawało mi się, że wszystko ogarniam, ale sytuacja z rakami pokazała, że to tylko złudzenie. Zaczęło do mnie docierać, że wszyscy jesteśmy już zdeteriorowani, czyli wyniszczeni zbyt długim przebywaniem na dużej wysokości.

To była lekcja na całe życie. W górach wysokich nie możemy sami sobie ufać. Wydaje ci się, że wszystko jest w porządku, ale żeby to stwierdzić z całą pewnością, trzeba odnieść się do czynników zewnętrznych. Jednym z nich jest czas. Można też liczyć od tyłu czy próbować przypomnieć sobie wzory matematyczne.

– Maciek, jak z tobą? – zapytałem jeszcze Stańczaka.

– Dobrze, dobrze.

– Gotujesz sobie wodę? Pijesz?

– Gotuję, gotuję.

Już miałem ruszyć w stronę kuluaru, którym poprzedniego dnia szliśmy w górę, gdy kątem oka zobaczyłem, że coś porusza się daleko na prawo od drogi naszego wejścia. Daleko i wysoko, prawie na szczycie ściany pełnej seraków. To był Tomek. Co on tam robił?

– Artur, szybko, chodź! – krzyknąłem.

Hajzer wychylił się z namiotu. Na początku nie mógł zrozumieć, dlaczego każę mu patrzeć w tamtym kierunku.

– Ja pierdolę – wysapał. – Rób zdjęcia, nikt nam nie uwierzy.

– Jak ja mam po niego tam iść?

– Nigdzie nie idź, bo się zabijesz – powiedział Hajzer.

– Co robimy?

– Nie wiem. Musimy na niego czekać.

Weszliśmy do namiotu, zaczęliśmy gotować wodę. Sprawdzaliśmy co chwila, gdzie jest Tomek. Artur rozmawiał z nim przez radio.

– Jesteś w złym miejscu – mówił. – Uważaj na szczeliny.

Trzy godziny później Tomek pojawił się na ostatniej prostej do namiotu. To był cud. Trzy razy groziła mu śmierć. Mógł nie przetrzymać biwaku. Nie miał prawa dojść do tego miejsca nad serakami. I jak on stamtąd zszedł?

Próbowałem wypytać Artura, jaki jest plan dalszej akcji, ale Hajzer nie miał żadnego. Wysokość robiła swoje i analiza sytuacji sprawiała mu problem. Zrozumiałem, że muszę przejąć inicjatywę i działać szybko.

– Kiedy Tomek do nas dojdzie, będzie wyczerpany – powiedziałem. – Musimy jak najszybciej schodzić. Nie możemy pozwolić mu usiąść, bo może nie wstać. Biorę go za fraki i schodzimy. Pójdę na lekko i będę torował, a ty z Maćkiem zwiniesz obóz i pewnie szybko nas dogonicie, dobrze?

– Dobra.

Tomek wyglądał, jakby wrócił z zaświatów.

– Czuję się dobrze – powiedział.

– Na pewno?

– Mnie nic nie jest. Na-praw-dę. Wszyst-ko do-brze – sylabizował powoli zdrętwiałymi i popękanymi ustami.

– Przestań pieprzyć, schodzimy – rzuciłem stanowczo.

– Nie. Z Maćkiem wszystko w porządku? – spytał.

– Chłopie, przestań ty się martwić o Maćka. Jesteś po biwaku na osiem trzysta. Schodzimy.

– Nie. Ja tylko na chwilkę sobie siądę. – Szukał wzrokiem miejsca, gdzie mógłby klapnąć.

Napoiliśmy go i zaczęliśmy powolutku schodzić. Szedłem pierwszy i torowałem, bo wiatr zasypał nasze ślady. Po każdych pięćdziesięciu metrach siadałem i czekałem na Tomka dziesięć minut. I tak dalej: kawałeczek, czekam, idę. Minęły trzy godziny. Tomek wypił całą naszą herbatę i zjadł batonika. Popatrzyłem w górę. Artura i Maćka ani śladu, a myślałem, że w godzinę nas dogonią. Wyciągnąłem radio, ale nie działało.

– Tomek, jak twoje radio?

– Nie działa.

Nie mieliśmy picia, jedzenia i kontaktu radiowego z chłopakami.

Pomyślałem, że to bez sensu: siedzę tu, zamiast torować drogę w dół, nie mam jak pomóc Wolfartowi, zaraz się odwodnię, bo praży słońce. Słabnę z każdą chwilą, a jestem najsilniejszy w grupie, więc to ostatnia szansa, żeby coś zdziałać.

– Nie mamy obozu II – powiedziałem do Tomka. – Ale zostawiliśmy tam depozyt. Zejdę, wezmę tlen i wrócę po was.

Wiedziałem, że jest poważnie odmrożony, a tlen w takiej sytuacji bardzo pomaga i minimalizuje szkody. Wydawało mi się, że to świetny pomysł, bo przynajmniej coś zdziałam dla zespołu, zamiast siedzieć bezczynnie na śniegu i tracić siły.

– Trzymaj się śladów, chłopaki zaraz powinny do ciebie dojść – powiedziałem.

– Ja nie chcę tlenu.

– Weź przestań.

Pokonaliśmy już najtrudniejszy odcinek. Byliśmy na wysokości 7500 m n.p.m., na początku trawersu. Pożegnałem się z Tomkiem i poszedłem. Gdy dotarłem do dwójki, wrzuciłem butle z tlenem, maskę i reduktor do pustego plecaka i zacząłem wracać.

Stało się jednak coś, czego w ogóle nie przewidziałem: nie miałem siły. W dół szło się nieźle, ale z każdym krokiem do góry ciało wrzeszczało coraz głośniej: „Nie pójdziesz! Nie pozwolę ci!". Tak jakbym miał wbudowany pieprzony żyrokompas i idąc w górę, zadawał gwałt własnemu organizmowi. Mimo to uparcie szedłem przed siebie. W ciągu godziny przeszedłem może ze sto metrów.

W pewnym momencie usłyszałem gwizdanie. Rozejrzałem się. Nikogo nie było. Idę dalej. Ktoś tam siedzi? Nie, przecież to kamień. A co to za dźwięk? Znowu to gwizdanie. Momentami obraz drżał mi jak w zepsutym telewizorze. Myślałem trzeźwo, ale uczucie było takie, jakby ktoś siedział mi w głowie i robił sobie żarty. Wydawało mi się, że ktoś mnie obserwuje. Niedobrze, pomyślałem, mam omamy. Jeszcze niezbyt mocne, ale co będzie za chwilę?

Znów to gwizdanie. Próbowałem je zignorować. Ciarki przeszły mnie pół godziny potem, kiedy ktoś znowu zagwizdał i odezwał się do mnie głosem małej dziewczynki:

Zamarzniesz.

Usiadłem na śniegu.

– Kurwa, co jest grane? – powiedziałem sam do siebie. Po raz pierwszy zacząłem porządnie analizować sytuację. Do zmroku może z dwie godziny. Mam gaz, ale nie mam maszynki. Nie mam też śpiwora, bo wszystko zostawiłem Arturowi i Maćkowi. Pode mną nie ma obozu, dopiero jedynka, tyle że to tysiąc metrów niżej.

Ale przecież zaraz do mnie dojdą?

...

A jeśli nie dojdą?

Była jeszcze jedna możliwość, której wcześniej nie wziąłem pod uwagę. Zrozumiałem, że chłopaki mają cały sprzęt biwakowy i wcale nie muszą tutaj dojść. Mogą rozbić się wyżej. Jeśli to zrobią, mam przechlapane. Jestem za wolny, nie wrócę do nich. Byłem na wysokości 7500 m n.p.m.

W swojej książce *Góry – Medycyna – Antropologia* profesor psychiatrii Zdzisław Jan Ryn pisze o zaburzeniach psychicznych towarzyszących pobytowi na dużych wysokościach: „W każdej sytuacji ekstremalnej człowiek sięga do granic możliwości i często te granice przekracza. Kiedy wysiłek przekracza naturalną wydolność i odporność organizmu, wówczas pojawiają się problemy patologii, choroby, jako ostatecznej próby obrony przed zagrożeniem". W literaturze górskiej często pojawia się motyw halucynacji, najczęściej są to omamy słuchowe lub wzrokowe.

⇦ Charakterystyczne dla himalaistów jest doświadczenie obecności innej – nieistniejącej – osoby.

Na przykład Barry Bishop, jeden z członków amerykańskiej wyprawy na Mount Everest z 1963 roku, powyżej 8000 m n.p.m. odczuwał klaustrofobiczny lęk, nie rozpoznawał swojego partnera, czuł, że jest aniołem, i wsłuchiwał się w odgłosy wiatru, które układały się w różne słowa lub przypominały dźwięk dzwonu. Charakterystyczne dla himalaistów jest doświadczenie obecności innej – nieistniejącej – osoby. We wspomnianej już książce Ryn zebrał wiele takich historii, będących udziałem również polskich himalaistów. Podczas wspinaczki na Dhaulagiri Krzysztofa Wielickiego zaskoczyła obecność wyimaginowanego przyjaciela, osoby, której rozpaczliwie potrzebował. Rozmawiał z tą osobą, a nawet rozlał herbatę do dwóch kubków – wtedy uświadomił sobie, że jest sam. Jurek Kukuczka również gotował dla dwóch osób podczas samotnej wspinaczki na Makalu („mam tak silne poczucie czyjejś obecności, że przyłapuję się na przemożnej chęci rozmawiania z nim"). Niejednokrotnie ta wyimaginowana postać ratuje życie. Tak było w przypadku Rogera Marshalla. Greg Child w jednej z moich ulubionych książek górskich pod tytułem *Mieszane uczucia* opisuje sytuację, którą przeżył ten brytyjsko-kanadyjski wspinacz po samotnym wejściu na Kanczendzongę. Schodząc, Roger zgubił drogę, gdy nagle usłyszał głos mówiący coś po japońsku. Idąc w jego kierunku, trafił na starą linę poręczową zostawioną w tym miejscu przez uczestników japońskiej wyprawy. Himalaiści na dużych wysokościach widzieli rosyjskie czołgi, byli przekonani, że biorą udział w wojnach, odgłosy liny ocierającej się o śnieg przypominały im znane piosenki. Polski wspinacz, który wszedł na Pik Korżeniewskiej (7105 m n.p.m.), widział budkę z lodami i nieznanego sprzedawcę, a potem z buta jego kolegi wyleciała na miotle czarownica. Wspinacz przeczekał, aż wiedźma odleci, i poszedł w kierunku wierzchołka[5].

[5] Przytoczone historie omamów towarzyszących pobytowi na dużych wysokościach oraz komentujące je cytaty pochodzą z książki Zdzisława Jana Ryna *Góry – Medycyna – Antropologia*, Medycyna Praktyczna, 2015.

W tym kontekście moja halucynacja złożona z powtarzającego się gwizdania i jednego wypowiedzianego słowa zdaje się dość uboga, niemniej sądzę, że uratowała mi życie. Gdybym tępo szedł do góry, to prawdopodobnie nie przeżyłbym kolejnej nocy.

Nie wiedziałem, co mam robić, bałem się. Wyciągnąłem aparat i nagrałem pełen emocji film. W końcu, pomimo wątpliwości, zawróciłem. Odłożyłem tlen tam, skąd go wziąłem, i ruszyłem w stronę jedynki.

Do obozu I na wysokości 6700 m n.p.m. doszedłem późno w nocy. Przewracałem się co chwila, a ostatnie metry pokonałem na czworakach. Czołgałem się, bo bałem się szczelin, wcześniej zawsze pokonywaliśmy ten odcinek związani. Wiedziałem, że z bazy w naszym kierunku idą Adaś i Kacper, bo Artur wezwał ich przez telefon satelitarny, kiedy jeszcze byliśmy razem. Cały następny dzień przeleżałem w namiocie. Piłem, ale nie byłem w stanie nic zjeść. Nie wiedziałem, czy schodzić, czy czekać, czy próbować iść w górę. Może jestem im potrzebny? Byłem spalony słońcem i odwodniony. Trząsłem się z wyczerpania, mimo że w jedynce było kilka śpiworów, to nie umiałem się rozgrzać. Umierałem ze strachu o chłopaków i miałem poczucie winy. Zostawiłem ich. Zrozumiałem, że popełniłem poważny błąd. O ile decyzja o zejściu do jedynki była słuszna, o tyle ta o rozstaniu się z Tomkiem już nie.

Drugiego października przed południem doszli do mnie Adam i Kacper.

– Idźcie w górę, trzeba ratować chłopaków! – krzyczałem.

– Coś jest z nami nie tak. Adam ma jakąś infekcję, poza tym tam strasznie wieje – powiedział Kacper.

– Zwariowaliście? Musicie iść.

– Przyszliśmy pomóc tobie.

– Do diabła ze mną. Poradzę sobie, ale wy musicie iść im pomóc! – byłem bliski histerii.

Poszli. Jakiś czas później coś usłyszałem. Co jest, do cholery? Znowu mam halucynacje? Wyjrzałem z namiotu, a tam oni. Siedzieli obok. Nie chcieli iść do góry, ale przeze mnie bali się wejść do namiotu.

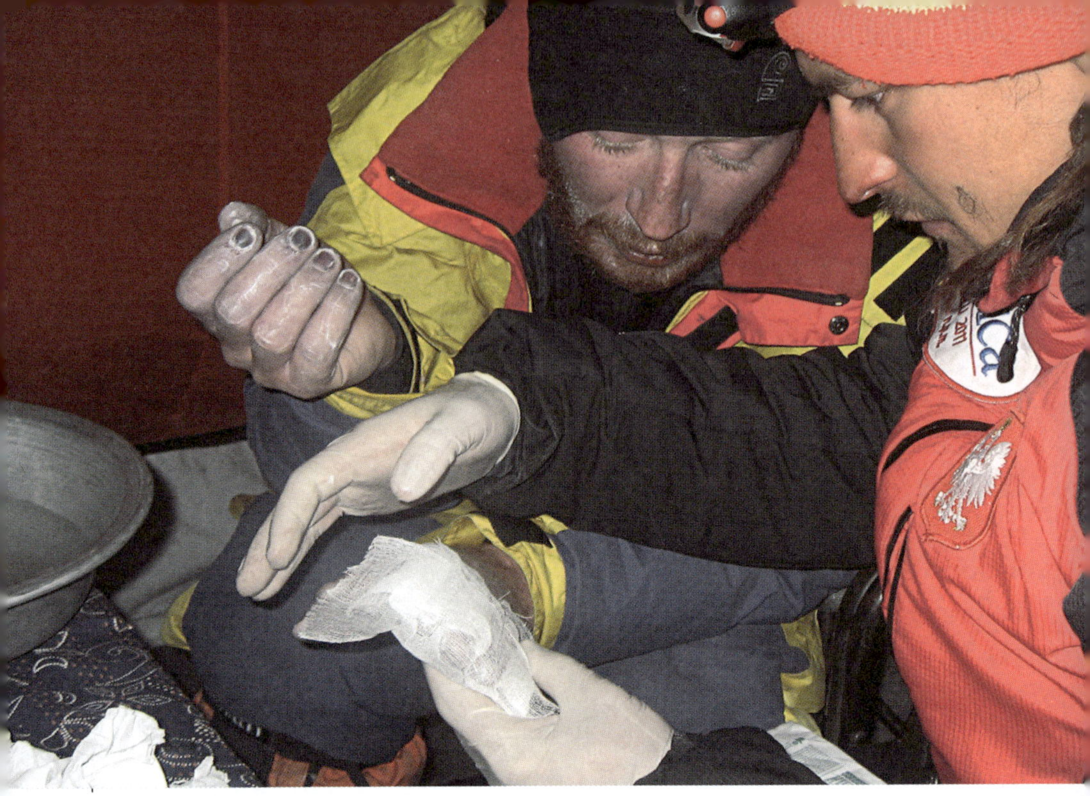

Z Maćkiem Stańczakiem w bazie.

Artur połączył się z bazą dzięki telefonowi satelitarnemu, bo radio nie działało. Okazało się, że Stańczak miał problemy żołądkowe i się odwodnił. Wcześniej, czekając na Wolfarta, siedzieliśmy w osobnych namiotach i przez to nie zorientowaliśmy się z Arturem, jak poważny jest stan Maćka, a on się nie skarżył. Podczas zejścia Hajzer musiał cały czas na niego uważać, a sam też był słaby. Kiedy zobaczyli Tomka siedzącego na śniegu, postanowili rozbić namiot w połowie drogi między dwójką i trójką, blisko miejsca, w którym rozstałem się z Wolfartem. Drugiego października, kiedy ja leżałem w namiocie, a Kacper i Adam szli w moim kierunku, Artur samotnie przedzierał się do obozu II, bo nie był w stanie zapanować nad kolegami. Jeden szedł w lewo, drugi w prawo, obaj bardzo wolno. Artur zabrał gaz i tlen, a potem zszedł do chłopaków, którzy idąc na skróty, dotarli na wielkie pola śnieżne poniżej dwójki. Tam ponownie zabiwakowali. Rano musieli iść pod górę, aby wrócić na właściwą drogę. W tym czasie ja schodziłem do bazy, gdzie spotkałem zaaklimatyzowanych Szerpów, którzy przylecieli śmigłowcem spod Everestu.

W międzyczasie Hajzer samotnie dotarł do obozu I. Zostawił za sobą Stańczaka i Wolfarta w przekonaniu, że już nie jest w stanie im pomóc. Przetarł drogę, trudno było się zgubić, ale oni szli wolno. Nie zdążyli przed nocą. Maciek biwakował bez namiotu na początku lin poręczowych wiodących z dwójki do jedynki, a Tomek przez całą noc powoli schodził. Czwartego października doszli do nich Szerpowie. Tego samego dnia wszyscy dotarli do bazy. Najpierw Artur (z Kacprem i Adasiem), później Tomek i na koniec Maciek. Artur siłą podał Tomkowi leki, mimo że ten odmawiał ich przyjęcia. Argumentował, że przez to ktoś może nie zaliczyć mu sportowego wejścia na szczyt.

Całą akcję ratunkową skutecznie koordynował z bazy Tomek Chwastek. Spisał się na medal.

– Młody, zjebałeś – powiedział do mnie Artur w bazie. Miał pretensje o to, że rozdzieliłem się z Tomkiem.

I miał rację. Powinienem był zostać. Nie wiadomo, czy udałoby nam się zejść szybciej, ale we dwóch mieliśmy większe szanse, aby sprawnie sprowadzić kolegów.

Tomek, Artur i Maciek następnego dnia polecieli helikopterem do Katmandu. Nas czekał wielodniowy trekking na dół.

Stańczakowi częściowo amputowano dziewięć palców. Mimo tego nigdy nie stracił wrodzonej pogody ducha. Kilkukrotnie byłem świadkiem, jak pocieszał ludzi, którzy martwili się stanem jego rąk. Po kilku operacjach i długotrwałej rehabilitacji wrócił do pracy. Prowadzi szkolenia z zakresu ratownictwa medycznego. Przyjaźnimy się do dziś.

Tomek zerwał z nami kontakt. Miał do reszty członków wyprawy żal o to, że z sukcesu zrobiono tragedię. Amputowano mu cztery palce u dłoni i kawałek palca u nogi.

Schodząc z bazy pod Makalu, zrozumiałem, jak niewiarygodnie intensywne i zarazem przeciwstawne emocje przeżywamy w górach. Na tej wyprawie nadzieja, radość i szczęście mieszały się z rozczarowaniem, strachem i rozpaczą. Jako pierwsi Polacy od dwudziestu trzech lat zdobyliśmy szczyt Makalu bez dodatkowego tlenu. Stając na swoim pierwszym ośmiotysięczniku, spełniłem marzenie. Miałem jednak poczucie winy i porażki, bo dwóch kolegów poważnie ucierpiało.

Artura po tej wyprawie spotkała fala krytyki. Monika Rogozińska w „Rzeczpospolitej" opublikowała artykuł *Narodowy program narażania młodych*. Każdy z nas był dorosły, decydował o sobie i znał ryzyko, które podejmował, a przedstawiono nas jak dzieci, które zły i nieodpowiedzialny nauczyciel zabrał na wycieczkę w góry.

ROZDZIAŁ 5

TAKTYCZNY MAJSTERSZTYK NA PIĘKNEJ GÓRZE

Wróćmy pod Gaszerbrum I. Pierwszy atak się nie powiódł, ale mieliśmy w odwodzie jeszcze jedną próbę. Musieliśmy się spieszyć, bo prognozy mówiły, że niedługo zacznie bardzo mocno wiać.

Artur został w dwójce. To wtedy z zawodnika stał się prawdziwym kierownikiem. Poświęcił swoją szansę na szczyt, żeby zabezpieczyć tyły. Chyba pierwszy raz w życiu świadomie przesunął się do drugiego szeregu. W odróżnieniu od nas nie spał jeszcze w trójce, ponadto bał się odmrożeń ledwo zaleczonych po wyprawie na Makalu.

Wyszliśmy z Januszem i Shaheenem. Mimo wiatru udało nam się dojść do trójki. Pakistańczyk wziął cięższy plecak, dzięki temu straciliśmy z Januszem mniej sił. Potem pomógł nam rozbić namiot i zszedł do Artura.

Było po szesnastej, gdy w końcu znaleźliśmy się w namiocie. Przez dwie godziny topiliśmy śnieg. Na podłodze położyliśmy enercetkę, a na niej karimaty. Po dziewiętnastej przykryliśmy się naszym jedynym śpiworem, przytuliliśmy się jak kochankowie i próbowaliśmy na chwilę zasnąć, ale nie przypominało to snu. Nigdy nie przypomina. Poleżeliśmy trzy godziny i zaczęliśmy się zbierać.

Na niebie nie było chmur, wiał słabiutki wiaterek.

Wychodziliśmy z namiotu w poczuciu, że szczyt już pewnie został zdobyty. Mieliśmy jeden dzień opóźnienia, bo nie udało nam się od razu przedrzeć z jedynki do trójki. Dziwiliśmy się, że Gerfried, Cedric i Nisar wciąż się nie pojawili. Mieli przecież schodzić z wierzchołka naszą drogą.

Ruszyliśmy o północy. Na wszelki wypadek wziąłem kawałek cienkiej liny. W plecaku miałem też termos, ze dwa batoniki i flagi - polską oraz sponsorów. Wyszliśmy w nocy wbrew niepisanej zasadzie himalaizmu zimowego, sformułowanej chyba przez Krzyśka Wielickiego: nocą w zimie szczytu się nie atakuje. W lecie to normalne, w końcu atak szczytowy trwa średnio około dwudziestu godzin, więc tak czy siak trzeba iść po ciemku. Lepiej to zrobić na początku, bo sił jest więcej niż na końcu, gdy wyziębione ciało znajduje się na granicy wytrzymałości i liczy się każda cząstka energii. Tylko że w latach osiemdziesiątych himalaiści dysponowali gorszym sprzętem niż my. Zimowy start w nocy oznaczał bardzo duże ryzyko odmrożeń, które w przeszłości zdarzały się himalaistom znacznie częściej niż obecnie. Dziś mamy lepsze buty i ubrania. Grzejemy stopy jednorazowymi rozgrzewaczami chemicznymi, czyli wkładkami do butów, które w reakcji z tlenem wytwarzają ciepło. Używamy też rozgrzewaczy elektrycznych, na baterie.

Start w nocy był naszą jedyną szansą. Agnieszka przekazała nam jednoznaczne prognozy: dziewiątego marca do godziny dwunastej ma być ładnie, ale potem zacznie wiać. Spodziewaliśmy, że o czternastej w okolicach szczytu wiatr osiągnie prędkość osiemdziesięciu kilometrów na godzinę. Jeśli tam wtedy będziemy, to zginiemy. Po kilkunastu minutach dostaniemy hipotermii. Od temperatury jesteśmy w stanie odgrodzić się sprzętem. Ale przed wiatrem kombinezon już tak nie chroni. Wolę, żeby było -50 stopni Celsjusza i wiało z prędkością dziesięciu kilometrów na godzinę, niż -30 stopni, ale przy wietrze o prędkości siedemdziesięciu kilometrów.

Tego dnia było około -40. Wiało maksymalnie czterdzieści na godzinę. To oznaczało, że temperatura odczuwalna na szczycie będzie wynosiła jakieś -60 stopni. Dziś już wiem, że to blisko granicy mojej wytrzymałości.

Szło nam całkiem nieźle. Aż stało się to, co dość często przydarza mi się podczas ataku szczytowego. Zachciało mi się kupę. Noc, ponad siedem tysięcy metrów, -40 stopni, najgorszy możliwy moment, a ja muszę wystawić cztery litery na wiatr. Absolutnie przerażająca sprawa. Z konieczności załatwiłem sprawę szybko, ale i tak byłem wdzięczny Januszowi, że na mnie poczekał te kilka minut.

Weszliśmy w kopułę szczytową. Latem droga wiedzie blisko skał, aby uniknąć zagrożenia lawinowego. Zimą jednak cały śnieg jest wywiany, a w jego miejscu znajduje się skała, firn bądź lód, dlatego mogliśmy pójść inaczej. Wbiliśmy się w kuluar, który miał nas wyprowadzić prosto na grań szczytową.

– Adam, chyba musimy iść bardziej w lewo – powiedział Janusz.

– Nie, Jasiu, idziemy prosto do góry, do grani, pamiętam ze zdjęć.

– Chyba jednak w lewo, pójdę sprawdzić.

– Bez sensu, szkoda czasu!

Janusz jednak poszedł sprawdzić inną drogę. Czekałem na niego. Robiło się coraz zimniej.

Żeby się wspinać w Karakorum w zimie, trzeba pamiętać o trzech rzeczach. Pierwszą jest tempo marszu. Drugą oddech. Powyżej 7500 m n.p.m. na jeden krok robimy nawet cztery wdechy i wydechy. Kiedy jesteśmy zmęczeni, to tych wdechów i wydechów robi się czasami więcej. Oddychamy ustami, głęboko z przepony. Na tym polega cała sztuka – oddychać tak, żeby wciągać jak najwięcej powietrza. Kobiety muszą się tego uczyć, faceci z przepony oddychają naturalnie. Jeśli idziemy za szybko, to łapiemy zadyszkę i musimy się zatrzymać. Wtedy pojawia się trzeci czynnik: zimno.

Chodzę po górach szybko i ubieram się lekko, żeby się nie pocić. Dlatego przez pierwsze pięć minut czekania na Janusza było znośnie, ale dwie minuty później zacząłem się trząść. Po dziesięciu minutach czułem, że zamarzam. Doraźne patenty na rozgrzanie

8 marca w Kuluarze Japońskim
z Januszem i Shaheenem.

przestały działać. Sekundy wydłużały się w nieskończoność. Musiałem się ruszyć. Podszedłem kawałek, żeby się rozgrzać. Po chwili zobaczyłem Janusza idącego po moich śladach. Szedłem dobrze.

Kiedy przekładasz nogę za nogą dziesiątą godzinę i walczysz o każdy oddech, wprowadzasz się w stan głębokiej koncentracji. Ktoś kiedyś powiedział, że jedną z najpiękniejszych rzeczy we wspinaniu jest ten czas, kiedy liczy się tylko metr kwadratowy terenu przed tobą. Kiedy pokonujesz trudne miejsce, to znikają dom, rodzina, bliscy, przyjaciele i problemy dolin. Nie ma tego, co na co dzień zaprząta twoje myśli. Trochę tak, jakby twoje „ja", ten wewnętrzny ludek, który myśli, analizuje, rozważa, boi się, przestawało nagle istnieć. Rozpływasz się, przestajesz się wspinać, a stajesz się wspinaniem. Najgorsze, co możesz zrobić w trudnej sytuacji, to pomyśleć, że jesteś zbyt zmęczony, a przed tobą jeszcze tyle godzin. Że nie dasz rady. Wtedy od razu lepiej zawrócić. Jeśli nie umiesz wyczyścić całkowicie umysłu, to pomyśl o domu, o bliskich albo po prostu o tym, co ostatnio zjadłeś i co zjesz po zejściu. To pomaga rozwiać złe myśli. Ale najlepiej w ogóle nie myśleć i skupić się na oddechu. Wtedy z twojej świadomości znika wszystko, co zbędne. Wpadasz w trans, w którym możesz iść niemal w nieskończoność. Ważne jest też, żebyś nagle nie pomyślał, że jest super. To tak jak z nauką jazdy na nartach. Pomyślisz, że idzie ci świetnie, i w tym momencie się przewracasz. A jeśli grasz w szachy, to przegrywasz. W górach ten moment dekoncentracji może cię zabić. Sztuką jest się wyłączyć, ale nie przestać analizować tego, co dzieje się dookoła.

Na ośmiu tysiącach metrów w mojej głowie pojawia się pasek, taki jak w grze komputerowej. A w zasadzie kilka pasków. Jeden – mierzy odwodnienie. Drugi – wyczerpanie. Trzeci – głód. I kolejne – siła mięśni, niedotlenienie, niewyspanie. Poza tym muszę analizować pogodę, sprawdzać, co z moimi partnerami, i kontrolować czas. A na koniec uważać na tak prozaiczną rzecz jak stawianie kroków, żeby się nie poślizgnąć.

Jeśli do tej układanki dopuszczę strach, to wszystko zacznie się sypać.

Kiedy wyszedłem na grań szczytową, wyrósł przede mną ogromny serak. Gerfried mówił w bazie, że trzeba go obejść z prawej strony. Tak zrobiłem. Za serakiem znajdowała się kolejna przeszkoda – lodowa ścianka, która wyglądała, jakby była zrobiona ze szkła. Miała sześćdziesiąt metrów długości. Układała się pod kątem co najmniej pięćdziesięciu pięciu stopni. Niby nic takiego, ale na wysokości ośmiu tysięcy metrów proste rzeczy stają się trudne. W górę to jeszcze pół biedy, ale co będzie z zejściem? Pomyślałem o linie w moim plecaku. Na samą myśl o wyciąganiu jej zrobiło mi się zimno. Wbiłem przednie zęby raków w lód, w ruch poszedł czekan. Strach uleciał, a trudne miejsce puściło – spokojnie, pewnie i sprawnie.

Szliśmy bez okularów czy gogli. To dla mnie niepojęte, że w XXI wieku potrafimy wysłać ludzi w kosmos, ale nikt jeszcze nie

Widok ze szczytu Gaszerbrumu I.

wymyślił podgrzewanych gogli. Kiedy rok później pojechaliśmy na Broad Peak, Artur ściągnął z USA model z wentylatorkiem na baterie. Nie parowały i były świetne, ale tylko do wysokości sześciu tysięcy metrów. Wyżej zamarzały. Problem polega na tym, że kiedy oddychamy w niskich temperaturach, to na szybkach pojawia się para, która w tym samym momencie lodowacieje. Możemy albo próbować przecierać gogle co pięć sekund, albo przyzwyczaić się, że wszystko jest rozmazane. Wybieramy to drugie lub w ogóle ściągamy z oczu ochronę, ryzykując śnieżną ślepotę. W lecie, kiedy śniegu jest więcej i słońce świeci mocniej, tak nie można. W zimie są szanse, że nie oślepniemy.

Im wyżej byliśmy, tym bardziej martwiłem się o Gerfrieda i jego partnerów. Co się z nimi działo?

Coś musiało pójść nie tak.

Wyszło słońce.

Na szczycie stanąłem około ósmej rano. Zrobiłem kilka kroków na południe, żeby zobaczyć, czy gdzieś nie widać ekipy Gerfrieda. Nic. Żadnych śladów.

Połączyłem się z bazą.

– Jestem na szczycie GI! Nie ma śladów Gerfrieda. Strasznie piździ. Janusz jakieś czterdzieści minut za mną. Idzie w kierunku szczytu. Zaraz będę odpalał aparat.

Artur martwił się o Gerfrieda:

– Możesz sprawdzić jeszcze raz?

– Boję się podchodzić do krawędzi, bo tam może być nawis – powiedziałem.

– Dobrze. Poczekaj na Janusza.

– Artur, nie jestem w stanie, za zimno.

– OK, to schodź.

Spod kombinezonu wyciągnąłem zawieszony na szyi aparat. Zrobiłem kilka zdjęć, nakręciłem krótki filmik i trzęsąc się z zimna, ruszyłem w dół.

Janusza spotkałem przy lodowej ściance. Okazało się, że był za mną nie dalej niż dwadzieścia minut drogi.

– Jak się czujesz? – spytałem.

– Spoko, dobrze.

– Masz dziesięć minut do szczytu. Super! Gratulacje!

– Fajnie, dzięki – powiedział.

Zapytałem, czy nie chce aparatu. Janusz odparł, że ma swój.

– Dobra, to ja schodzę.

Pięć minut później zatrzeszczało radio. To był Gerfried. Poczuliśmy olbrzymią ulgę. Od doby nie mieliśmy z nim kontaktu. Przekazał, że idą w kierunku szczytu i brakuje im jeszcze trzystu metrów. Dobra informacja, ale zaniepokoiłem się, bo wynikało z niej, że od dwudziestu czterech godzin nie zrobili żadnych postępów. Wtedy połączyli się ostatni raz.

Zszedłem jeszcze kawałek, zatrzymałem się i odwróciłem. Zobaczyłem Janusza schodzącego granią. Wszystko było w porządku. Szedłem powoli i ostrożnie, aż do miejsca, w którym teren się wypłaszczył i straciłem mojego partnera z oczu. W tym miejscu postanowiłem poczekać.

Słońce było już na tyle wysoko, że zrobiło się trochę cieplej. Usiadłem na plecaku. Pierwszy raz tego dnia wyciągnąłem termos i napiłem się herbaty. Zacząłem ruszać palcami u stóp, próbując sprawdzić, czy aby ich nie odmroziłem. Przy takim ataku nigdy tego nie wiesz. Wielokrotnie tracisz i odzyskujesz czucie. W pewnym momencie nie jesteś w stanie ocenić, jak to się skończy. Janusz pokonał zalodzone pola w kuluarze. Szedł wolno, ale był już w bezpiecznym miejscu.

Doszedłem do trójki i zacząłem topić wodę. Janusz przyszedł dwie godziny później. Dostał coś do picia i od razu zaczęliśmy schodzić. Albo raczej uciekać. Nadchodził huragan. Zostawiliśmy namiot. Gdyby Gerfried z kolegami zdobyli szczyt, mieliby gdzie się zatrzymać. Zostawiliśmy też gaz, jedzenie, do środka wrzuciliśmy kilka dużych kamieni, żeby choć na chwilę powstrzymały namiot przed odlotem.

Gabl miał rację – o czternastej załamała się pogoda. Warunki były koszmarne. Do dwójki doszliśmy w zadymce śnieżnej i silnym wietrze. Tam czekali na nas Artur i Shaheen. W nocy zrobiło się ciasno, bo musieliśmy się zmieścić we czterech w jednym namiocie. Cieszyłem się z sukcesu, ale dominującym uczuciem był strach o los Gerfrieda, Cedrika i Nisara.

Następnego dnia wróciliśmy do bazy. Zastaliśmy tam ciężką atmosferę. Trzeba było uruchomić akcję ratunkową, ściągnąć helikopter, który miał szukać zaginionych wspinaczy z drugiej wyprawy.

Miałem odmrożony palec u nogi. Obaj z Januszem odmroziliśmy nosy. Przez telefon satelitarny skonsultowaliśmy się

Na szczycie Gaszerbrumu I spędziłem kilka minut.

z Robertem Szymczakiem, himalaistą i lekarzem, który stwierdził, że chociaż nasz stan nie jest poważny, to jednak powinniśmy opuścić bazę helikopterem.

Ponadtygodniowy trekking niósł zbyt duże ryzyko powtórnego przemrożenia naszych nosów i mojego palucha. Wtórne odmrożenie jest dużo groźniejsze niż pierwotne, dlatego też dopóki nie mamy pewności, że jesteśmy bezpieczni (na przykład w bazie), nie należy rozgrzewać odmrożonego fragmentu ciała.

Rozdzwoniły się telefony. Okazało się, że media są umiarkowanie zainteresowane naszym sukcesem, ale za to bardzo ciekawiły je problemy. TVP nadała materiał, którego wydźwięk sprowadzał się do stwierdzenia, że „polscy himalaiści są uwięzieni i wymagają akcji ratunkowej. Kończą się leki i żywność. Weszli na szczyt, ale nie potrafią z niego zejść". Zrobiło się nam przykro. Sukces był ogromny, po siedmiu latach od pierwszego zimowego wejścia na Sziszapangmę Piotra Morawskiego (razem z Simone Moro) Polacy znów zdobyli o tej porze roku ośmiotysięcznik jako pierwsi. A media zrobiły z nas ofiary losu.

Kiedy zadzwonili do nas dziennikarze Programu 1. Polskiego Radia, Agnieszka skorzystała z tego, że przekaz jest na żywo, i odczytała nasz komunikat:

> Chciałabym zaapelować do dziennikarzy, że nie jesteśmy materiałem, tylko żywymi ludźmi, którzy mają rodziny i przyjaciół, a rozsiewanie tego typu sensacyjnych informacji jest niezwykle szkodliwe. Zwłaszcza w przypadku tego sportu, który sam w sobie niesie duże ryzyko, straszenie ludzi i opinii publicznej niczemu nie służy. Jesteśmy oburzeni. Naszym zdaniem sprawą powinna się zająć Rada Etyki Mediów.

Na transport czekaliśmy kilka dni. W bazie było smutno. Zanim odlecieliśmy, helikoptery poleciały szukać Gerfrieda i chłopaków. Do dziś nie odnaleziono żadnych śladów tej wyprawy. Prawdopodobnie nigdy nie dowiemy się, co się z nimi stało.

Zwycięska ekipa na tle Gaszerbrumu I.

RUST
ZKANIOWY - www.trust.pl
SEL

Lot w dół trwał dwie godziny. Gdybyśmy wracali z karawaną, to efekt byłby słabszy, stłumiony dniami wędrówki, a tak zaczęły wariować wszystkie moje zmysły. Po ponad sześćdziesięciu dniach w bazie powrót jest czymś niezwykłym. Szkoda, że to nie łatwo- i ogólnodostępne zjawisko. Wtedy może wszyscy zrozumieliby, o co chodzi w himalaizmie. Szczególnie można to poczuć po wyprawach zimowych, na których nie ma zapachów. Nie ma też kolorów, wszystko jest monochromatyczne – czarne i białe. Nie ma dźwięków – słychać tylko wiatr.

Nagle zobaczyłem zieloną trawę, otoczyły mnie zapachy, usłyszałem owady i ptaki. To bardzo intensywne, zmysłowe doznanie. Rzeczy, na które normalnie nie zwracamy uwagi, stają się potężnymi bodźcami.

Po powrocie do Polski jak dziecko cieszyłem się drobnostkami. Ciepłym prysznicem albo łóżkiem. Lepiej radziłem sobie z codziennością. Lubię i znam już dobrze tę przemianę. Jest widoczna do tego stopnia, że kiedy ustępuje, to zaczynam drażnić nawet sam siebie i żona mówi mi, żebym już lepiej jechał w góry. Gdy zbyt długo siedzę w domu, łatwiej się denerwuję, jestem mniej cierpliwy, nadpobudliwy. Wkurzają mnie najprostsze rzeczy. Nie lubię, gdy Dobrochna nie zakręca pasty do zębów. Po powrocie mówię: „Kochanie, zapomniałaś". A jak za długo jestem na dole, to powiem ostrzej. Góry mnie kalibrują. Pozwalają ustawić właściwie priorytety.

Pamiętam, że stresowaliśmy się przed wizytą u prezydenta Bronisława Komorowskiego. Żeby nas uspokoić, Artur Hajzer powiedział: „Nie ma sytuacji bezpośredniego zagrożenia życia, więc możemy zachować spokój". Mnie spokój dają góry. Kiedy odczuwam tremę przed prelekcją, to przypominam sobie powiedzonko Artura i zamiast panikować, zaczynam myśleć, że nic mi się na głowę nie zawali, jestem bezpieczny, zdrowy, więc co może mi się stać?

Po powrocie mniej się przejmuję rzeczami mało istotnymi. Dzięki górom polubiłem zmęczenie i trudne warunki. Przestałem narzekać, że pada deszcz. Pada to pada. Pogoda zawsze jest fajna. Na swój sposób lubię być zmęczony czy niewyspany. Wyczerpanie jest oczyszczające. Jeśli masz jakiś problem – rzuciła cię dziewczyna, straciłeś pracę – idź pobiegaj. Powspinaj się. To najlepsze, co możesz zrobić, żeby wyczyścić umysł. Nic ci nie da, jeśli będziesz w kółko analizował sytuację. Przychodzi moment, że nic nowego już nie wymyślisz. To tak jak z zawieszonym komputerem. Potrzebujesz się zresetować i włączyć na nowo. Niektórzy wolą się upić, ja wolę pobiegać. Kiedy jestem zmęczony, obserwuję świat jak zza szyby. Oczywiście, moje reakcje są spowolnione i marzę, żeby się w końcu położyć, ale wiem, że kiedy to nastąpi, to będzie mi się lepiej spało. Gdy jestem bardzo głodny, to cieszy mnie myśl o tym, jak bardzo będzie smakował pierwszy kęs. Nauczyłem się przyjmować z pokorą niedogodności. Co więcej, widzę w nich głęboki sens. Żeby coś docenić, trzeba coś stracić, poznać przeciwieństwo.

Ludzie mówią, że my, wspinacze, nie szanujemy życia i podchodzimy do niego lekkomyślnie. Sądzę, że jest odwrotnie. Kiedy od trzech godzin chce ci się sikać, to jak wielką radość czujesz, gdy w końcu możesz to zrobić? Jeśli od dwunastu godzin chce ci się pić, to jak bardzo docenisz łyk zimnej wody? Albo piwo? Po całym dniu wspinaczki najgorszy cienkusz smakuje jak ambrozja. Jeśli porządnie nie zmarzniesz, nie docenisz kocyka i ciepłej herbaty. Jeśli nie będziesz szedł całego dnia, nie dowiesz się, jak dobrze jest w końcu ściągnąć buty i skarpetki.

Maciek Berbeka mówił o drugiej stronie lustra. Jeśli nie zobaczysz, jak życie jest kruche, jeśli nie doświadczysz sytuacji granicznej, to go nie docenisz. Spotkanie ze śmiercią sprawia, że jeszcze bardziej kochasz życie. I kiedy potem będziesz leżał na łące z dziewczyną i pił wino, to w pełni zachwycisz się tą chwilą.

Prawdziwym sensem życia nie są ośmiotysięczniki, tylko to, co czeka na mnie, kiedy z nich wracam.

ROZDZIAŁ 6

W KOLEJCE NA K2

Po Gaszerbrumie Artur dostał masę mejli z całego świata. Gratulowali wszyscy. Pytali, w jaki sposób zdobyliśmy szczyt, jakiego sprzętu użyliśmy, jak szyte były nasze kombinezony. Odbyliśmy grzecznościowe wizyty w Pałacu Prezydenckim i Ministerstwie Sportu i Turystyki. Prasa pisała: „Polacy wrócili na lodowy tron Himalajów", „Wielki powrót lodowych wojowników".

Dla mnie to było spełnienie marzeń. W końcu dołączyłem do grona *tych* himalaistów, stałem się jednym z nich. Dowartościowałem się, bo wcześniej żyłem w przekonaniu, że mam pewien talent do wspinaczki, jestem szybki, ale być może nie na tyle, by wspinać się z najlepszymi. Niestety – a może na szczęście – uczucie spełnienia w sporcie trwa bardzo krótko, a osiągnięcie założonego celu szybko rodzi kolejny.

Pomysł wyjazdu na K2 pojawił w bazie pod Gaszerbrumem I. Rozmawiałem o tym z Gerfriedem, byliśmy wstępnie umówieni. Teraz, kiedy nie żył, nie wiedziałem, co zrobić. Poszedłem do Artura.

– Pojechałbym na to K2.

– No to jedź – odpowiedział krótko, w typowy dla siebie sposób.

Program odżył. Finansowanie wypraw w ramach PHZ nigdy nie było tak łatwe jak po zdobyciu GI. Potrzebowałem tylko partnera. Wydawało mi się, że Janusza Gołąba ten cały himalaizm nie kręci. Pod

Gaszerbrumem I mówił, że to niewiele więcej niż dreptanie w śniegu i że jak ktoś nie umie się wspinać, to chodzi po Himalajach. Poza tym nie sądziłem, że chciałby wejść na K2 drogą normalną.

A dla mnie K2 było marzeniem. Górą gór. Drugim najwyższym szczytem świata, sięgającym 8611 m n.p.m. Celem wybitnym. Tylko z kim miałbym tam pojechać?

– Może z Szymczakiem? – zaproponował Hajzer.

Ale Szymczak skupił się na rodzinie i nie chciał wracać w góry wysokie.

– Nie znam ludzi, jestem spoza środowiska, poleć mi kogoś – poprosiłem Artura.

Polecił Marcina Kaczkana. Oczywiście słyszałem o nim. Był członkiem zimowej wyprawy, która w sezonie 2002/2003 próbowała zdobyć K2. Z Denisem Urubką i Piotrem Morawskim dotarli na wysokość 7650 m n.p.m., ale tam Marcina dopadła wysokościówka. Miał objawy obrzęku mózgu. Rozpoczęła się akcja ratunkowa. Udało się go sprowadzić do bazy. Wiedziałem, że to twardy gość, który po samotnym ataku wszedł na Nanga Parbat. I to dzień po ataku nieudanym, podczas którego pomylili z Olą Dzik wierzchołki.

Kiedy później w trakcie wyprawy na K2 spytałem go, jak można pomylić szczyt, to przyznał, że bez okularów niewiele widzi.

– Adam, bo wiesz, ja do końca nie wiem, gdzie idę. Lepiej, żebyś ty prowadził. W ogóle to żyję trochę na półślepo, dalej niż na sto metrów i tak nie widzę.

Przed wyjazdem nasz wspólny znajomy straszył mnie Marcinem. Że mruk, prawie niemowa i jak już mam z nim jechać, to lepiej, żebym zabrał dużo muzyki. Kilka miesięcy później rozmawialiśmy o tym.

– Wszyscy mi mówili, że ty nic nie mówisz, a to chyba jest tak, że po prostu nie gadasz z idiotami.

– Może tak.

– Jak nie masz nic do powiedzenia, to milczysz.

– No, może tak.

Od razu go polubiłem.

Pod K2 dotarłem dwa tygodnie po nim, bo ze znajomymi z Poznania pojechałem jeszcze na Denali. Przez ten czas Marcin się

W bazie pod K2.

aklimatyzował. Dołączyliśmy do pozwolenia innej wyprawy. To normalna praktyka, dzięki której można obniżyć koszta.

W bazie tłum ludzi. Na Makalu byliśmy sami, pod Gaszerbrumem I bazę dzieliliśmy z wyprawą Gerfrieda. A tutaj już na starcie trzy ekipy, które wspinały się od trzech tygodni i dotarły nieco powyżej bazy wysuniętej, czyli w okolice 6000 m n.p.m. Główna baza leżała siedemset metrów niżej.

Wyprawę zaczęliśmy od imprezy. Zaprosił nas Simone La Terra, włoski wspinacz, który praktycznie co roku spędza czas w jakiejś bazie. Zna i lubi Polaków. Miał wszystko, co może umilić oczekiwanie na pogodę pod ośmiotysięcznikiem.

Rano, z bólem głowy, niekoniecznie spowodowanym wysokością, pakowaliśmy plecaki. Dzień później mieliśmy ruszyć w górę.

– Marcin, zabrałeś jakąś linę?

– Nie, a ty?

– No ja też nie.

Okazało się, że pojechaliśmy zdobywać drugi szczyt świata bez liny. Himalaiści, psia mać.

Kupiliśmy od Simone sto metrów lekkiej liny o średnicy siedmiu milimetrów.

Jadąc na K2, miałem tremę. Góra była wielka, stroma, piękna. Od razu widać, że nie da się na nią po prostu wejść. Trzeba się wspiąć. Mało któremu himalaiście udało się ją zdobyć za pierwszym razem.

Wystartowaliśmy od razu na ciężko z zamiarem dojścia tak wysoko, jak tylko damy radę. Nie korzystaliśmy ze starych poręczy. Tylko na początku wpięliśmy się do nowych lin powieszonych przez zespół Rosjanki Oksany Morniewy. Spotkaliśmy ją dwieście metrów powyżej bazy wysuniętej, tak zwanej ABC (Advanced Base Camp). Wspinała się w towarzystwie Nepalczyka Chatura, Rosjanina Jury i Pakistańczyka, którego imienia niestety nie zapamiętałem.

– Dokąd idziecie? – spytałem.

– Do jedynki – odpowiedziała. – Mamy założoną bazę wysuniętą. Kawałek dalej jest obóz pierwszy, a w sumie może dojedziemy dziś nawet do dwójki.

– Co? – zdziwiłem się, bo znałem topografię K2. – Do jedynki macie jeszcze z pięćset metrów, a do dwójki to kolejny dzień wspinania.

Chyba nam nie uwierzyli.

Wypiliśmy herbatkę, zrobiliśmy fotki, zaczęliśmy się wspinać, a zespół Oksany wkrótce zniknął nam z oczu. Pogoda była świetna, a wspinaczka czujna. Ściana okazała się stroma, ale sprawnie radziliśmy sobie z trudnościami technicznymi. Następnego dnia

⇦ K2 było marzeniem. Górą gór. Drugim pod względem wysokości szczytem świata, sięgającym 8611 m n.p.m. Celem wybitnym.

Marcin Kaczkan w Kominie House'a.

pojawiły się pierwsze odcinki mikstowe (skała przeplatana lodem i śniegiem) i często musieliśmy się asekurować na sztywno, czyli poruszać naprzemiennie i zabezpieczać nawzajem. Po południu dotarliśmy pod Komin House'a. Po raz pierwszy wspiął się nim Amerykanin Bob House w 1939 roku. To około trzydziestu metrów miejscami pionowego mikstowego wspinania. Pokonanie go ułatwiają resztki lin i stalowa drabinka. Nie wiem, kiedy została zamontowana, ale na filmie Kurta Diembergera z 1986 roku już jest. Częściowo wtopiła się w lód i nie wiadomo, na czym wisi. Po przejściu tego odcinka pomyślałem sobie, że K2 jest w naszym zasięgu.

W ciągu dwóch dni doszliśmy do wysokości 6800 m n.p.m. Pierwsi w sezonie zakładaliśmy jedynkę i dwójkę, dzięki czemu mogliśmy wybrać miejsce pod namiot. W obozie I w miarę komfortowo można rozbić kilka namiotów, następne trzeba już rozkładać na skałach i dobrze je zabezpieczyć, by w nocy nie spaść w przepaść.

Obóz II to tak naprawdę śnieżno-lodowe zbocze, w którym należy wykuć platformę pod namiot. Najlepsze miejsce znajduje się pod charakterystyczną skałką, i to właśnie tam rozbiliśmy naszą małą, szturmową dwójkę. Byliśmy osłonięci od wiatru, ale za to przysypywał nas śnieg. Obóz przedstawiał smutny widok: wszędzie resztki starych namiotów, puszki po gazie i cała masa innych śmieci, które są zapisem historii tego miejsca. Podniebny syf. Śmiecenie to w himalaizmie temat tabu, a przecież nie tylko na Mount Evereście wspinacze po sobie nie sprzątają.

Po niezbyt komfortowej nocy ruszyliśmy w dół. Byliśmy zadowoleni z udanego startu wyprawy, założyliśmy dwa obozy i dobrze poradziliśmy sobie z trudnościami technicznymi. W następnym wyjściu chcieliśmy założyć obóz trzeci. Schodziliśmy w poczuciu,

Z Marcinem Kaczkanem w obozie I.

że idzie nam dobrze, ale wiedzieliśmy, że od szczytu wciąż dzielą nas prawie trzy kilometry ściany. W tym między innymi Czarna Piramida i Bottleneck – dwa najtrudniejsze odcinki.

W bazie wysuniętej ktoś głośno jęczał. Kiedy podeszliśmy bliżej, nie mieliśmy wątpliwości, że Oksanie coś się stało. Leżała w namiocie i krzyczała, jakby ją ćwiartowali. Okazało się, że poleciała z urwaną poręczówką i prawdopodobnie złamała nogę. Wiedzieliśmy, że helikopter tu nie przyleci. Musieliśmy znieść ją do bazy, ale nawet z pomocą trzech towarzyszy Oksany nie dalibyśmy rady. Zostawiliśmy im nasze radio, leki przeciwbólowe i zeszliśmy zorganizować pomoc.

W bazie chodziliśmy od namiotu do namiotu.

– Trzeba pomóc, Oksana Morniewa złamała nogę, jutro o czwartej rano wymarsz – mówiliśmy.

Nie było chętnych. Wszyscy tylko kiwali głowami i ewentualnie obiecywali, że rano pomogą nam ich tragarze wysokościowi.

Z Concordii, gdzie spotykają się lodowce Baltoro i Godwin-Austen, do bazy dotarło trzech chudych Pakistańczyków. Mieli nosze, pomarańczowe kamizelki, apteczkę, a w niej rolkę plastra i kilka tabletek przeciwbólowych.

Opuściliśmy bazę jeszcze po ciemku, do namiotu Oksany dotarliśmy o szóstej. Było nas dziesięciu – trzech ratowników, dwóch tragarzy wysokościowych, trzech towarzyszy Oksany, Marcin i ja.

Musieliśmy jakoś usztywnić jej nogę. Pocięliśmy karimatę, złamaliśmy maszt od namiotu i zaczęliśmy opatrywać Oksanę. W nocy zjadła tabletki ketonalu, który jej zostawiłem. Ledwo widziała na oczy, a ból wciąż był silny.

Z bazy głównej do wysuniętej są cztery kilometry i dwieście metrów. Droga zajmuje normalnie trzy godziny. Trzysta metrów piargów, pięćset stromego, pełnego szczelin lodospadu, trzy kilometry przyjemnego lodowca i na koniec znów kilkaset metrów piargów.

Marcin Kaczkan
opatrujący nogę Oksany.

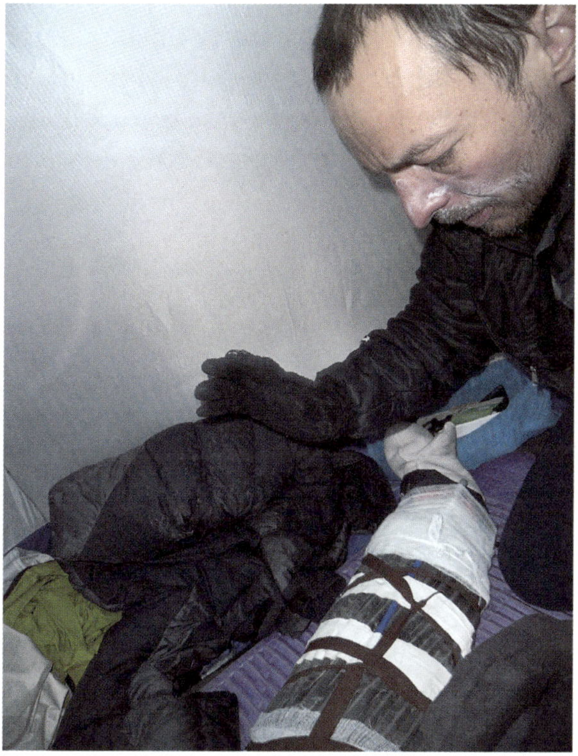

Akcja ratunkowa Oksany.

Nie wszyscy Pakistańczycy mieli raki. Daliśmy im nasze zapasowe, dzięki czemu każdy założył przynajmniej po jednym. Myślałem, że tam padnę. Przejście grupy ludzi z noszami przez początkowy odcinek lodospadu okazało się prawdziwą łamigłówką logistyczną. W pewnym momencie dołączył do nas Simone, który schodził z góry i zaoferował pomoc.

Nieśliśmy Oksanę przez sześć godzin. A ona, biedna, nie miała już siły krzyczeć i tylko cicho chlipała. Po pewnym czasie przestaliśmy zwracać uwagę na to, że z każdym krokiem zadajemy jej ból. Nie mieliśmy wyjścia.

Kiedy do bazy zostało dwadzieścia minut, naprzeciw nam wyszli ludzie. Najpierw pojawił się jakiś facet z kamerą i zaczął filmować.

– Albo nam pomożesz, albo spadaj, bo rozwalę ci tę kamerę! – nie wytrzymałem.

Uciekł. Byłem wściekły. Prawie wyrwało nam barki ze stawów, bolały nas plecy, byliśmy wykończeni, a on sobie filmik kręci. Przeszliśmy jeszcze kawałek. Po chwili znowu zobaczyliśmy tego faceta. Nie sądziłem, że to w ogóle możliwe, bo nigdy wcześniej ani później nie słyszałem, żeby Marcin podniósł głos, ale tym razem i on nie wytrzymał.

– Nie słyszałeś, co powiedział mój kolega? Wypierdalaj! – krzyknął.

Po chwili przyszli jacyś ludzie, wzięli od nas nosze. Oksanę w bazie chcieli zobaczyć wszyscy. Wchodzili kolejno do namiotu i poniewczasie pytali, czy mogą jakoś pomóc.

– Słuchajcie – powiedziałem spokojnie. – Nie znam was i absolutnie wam tego nie życzę, ale wiedzcie, że jeżeli któremukolwiek z was na tej wyprawie coś się stanie, to nie pójdę go ratować.

Zapadła cisza.

– Dla mnie to oczywiste, że nie mogę wymagać od innych czegoś, czego nie wymagam od siebie. Jeśli chcę, żeby w górach ktoś mi kiedyś pomógł, to muszę pomagać innym. Zdrowie i życie drugiego człowieka powinno być dla was najważniejsze. Jesteście chujami.

Poszedłem do namiotu i zasnąłem na dwanaście godzin, nie miałem nawet siły się rozebrać.

Następnego dnia przyszedł lider koreańskiej wyprawy i zaczął się tłumaczyć.

– Dopiero co doszliśmy do bazy i bolały nas głowy. Dlatego nie mogliśmy wam pomóc – zaczął.

– Was bolały głowy? Ona złamała nogę. Ja zapieprzam ósmy dzień z rzędu, a ty mówisz, że bolała cię głowa? – powiedziałem zrezygnowany.

– Przepraszam, przepraszam.

Speszył się i wycofał z namiotu.

– Nie mnie przepraszaj, tylko Oksanę.

Kilka dni później do bazy dotarła liczna wyprawa nepalskiej firmy Seven Summit – tej samej, która obsługiwała nas na Makalu. Mieli ze sobą klientów komercyjnych i zamierzali zaporęczować niemalże całą drogę do szczytu. Nie chcieliśmy być zależni od ich lin, a K2 jest zbyt trudną górą, by aklimatyzując się, chodzić tam i z powrotem bez zabezpieczenia. Wpadliśmy jednak na pewien pomysł.

– A może byśmy poszli kawałek z tobą? – spytaliśmy Pawła Michalskiego, który atakował sąsiedni Broad Peak i czasami wpadał do nas w odwiedziny.

Chociaż Broad Peak nie został jeszcze w tamtym sezonie zdobyty, to do obozu III rozciągnięto już sieć lin umożliwiających szybkie i względnie bezpieczne zdobywanie wysokości. Skwapliwie z tego skorzystaliśmy. Dziewiątego lipca o 4.20 rano wyruszyliśmy z naszej bazy, niosąc na plecach wszystko, co niezbędne przez cztery dni akcji górskiej. Po niecałej godzinie marszu zgodnie z wcześniejszymi ustaleniami spotkaliśmy się z Pawłem i we trzech weszliśmy w ścianę. Pomimo ciężkich plecaków szybko zdobywaliśmy wysokość i już około 8.30 byliśmy w jedynce, skąd po krótkim postoju kontynuowaliśmy wspinaczkę, aby o dwunastej dotrzeć do obozu II na wysokości około 6100 m n.p.m. Tam zatrzymaliśmy się na nocleg.

Obóz I na K2.

W dwójce dowiedzieliśmy się, że próba przebicia się do trójki tego dnia przez duży międzynarodowy zespół nie powiodła się ze względu na głęboki śnieg. Dziesiątego lipca rano zwinęliśmy nasz mały namiocik i o siódmej ruszyliśmy, torując na zmianę w rzeczywiście głębokim śniegu. O czternastej osiągnęliśmy tak zwaną niską trójkę na wysokości mniej więcej 6900 m n.p.m. Ku naszemu zaskoczeniu czuliśmy się świetnie, a na dodatek dopisywał nam apetyt, co oznacza, że dobrze znosiliśmy wysokość. Porządnie opici i najedzeni położyliśmy się spać, by około 2.30 rano ruszyć do ataku. Byliśmy sceptycznie nastawieni do pomysłu wejścia na wierzchołek (nie mieliśmy przecież pozwolenia), ale okazało się, że pogoda jest bardzo ładna, a nasze tempo i samopoczucie doskonałe, nieśmiało zacząłem więc myśleć o pójściu do szczytu. Warunki śniegowe stały się jednak dalekie od idealnych. Po wyzwoleniu trzeciej małej deski – lawiny, która powstaje w wyniku osunięcia się warstwy świeżego, niezwiązanego jeszcze z podłożem śniegu – postanowiliśmy zawrócić z wysokości około 7400 m n.p.m. Jak na szybką akcję w obcym terenie i tak poszło nam świetnie. Przed południem byliśmy z powrotem w trójce, a ja uparłem się, by spędzić trochę więcej czasu na tej wysokości. Zapadliśmy w zaplanowaną na dwie godziny drzemkę. Obudziliśmy się nazajutrz o ósmej rano. O dziewiątej rozpoczęliśmy zejście i już o dwunastej byliśmy bezpieczni u podstawy ściany. Dwie godziny później zmęczeni dotarliśmy do naszej bazy. Po dziesięciu dniach wyprawy mieliśmy założony obóz II i przyzwoitą aklimatyzację.

W międzyczasie na K2 wciąż niewiele się działo i pomimo dobrej pogody nikt oprócz nas nie osiągnął dwójki. Zdawało się, że ekipę Seven Summit zaskoczyły trudności techniczne. Położyli liny poręczowe do wysokości zaledwie 6400 m n.p.m. Siedemnastego lipca ponownie ruszyliśmy w górę. Plan był ambitny, chcieliśmy założyć trójkę i klepnąć osiem tysięcy metrów, co zapewniłoby nam dobrą aklimatyzację na atak szczytowy. Prognozy pogody nie były obiecujące, jednak wizja siedzenia w bazie i czekania na

Pierwsze wyjście w górę, powyżej jedynki.

Trudności techniczne w drodze do dwójki.

lepsze nam nie odpowiadała. Ruszyliśmy w dobrych nastrojach, których popsuć nie mogły nawet ciężkie plecaki i padający ciągle śnieg. W jedynce spotkała nas przykra niespodzianka – okazało się, że w naszym namiocie ktoś się rozgościł, korzystając z naszych śpiworów, gazu i jedzenia. Na dodatek zostawił po sobie śmieci, które musieliśmy później znieść. Osiemnastego lipca dotarliśmy do dwójki. Pogoda była coraz gorsza. Po nocy – mało komfortowej ze względu na silny wiatr i zasypujący nas śnieg – podjęliśmy próbę wyjścia do trójki. Nad K2 wisiały ciemne chmury, a wiatr sprawiał, że śnieg padał poziomo. Wspinaliśmy się bez przyjemności. Nad nami górę poręczowali Szerpowie. Kiedy zaczęli schodzić, uznaliśmy, że w tych warunkach to prawdopodobnie jedyna sensowna decyzja. Wróciliśmy do bazy.

Zaczęliśmy się martwić. Początek był świetny, ale mijały kolejne dni i nie zapowiadało się, żeby nagle pogoda miała się zmienić.

Zacząłem odczuwać presję czasu. Cieszyłem się, że w ostatniej chwili przed wyjazdem przekonałem moją narzeczoną do przełożenia planowanej daty ślubu o tydzień. Jak się później okazało, gdyby nie ten odruch zdrowego rozsądku, spóźniłbym się na własne wesele.

Tymczasem odwiedzili nas Nepalczycy z Seven Summit.

– Będziecie się wspinać po naszych linach poręczowych. A to kosztuje. Zapłaćcie nam po tysiąc dolarów od głowy – powiedzieli.

– Jesteśmy profesjonalnymi wspinaczami – zacząłem. – Doszliśmy do dwójki, zanim się tutaj pojawiliście. Jeżeli jednak położycie liny, to będziemy z nich korzystać, więc możemy pomóc wam je wynieść, a także zająć się poręczowaniem – zaproponowałem.

– Mamy swoich ludzi. Wszystkie wyprawy płacą.

Nie ma zasad, które regulowałyby takie sytuacje. Za każdym razem na nowo trzeba znaleźć jakiś kompromis.

– Dobrze. Ale nie mamy dwóch tysięcy dolarów – powiedziałem.

Komercyjna wyprawa himalaistów wspinających się z tlenem w drodze do trójki.

Stanęło na ułamku tej kwoty. Nie chwaliliśmy się tym przed innymi wyprawami.

Kiedy pogoda się zepsuła, poszedłem pod Kopiec Gilkeya. Na skałach zawiesza się tam od lat tabliczki upamiętniające tych, którzy zginęli w pobliskich górach. Większość tablic to po prostu metalowe talerze z wykutymi dłutem nazwiskami. To symboliczne, bo takie talerze każda wyprawa ma na wyposażeniu w bazie. Ktoś zdążył już zawiesić tabliczkę dla Gerfrieda, Cedrika i Nisara, którzy parę miesięcy wcześniej zginęli pod Gaszerbrumem I. Wśród kilkudziesięciu tablic odnalazłem wszystkie poświęcone pamięci Polaków. Czułem taką potrzebę.

Spędziłem tam godzinę. Myślałem o wspinaczach, którzy przyjechali tu tak jak ja pełni nadziei i radości. Cieszyli się, że spełniają swoje marzenie. Czytając kolejne nazwiska, zdałem sobie sprawę, że wśród nich pełno jest legend himalaizmu. Ten czas pod Kopcem Gilkeya był jak napomnienie: skoro im się nie udało, to co muszę zrobić, żeby wrócić do domu cały i zdrowy?

Halina Krüger-Syrokomska zmarła niespodziewanie w obozie II na K2 w 1982 roku. Prawdopodobnie z powodu udaru mózgu lub zatoru tętnicy.

Tadeusz Piotrowski zdobył K2 8 lipca 1986 roku po pięciodniowej wspinaczce razem z Jerzym Kukuczką. Zakładali, że pójdzie im szybciej, ale cały dzień poprzedzający wejście na wierzchołek walczyli z trzydziestometrowym odcinkiem pionowego, skalnego progu. Wieczorem siódmego lipca skończył im się gaz. Na wierzchołku drugiej najwyższej góry świata stanęli ósmego lipca przed dziewiętnastą. Zmrok dopadł ich podczas zejścia na wysokości 8300 m n.p.m. Nie mieli ze sobą namiotu ani śpiworów. Jedyną ochroną były płachty biwakowe i na szybko wykopana jama śnieżna. Nie zostało im już nic do jedzenia ani do picia. Kolejnego dnia schodzili w fatalnych warunkach. Sypiący śnieg sprawił, że widoczność nie przekraczała kilku metrów. Drugi raz zabiwakowali na wysokości 7900 m n.p.m. Rankiem dziesiątego lipca pogoda się poprawiła. Wspinacze dotarli do lodowego progu, z którego trzeba było zjechać na linie, ale tej Piotrowski zapomniał zabrać z miejsca biwaku. Schodzili więc bez asekuracji. Piotrowskiemu spadły oba raki i runął wprost na Kukuczkę, który nie był w stanie zatrzymać lecącego w dół partnera. Do dziś ich droga nazwana Polish Line nie ma powtórzenia. Kiedy zobaczyłem ją z bazy, zrozumiałem dlaczego: jest długa, trudna i bardzo niebezpieczna.

Wojciech Wróż zginął podczas zejścia ze szczytu niecały miesiąc później. Wraz z Peterem Božikiem i Przemysławem Piaseckim weszli na K2 piękną, trudną drogą Magic Line wiodącą południowo-zachodnim filarem. Wojtek prawdopodobnie zsunął się z liny poręczowej na wysokości mniej więcej 8100 m n.p.m.

Długo nie mogłem znaleźć tabliczki Mrówki. Dobrosława Miodowicz-Wolf zginęła w 1986 roku. Była ostatnią z ofiar tak zwanego czarnego lata na K2. Do bazy nie wróciło wtedy trzynaście osób. Długo opiekowała się innymi wspinaczami, którzy walczyli o życie podczas załamania pogody. Kiedy wydawało się, że najtrudniejsze za nią, zmarła z wyczerpania na wysokości 7100 m n.p.m.

Kilka metrów niżej, z dala od innych tablic, zobaczyłem jeszcze jeden talerz. Musiał spaść. Był kompletnie zardzewiały. Wgniecenia po dłucie potwierdziły, że należał do Mrówki.

W końcu niezła pogoda! Dwudziestego dziewiątego lipca, po dwóch dniach wspinania, pokonaliśmy Czarną Piramidę, ścianę wielkości dwóch „czołówek" Mięguszowieckiego Szczytu Wielkiego (Czołówka Mięgusza wznosi się nad Morskim Okiem, ma ponad dwieście metrów i znajdują się na niej liczne drogi taternickie). Zbudowana z kruchej, ciemnej skały Czarna Piramida stanowi największe wyzwanie techniczne na Drodze Abruzzich. Ściana jest miejscami pionowa, a zawieszone na niej liny poręczowe często mocowane są na skróconych hakach. Takie haki wbija się tylko częściowo, a linę wiąże nie do koluszka, ale blisko nasady haka.

Kopiec Gilkeya.

O 17.30 usiadłem zmęczony na plecaku. GPS wskazywał ponad 7400 m n.p.m. Kopanie platformy pod namiot zajęło mi prawie dwie godziny. W międzyczasie doszedł Marcin. Kolejne godziny zawisły gdzieś między jawą, snem a topieniem śniegu. Obok nas obóz założyli Nepalczycy z klientami. Rankiem poszli wyżej, w stronę obozu IV na granicę ośmiu tysięcy metrów. Większość od sześciu tysięcy metrów wspinała się na tlenie, więc wysokość nie robiła na nich wielkiego wrażenia.

Nie wiem, co się z nami stało. Wpadliśmy w marazm. Wstaliśmy dość wcześnie, ale nie mogliśmy podjąć decyzji, co dalej.

– Marcin, co robimy?

Pół godziny później:

– W sumie to nie wiem.

Zaczęliśmy gotować i przysypiać.

– Może chodźmy założyć czwórkę? – spytałem bez specjalnego przekonania.

– No, może chodźmy.

Talerz upamiętniający Dobrosławę Miodowicz-Wolf.

– A może byśmy spróbowali zaatakować szczyt? Założymy czwórkę i potem zaatakujemy?

– Nie no, chyba mamy za słabą aklimatyzację.

Napięcie jak w polskim filmie. Dwie godziny później:

– Adam, w sumie to spróbować możemy.

– Nie no, Marcin, sam mówiłeś, że słaba klima.

Cały dzień przesiedzieliśmy w namiocie. Ani w górę, ani w dół. W sumie wcześniej zamierzaliśmy tylko założyć trójkę i zejść. Ale kiedy już ją założyliśmy, to nie mogliśmy się zdecydować, co zrobić z ładną pogodą.

Uratował nas Christian Stangl, austriacki wspinacz, z którym dzieliliśmy bazę.

– Ej, Polaki, chodźcie o dwudziestej drugiej do szczytu.

Popatrzyliśmy po sobie z Marcinem. Natchnęło nas. To był świetny pomysł! W najgorszym razie dojdziemy do ośmiu tysięcy metrów i szczyt zdobędziemy w następnym wyjściu.

Właśnie kończył się lipiec, najlepszy miesiąc do zdobywania K2.

Wyszliśmy o dwudziestej drugiej. Noc była piękna i mroźna. Nad głową jasno świeciły gwiazdy. Pod nogami beton – twardy, zmrożony śnieg, idealny do wspinania. Drogę przedeptała ekipa Seven Summit: Szerpowie, klienci i wspinacze. Momentami korzystaliśmy z ich lin poręczowych.

Ściana przełamywała się na wysokości ośmiu tysięcy metrów. Tam usiadłem, żeby poczekać na chłopaków. Była czwarta rano, kilkadziesiąt metrów dalej widziałem namioty obozu IV. Szybko zrobiło mi się zimno. Wstałem, zacząłem podskakiwać, machać rękami i nogami. Do szczytu jeszcze sześćset metrów przewyższenia, dużo.

Pierwszy przyszedł Christian, też wyglądał na zmarzniętego.

– Powoli, ale idę dalej – powiedział.

– OK, poczekam na kolegę.

W końcu przyszedł Marcin. Czułem, że zamieniam się w kostkę lodu.

Czarna Piramida na K2.

– Ile można czekać? Stary, zamarzam! Jak tam?

– Słabo.

– Chodź, spróbujemy, mamy dużo czasu. Czuję się świetnie, mamy dobre tempo. Chciałbym napierać do szczytu.

– Idź swoim tempem, ja pójdę swoim. Dziś raczej tego nie widzę. Wolę podjąć próbę w następnym wyjściu.

– Jasne, nic na siłę, ale przynajmniej spróbuj.

Napędzało mnie zimno. Widziałem, jak Christian wchodzi do jakiegoś namiotu, żeby się ogrzać i odpocząć. Stwierdziłem, że znam lepszy sposób: trzeba po prostu iść szybciej. Naprawdę musiałem się rozgrzać.

Ramię K2 to rozległa i prawie płaska przestrzeń, pierwsze miejsce powyżej bazy, w którym można swobodnie rozbić namiot. To tu dla większości zaczyna się i kończy atak szczytowy. Jeżeli na ramieniu trzeba brnąć w głębokim śniegu, to znaczy, że warunki u góry też będą ciężkie. Tej nocy śnieg był jednak twardy. Widok długiego sznureczka czołówek wspinających się mozolnie po ścianie jest typowy dla wielu gór świata, ale na K2 się go nie spodziewałem. Ci, którzy zaczęli o północy z obozu IV, pokonywali właśnie tak zwaną Szyjkę Butelki, Bottleneck, stromą śnieżno-lodową rynnę z odcinkami mikstowymi. Prowadzący atak Nepalczycy poręczowali kluczowe fragmenty drogi, a reszta wspinaczy czekała, aż skończą.

Nad nimi wisiał skryty w cieniu, ale emanujący grozą swojej historii gigantyczny serak. W 2008 roku oberwał się jego fragment, co pośrednio doprowadziło do śmierci dziewięciu himalaistów. Nieco wcześniej tego samego dnia w Bottleneck zginęło dwóch innych wspinaczy.

Wschód słońca zastał mnie w górnej części kuluaru. I wtedy go ujrzałem. To był największy serak, jaki widziałem w życiu. Lodowa ściana ma około dwustu metrów wysokości, a jego podstawa liczy co najmniej dwa razy tyle. Cały jest popękany.

Podświadomie przyspieszyłem, żeby się spod niego wydostać. Poczucie, że moje bezpieczeństwo w tym miejscu zależy od przypadku, było okropne. Wysokość zaczynała dawać mi już w kość. Przez chwilę bawiłem się drobnym zaburzeniem percepcji, które polegało na tym, że po gwałtownej zmianie punktu skupienia wzroku obraz przez ułamek sekundy drżał subtelnie, jak w zepsutym telewizorze. Założyłem okulary i zjawisko znikło. Zresztą i tak musiałem się skupić na wspinaniu.

Na lodowym trawersie kończącym Bottleneck dogoniłem ponad dwudziestu pięciu wspinaczy, którzy żółwim tempem pokonywali drogę pod serakiem. Gdy w nocy zobaczyłem ten tłum, pomyślałem, że dzisiaj wejść na szczyt będzie łatwiej niż zwykle – są poręczówki i przetarta droga. Nie sądziłem, że wkrótce zacznę przeklinać ten tłok.

Wszyscy byli wpięci w tę samą pięciomilimetrową linę poręczową. Gdyby jeden spadł, pociągnąłby resztę w dół. Nie wpiąłem się

Marcin Kaczkan podchodzi pod Czarną Piramidę.

Olbrzymi serak pod szczytem K2.

w tę linę. Zachowywałem bezpieczną odległość. Z jednym czekanem nie miałem jak ich wyprzedzić, więc kręciłem filmy, robiłem zdjęcia i coraz bardziej się niecierpliwiłem. Znowu było mi zimno, bo zamiast kombinezonu puchowego miałem na sobie tylko kurtkę ocieplaną primaloftem, czyli sztucznym puchem. W końcu zamierzaliśmy jedynie założyć obóz III. Kombinezon został w bazie. Czekał na atak szczytowy, który właśnie trwał.

Słońce wschodziło coraz wyżej i robiło się cieplej. Musiałem poczekać, aż korek przede mną się rozładuje. O siódmej rano, zmęczony i senny po nieprzespanej nocy, przysiadłem na jedynym w okolicy kamieniu wystającym ze stromego zbocza. Włożyłem kolana pod brodę, zaparłem się tylnymi zębami raków o skałę i przedrzemałem godzinkę.

„Kiedy te cholerne pola podszczytowe się skończą?" – pytałem sam siebie. Czułem, jakby moje płuca zastąpiono bezużytecznymi skrzelami. Byłem na skraju wydolności oddechowej. Skąd właściwie miałem wiedzieć, że przesadziłem i że tlenu jest za mało? Może jeszcze kilka kroków i stracę przytomność? Poczułem ból w klatce piersiowej. Płuca mnie bolą, bo w powietrzu jest za mało tlenu? Ale to chyba niemożliwe, przecież płuca nie są unerwione czuciowo, nie mogą boleć. Zrozumiałem, że ból pochodzi z mięśni międzyżebrowych, zaangażowanych w oddychanie. Odliczałem od tyłu, żeby sprawdzić, czy mój mózg poradzi sobie z takim zadaniem.

Byłem za słabo zaaklimatyzowany. Ostatniej nocy spałem na wysokości 7400 m n.p.m., ale nie zszedłem później się zregenerować. W niższych górach nauczyłem się, że można oszukać organizm. Jest taka metoda: jeśli jesteś mocny i szybki, to braki w aklimatyzacji możesz nadrobić dobrym tempem wspinaczki. Zanim organizm się zorientuje, że coś tu nie gra, bo jesteś za wysoko, to już schodzisz, a wtedy tlenu przybywa. Nie wiedziałem tylko, czy ta strategia na K2 też zadziała.

Wspinacze trawersujący pod serakiem w ataku szczytowym na K2.

Świt na trawersie do pól podszczytowych K2.
Wysokość ok. 8300 m n.p.m.

Jeśli szczyt byłby dwieście metrów wyżej, to chyba nie dałbym rady. Zawsze zdumiewa mnie, na ile samozaparcia człowiek potrafi się zdobyć w takich sytuacjach. Gdyby to nie było K2, to chybabym zawrócił. Nawet gdy przystawałem, żeby odpocząć, to i tak nie byłem w stanie uspokoić oddechu. Pojawiły się chmury, śnieg zrobił się miękki, końcówkę drogi pokonałem prawie na czworakach. Z różnych źródeł wiedziałem, czego mogę się spodziewać w Bottleneck i na trawersie, ale nigdzie nie wyczytałem, że to cholerne pole podszczytowe ciągnie się w nieskończoność. W pewnym momencie przestałem patrzeć na GPS, bo nie chciałem wiedzieć, jak daleko jeszcze. Skupiałem się na wyrabianiu normy kroków. Dwanaście kroków w serii to minimum. Łajałem się ostro, jeżeli tylu nie zrobiłem. Gdy udawało mi się dobić do piętnastu, to byłem z siebie bardzo dumny. Nieosiągalną granicą było dwadzieścia kroków, po dwa wdechy i wydechy na każdy. Po raz pierwszy pojawiła się niebezpieczna myśl: po co się tak męczyć? Czułem się jak skazaniec na katordze. Te ostatnie dwieście metrów zajęło mi ponad dwie godziny.

Wydawało mi się, że idę bardzo wolno, a i tak wyprzedziłem większość wspinaczy, którym nie pomagał nawet dodatkowy tlen z butli. Motywowała mnie obecność jednego z najsilniejszych himalaistów na świecie, Irańczyka Azima Ghaychesaza, który również wchodził bez tlenu i trzymał się jak cień o krok za mną. Ilekroć się odwracałem, widziałem jego spokojny wyraz twarzy i stwierdzałem, że skoro on daje radę, to ja też jeszcze trochę wytrzymam. W końcu dałem się jednak wyprzedzić. Co to za człowiek, myślałem, ale szybko idzie. Jak on daję radę, to ja też dam, nie mogę go zgubić. Skupiłem się na jego nogach, robiłem tyle kroków co on.

Później, kiedy zeszliśmy do bazy, Azim powiedział, że miał tak samo.

– Najpierw cię goniłem, a potem czułem twój oddech na plecach i myślałem: co to za gość idzie za mną? Nie mogę odpuścić, nie dam się wyminąć.

Napędzaliśmy się wzajemnie i obu nam to pomogło.

O 10.30 stanąłem na wierzchołku K2, jedynej góry wystarczająco wysokiej, aby wyłonić się z morza chmur pode mną. Pierwszym uczuciem była ulga, że nie muszę już iść wyżej. Droga z trójki z wysokości 7400 m n.p.m. zajęła mi dwanaście i pół godziny. Idąc w górę, myślałem o tym, co powiem na szczycie, ale gdy włączyłem w końcu aparat, to zupełnie mnie zatkało. Wzruszyłem się, a po twarzy pociekły mi łzy, sam nie wiem, czy ze szczęścia, czy ze zmęczenia. To było najmocniejsze doświadczenie ze szczytu w moim życiu.

Jedenaście miesięcy wcześniej niepewny i pełen lęku jechałem na swój pierwszy ośmiotysięcznik, a teraz stałem na trzecim, i to na K2. Mojej radości nie mógł pomniejszyć nawet tłum dwudziestu ośmiu osób, które weszły na szczyt tego dnia. To był rekordowy sezon. Ponad osiem procent wszystkich wejść na K2 miało miejsce właśnie 31 lipca 2012 roku. Nazajutrz szczyt bez tlenu zdobyli jeszcze przesympatyczni Peter Hámor ze Słowacji i jego czeski partner Pavel Bém. Jako drugi Polak w historii wszedłem na wierzchołek Drogą Abruzzich. Pierwsza była w 1986 roku Wanda Rutkiewicz. Byłem dziesiątym Polakiem na szczycie K2. Pewnie nigdy się tego nie dowiem, ale ciekawi mnie, czy przede mną komukolwiek udało się wejść na K2 bez odzieży puchowej.

Na wierzchołku spędziłem jakieś dziesięć minut i rozpocząłem najniebezpieczniejszą część każdego ataku szczytowego, czyli zejście. To właśnie podczas drogi w dół zdarza się osiemdziesiąt procent wypadków. Powtarzałem sobie jak mantrę: Bielecki, teraz się skoncentruj. SKONCENTRUJ SIĘ.

Co chwila się odwracałem i pilnowałem, żeby nie iść linią zejścia pozostałych wspinaczy. Bałem się, że ktoś na mnie spadnie i obaj zginiemy. Wiedziałem też, że muszę szybko znaleźć się nisko ze względu na kiepską aklimatyzację. Wciąż groziła mi choroba wysokościowa, obrzęk mózgu bądź płuc i w konsekwencji śmierć.

Przysiadłem na jedynym w okolicy kamieniu wystającym ze stromego zbocza i przedrzemałem godzinkę.

Na wysokości 8400 m n.p.m. spotkałem Christiana. Szedł bardzo powoli. Spytał, czy mam coś do picia i jedzenia. Oddałem mu wszystko. Zapytał jeszcze, czy mam czołówkę, bo jego się zepsuła. Zawahałem się. Gdyby coś się stało, a zostałbym bez latarki, to po mnie. Popatrzyłem na zegarek. Do czwórki powinienem zejść bez problemów, a on będzie potrzebował światła, bo do szczytu ma jeszcze kilka godzin, a potem musi jakoś wrócić. Oddałem mu czołówkę.

W obozie IV byłem o trzynastej. W namiocie siedział Chińczyk, którego kojarzyłem z bazy i drogi w górę. Od 6000 m n.p.m. wspinał się na tlenie i co godzinę odprawiał taki rytuał: ściągał maskę i palił papierosa. Oczywiście na szczyt nie wszedł.

– Masz może coś do picia? – zapytałem.

– Pewnie, częstuj się.

– A fajkę masz?

– No mam.

– To daj.

Pobiłem najgłupszy rekord w swoim życiu i poszedłem w dół. Marcin czekał na mnie w trójce. Pić, pić jak najwięcej. Na szczęście nagotował prawie dwa litry płynu, który połknąłem łapczywie. Potwierdził też to, co widziałem z góry. Zawrócił niedaleko podstawy Bottleneck. Chciał zaatakować szczyt w kolejnym wyjściu.

– Co robimy? – spytał.

– Ciśniemy w dół. Jutro będzie gorzej, chciałbym wtedy znajdować się już jak najniżej.

Minęła szesnasta. Zjeżdżaliśmy po poręczówkach w dół Czarnej Piramidy. Byliśmy blisko dwójki, kiedy zobaczyliśmy, że ktoś się

Ostatnie metry przed wierzchołkiem K2.

wspina. Popatrzyłem na zegarek. Niemożliwe, aż przetarłem oczy. Sześć godzin temu to miałoby sens, ale teraz jest za późno. Okazało się, że to Amerykanka Cleo Weidlich.

– Cześć! Co słychać? – przywitała mnie serdecznym uśmiechem.

– Wszystko dobrze, wracam właśnie ze szczytu. Ale gdzie ty idziesz? – spytałem.

– Ze szczytu! To cudownie! Gratuluję! Ja chcę dziś dotrzeć jedynie do obozu III.

Przeraziłem się.

– Jedynie? Za dwie godziny zrobi się ciemno, a masz przed sobą przynajmniej sześć godzin wspinaczki.

– Tak, wiem, nie ma problemu. Jak coś będzie nie tak, to zawrócę – odpowiedziała tym samym wesołym tonem.

– Myślę, że powinnaś pójść z nami i spróbować jutro z samego rana – przekonywałem.

– Nie, nie, naprawdę sobie poradzę. Najwyżej zabiwakuję.

Popatrzyłem na jej plecak. Był malutki. Wyglądał, jakby miała w nim termos i niewiele więcej.

– Nie możesz iść dalej. Tam nie ma miejsca na biwak. Uwierz, nie zdążysz. Chodź z nami, jutro ma być dobra pogoda. Ale oczywiście zrobisz, jak zechcesz.

Jeszcze raz powtórzyła, że sobie poradzi. Rozstaliśmy się. Noc zastała ją w drodze między dwójką a trójką i cztery osoby musiały po nią wyjść, bo miała poważne problemy z zejściem.

Było już prawie ciemno, kiedy dotarliśmy do obozu I. Gdybym miał czołówkę, poszlibyśmy do bazy, ale nie chciałem ryzykować nocnego schodzenia po lodowcu z jedną latarką. Po prawie dwudziestu godzinach akcji górskiej mogłem wreszcie ściągnąć buty i wleźć do śpiwora. Myśli kłębiły mi się w głowie i pomimo zmęczenia nie mogłem zasnąć. Chrapanie Marcina też nie pomagało.

W bazie znaleźliśmy się następnego dnia rano, po równo stu godzinach, odkąd ją opuściliśmy. Przywitano nas uroczyście tortem i nawet to, że kucharz błędnie zapisał moje imię lukrem, nie wpłynęło na wspaniały smak ciasta. Gdy wszedłem w końcu do swojego namiotu bazowego, to zacząłem się śmiać, chociaż byłem sam. Pierwszą rzeczą, która rzuciła mi się w oczy, był worek na śmieci z kombinezonem puchowym, czystą bielizną i skarpetami. Zestaw na dzień ataku szczytowego. Tym razem w ogóle go nie tknąłem. To nic, zostanie na zimę. W końcu za parę miesięcy i tak wracam w Karakorum.

Marcin chciał jeszcze spróbować wejść na szczyt. Mnie się spieszyło, bo zaraz po powrocie do Polski mieliśmy z Dobrochną wziąć ślub. Hajzer sugerował, że powinienem zostać w bazie, aby zabezpieczać Marcinowi tyły. Kaczkan mówił, że mogę śmiało wracać, ale stwierdziłem, że Artur ma rację.

Bottleneck i obóz IV widziany z góry.

Marcin w zespole z Ernestasem Markšaitisem dwukrotnie próbował atakować wierzchołek, ale niestety bez powodzenia. Za drugim wyjściem nie zastał w trójce naszego namiotu. Nie wiemy, czy ktoś go ukradł, zabrał przez pomyłkę, czy, co mało prawdopodobne, zasypała go lawina.

Pogoda się zepsuła. Postanowiliśmy wracać.

Trekking powrotny był koszmarem. Skończyły mi się czyste, cienkie skarpety. Brudne wsadziłem do beczki, a tę zabrali tragarze i pognali w dół. Założyłem więc grube wełniane. Zrobiło się gorąco i odparzyłem stopy. Stwierdziłem więc, że lepiej będzie schodzić w ogóle bez skarpet. Obtarło mi pięty do krwi. Każdy krok okupiłem bólem. Drugiego dnia trekkingu ledwo człapałem. Tempo miałem gorsze niż miesiąc wcześniej, kiedy szedłem

Na szczycie K2.

w górę. Kiedy trzeciego dnia dotarłem w końcu do Askole, to całowałem ziemię ze szczęścia. Ten trekking był trudniejszy niż atak szczytowy.

W Skardu wsiedliśmy z Marcinem do małego busa. Z nami jechał jeszcze Sherbaz, który pracował dla agencji Jasmine Tours obsługującej nasz wyjazd, jeden dodatkowy (lokalny) pasażer i kierowca. W pewnym momencie zjechaliśmy z Karakorum Highway i pojechaliśmy skrótem przez przełęcz Babusar. Tuż przed przełęczą drogę zagrodziły nam zatrzymane autobusy i samochody. Na środku jezdni stał mężczyzna. W ręku miał karabin.

Wszystko działo się bardzo szybko. Nasz kierowca nerwowym ruchem wyciągnął z kieszeni portfel, otworzył go, wyjął coś i wyrzucił przez okno. Okradną nas, pomyślałem. Cały sprzęt wspinaczkowy, elektronikę, moje najcenniejsze rzeczy – wszystko mam ze sobą, cholera jasna! Podjechaliśmy kawałek i zobaczyłem pierwsze ciało, zalała mnie adrenalina. Mężczyzna miał roztrzaskaną czaszkę.

Umysł dziwnie się zachowuje w takich momentach. Pomyślałem: trup, czyli nas nie okradną, złodzieje nie zabijają swoich ofiar. Może to ich wewnętrzna sprawa, która nas nie dotyczy? To działo się rok przed tym, jak w bazie pod Nanga Parbat zamachowcy zabili jedenaście osób. Pomimo wzrostu zagrożenia terrorystycznego na pograniczu Pakistanu i Afganistanu część kraju, w której się znajdowaliśmy, nie wydawała się miejscem, w którym obcokrajowcom coś grozi, wręcz przeciwnie, czułem się tu zawsze bezpieczniej niż w dużym europejskim mieście.

Facet z kałasznikowem podbiegł do nas i uderzył kolbą karabinu w przednią szybę. Kierowca otworzył drzwi i został przez nie wyciągnięty siłą. Tamten z bronią coś krzyczał. Wysiedliśmy z busa. Obok leżały dwa kolejne ciała, a na skraju asfaltu klęczało kilkanaście osób. Widzieliśmy ich plecy, wszyscy mieli ręce na głowach.

Po zejściu przywitano nas uroczyście tortem.

Pakistańczyk z karabinem był strasznie nabuzowany. Wskazał nam miejsce na końcu szeregu klęczących. Ukląkłem obok nich, położyłem ręce na głowie i spuściłem wzrok. To ten moment, kiedy człowiek stara się być niewidzialny. Facet podszedł i zaczął do mnie wrzeszczeć. Nie znam urdu, nie liczyłem też na jego angielski, więc odezwałem się do niego po polsku:

– Stary, możesz mówić do mnie, co chcesz, ale ja cię w ogóle nie rozumiem, nie mam pojęcia, co do mnie mówisz, gadaj, ile chcesz, ale i tak cię nie rozumiem.

Ta metoda wielokrotnie sprawdzała się podczas dotychczasowych podróży. Miejscowi zaczynali mówić wolniej albo z całą mocą uzmysławiali sobie, że się nie zrozumiemy.

Pakistańczyk też odpuścił.

Podświadomie wiedziałem – a może ta broń pachniała? – że jego kałasznikow nie jest na pokaz. Wiedziałem, że przed chwilą ktoś z niego strzelał.

Agresywny facet odszedł, przyszedł inny, młodszy i spokojniejszy. W ręce miał pistolet.

– *Passport* – zażądał.

Podaliśmy mu z Marcinem paszporty. Wziął je i gdzieś zniknął. Po chwili wrócił i oddał nam dokumenty.

– Jesteście turystami – powiedział po angielsku. – To nie wasza sprawa, siedźcie cicho i się nie ruszajcie.

Po chwili usłyszeliśmy strzały. Ludzie, którzy klęczeli obok nas, również wyciągnęli dokumenty. Byli przerażeni. Niektórych napastnicy wyciągali z szeregu gdzieś na bok. A potem ktoś strzelał. Wszystko trwało kilka minut.

Potem nastąpiła cisza.

Zaczęliśmy nieśmiało wstawać i się rozglądać. Napastnicy znikli.

Kierowca zbladł. Zapalił, chociaż wcześniej tego nie robił. Refleks uratował go przed śmiercią.

To była zasadzka. Podobna historia zdarzyła się dwa miesiące wcześniej. Sunniccy zamachowcy zasadzili się wtedy przy Karakorum Highway na szyitów. Wyciągali wszystkich z samochodów, sprawdzali dokumenty. Pakistańczycy mają w dowodzie wpisane wyznanie. Nasz kierowca był szyitą. W ostatniej chwili przypomniał sobie o tamtej masakrze i wyrzucił przez okno dokumenty. A kiedy spytali go o pochodzenie, skłamał. Wymyślił też fałszywe nazwisko.

Po drugiej stronie ulicy leżały ciała. Nie potrafię usunąć tego widoku z pamięci. Kiedy zamykam oczy, mogę przywołać najdrobniejsze szczegóły.

Broad Peak widziany z bazy pod K2.

ORLEN

ROZDZIAŁ 7

PO DRUGIEJ STRONIE LUSTRA

Kolejny miał być Broad Peak. Wiedzieliśmy to już podczas powrotu z Gaszerbruma I. Artur uważał, że da się tam wejść zimą, w 2011 roku mieli szanse, ale przegapili dobrą pogodę. Zabrakło kogoś, kto poprowadziłby zespół do ataku. Żałuję, że im się wtedy nie udało. Gdyby zdobyli szczyt, my nie musielibyśmy próbować.

Artur Hajzer spędził w bazie pod Broad Peakiem już dwie zimy i miał dość.

– Nie wykazałem się, czas, żeby ktoś inny spróbował – mówił.

Do kierowania wyprawą namówił więc Krzysztofa Wielickiego. Wielicki był kolejnym z moich bohaterów. Dorastałem z jego plakatem z autografem wiszącym naprzeciwko łóżka. Gdyby ktoś powiedział mi wtedy, że pojadę z nim na wyprawę, tobym nie uwierzył. Krzysiek co jakiś czas pojawiał się w moim życiu. Poznałem go jeszcze jako dzieciak na zjazdach miłośników „Gór i Alpinizmu", byłem na jego prelekcji w Tychach – to tam dostałem ten plakat. Przez wspólnych znajomych poznałem

⇦ Tomek Kowalski na trekkingu. W tle „świetlista ściana" Gaszerbrumu IV.

Krzysztof Wielicki, Maciek Berbeka, Artur Małek i Tomek Kowalski. Jeden z wieczorów podczas trekkingu do bazy.

jego córkę Anię, a u jego syna Marcina regularnie kupowałem sprzęt. Kiedyś, gdy łapaliśmy z siostrą stopa, Krzysiek zatrzymał się i podwiózł nas w skałki. Cieszyłem się, że pojedziemy razem na Broad Peak.

Wybieranie składu na tę wyprawę odbyło się poza mną, ale wiem, że nie było łatwo znaleźć chętnych. Janusz nie czuł się przygotowany kondycyjnie i zabiegał, żeby PHZ sfinansował mu wyjazd do Ameryki Południowej, na co nie było pieniędzy. Inni nie chcieli albo z różnych powodów nie mogli jechać.

Pod Gaszerbrumem I pytałem Artura o Tomka Kowalskiego, bo słyszałem, że robi w górach fajne rzeczy.

– Już dawno aplikował do programu, ale go spławiłem, brakowało mu doświadczenia. Dałem mu listę przejść, które musi zrobić, jeśli chce się z nami wspinać – powiedział wtedy Hajzer.

Kiedy klarował się skład wyprawy na Broad Peak, znów pojawiło się nazwisko Tomka.

– Wiesz co, Adam? – zaczął Artur. – Widać, że jemu bardzo zależy, zrobił sporą część z listy przejść, którą mu zadałem. Myślę, że powinniśmy dać mu szansę.

Tomek w ostatnim wpisie na swoim blogu, kiedy byliśmy już w Karakorum, zwierzył się:

> Chciałem napisać coś więcej. O przygotowaniach, o treningu i o wielkich znakach zapytania, ale po prostu nie było kiedy. Czas uciekł przez palce i teraz jestem już w Skardu w samym centrum Karakorum...
>
> Jestem tu i nie mogę w to uwierzyć. Jestem uczestnikiem zimowej wyprawy Polskiego Związku Himalaizmu[1]. To jest coś, o czym marzyłem, odkąd pamiętam, ale tak naprawdę nigdy nie sądziłem, że może się to spełnić. I teraz jestem tu, jakby nigdy nic żartując sobie przy stole z Krzyśkiem Wielickim, gościem, który jest dla mnie bohaterem. Czuję się tak, jakbym był jakimś młodym gitarzystą z początkującego zespołu i zagrał razem z Mickiem Jaggerem i Rolling Stonesami na pełnym stadionie Wembley. To chyba dobre porównanie :)
>
> Jutro ruszamy w góry. Kolejna, ale naprawdę wyjątkowa wyprawa życia. Trzymajcie kciuki, bo jest okazja napisać kolejny rozdział historii himalaizmu. Ale by było...[2]

Bardzo szybko złapałem z nim fajny kontakt. Trochę przypominał mi mnie sprzed dwóch lat. Wtedy też jechałem na swoją pierwszą, wymarzoną wyprawę w Himalaje i odbierałem to jako zaszczyt i spełnienie marzeń. Byli tacy, co zarzucali Tomkowi za małe doświadczenie, ale przecież historia zna przypadki himalaistów wchodzących zimą na szczyt podczas swojej pierwszej wyprawy na ośmiotysięcznik. Tak było z Krzyśkiem Wielickim, który w 1980 roku na wyprawę na Everest załapał się z listy rezerwowej, czy z Januszem Gołąbem w 2012 roku na Gaszerbrumie I.

---

[1] Tomkowi chodziło pewnie o Polski Związek Alpinizmu.

[2] Tomek Kowalski, *Broad Peak 2013*, http://magisterkowalski.blogspot.com/2013/01/broad-peak-2013.html [data dostępu: 27 stycznia 2017]

Artura Małka Hajzer sprawdził na Lhotse, w wyprawie, w której uczestniczyła też moja siostra. Wyruszyli jesienią zaraz po moim powrocie z K2. Znałem go, nawet się razem wspinaliśmy. Wiedziałem, że jest dobrym technicznie, doświadczonym wspinaczem. A na Lhotse okazało się, że radzi sobie w wysokich górach. Szczytu wtedy nie zdobyli, ale Małek się wyróżnił.

Największym zaskoczeniem było dla mnie dołączenie do składu Macieja Berbeki. Od 1988 roku nie brał udziału w polskich narodowych wyprawach. Ale miał na koncie dwa pierwsze zimowe wejścia na ośmiotysięczniki i ogromne doświadczenie.

Pierwszy raz spotkaliśmy się na konferencji prasowej tuż przed wylotem do Pakistanu. Kiedy zobaczyłem go na korytarzu, podszedłem się przywitać. Od razu zrobił na mnie dobre wrażenie. Był skromny, miał ciepły uśmiech.

– Jeżeli ktokolwiek z nas zasłużył na pierwsze zimowe wejście na Broad Peak, to właśnie ty – powiedziałem do niego.

Te same słowa miałem wypowiedzieć powyżej ośmiu tysięcy metrów 5 marca 2013 roku, kiedy widzieliśmy się po raz ostatni.

Na lotnisku w Islamabadzie czekał na nas mój stary dobry znajomy Shaheen, a także drugi haps – Amin Ullah. Ponadto do wyprawy dołączył Karim Hayat, znajomy Krzyśka, wspinacz z Hunzy. Wcześniej o nim nie słyszałem, nie wiedzieliśmy nawet, że jedzie z nami.

Do Skardu dotarliśmy w połowie stycznia. Północna część Pakistanu była sparaliżowana. Temperatura spadła do -27 stopni Celsjusza. W domach, w których nie było ogrzewania, zamarzła woda. Lód skuł jezdnię. Miejscowi bali się wsiadać do samochodów, bo cały rok jeżdżą na letnich oponach. Kilka osób zamarzło, a ceny opału wzrosły do najwyższego od kilkunastu lat poziomu. Mieliśmy jeden dzień opóźnienia, bo musieliśmy poczekać na zorganizowanie karawany. Ten czas wykorzystaliśmy na sprawdzenie sprzętu i ostatnie zakupy.

– Niewiele się tutaj zmieniło od dwudziestu lat – ocenił Maciek.

Skład wydawał się idealny – dwóch legendarnych himalaistów dysponujących olbrzymim doświadczeniem oraz trzech silnych, młodych zmotywowanych chłopaków, którzy chcą się wykazać.

Czułem się jak w bajce. Jechałem na swoją czwartą wyprawę na ośmiotysięcznik w ciągu półtora roku. Nie musiałem się martwić o sprzęt, pieniądze, partnerów i organizację, ominęły mnie odwieczne przyczyny bólu głowy wszystkich himalaistów. Tym razem mogłem się skupić tylko na wspinaczce.

Trekking pod Broad Peakiem prowadził dobrze znaną mi trasą, szedłem tędy trzeci raz w ciągu roku. Tym razem droga zajęła nam sześć dni. Ostatnich pięć kilometrów musieliśmy

Pod Broad Peakiem zaprzyjaźniliśmy się z Tomkiem Kowalskim.

Trekking pod Broad Peakiem prowadził dobrze znaną mi trasą, szedłem tędy trzeci raz w ciągu roku.

Znaczną część czasu spędziliśmy w bazie. Od lewej: Krzysztof Wielicki, Artur Małek i Tomasz Kowalski.

przedzierać się przez śnieg do pasa. W trekkingu towarzyszyło nam trzydziestu porterów. Niewielu, bo większość potrzebnych rzeczy przynieśli tutaj już we wrześniu. W sumie było tego ponad dwie tony.

Rozbiliśmy obóz pod zachodnią ścianą Broad Peaku na wysokości 4900 m n.p.m. Baza została założona już pod koniec września. Artur bardzo starannie zaplanował tę wyprawę i chociaż Krzysiek był kierownikiem, to jednak Hajzer trzymał rękę na pulsie – najpierw podczas przygotowań, a potem już w trakcie ekspedycji. Rozpisał nawet dokładnie, gdzie i jakiej grubości liny poręczowe mamy zawiesić.

Sporo czasu spędzałem z Tomkiem. Wiedziałem, że może być trochę onieśmielony. Artur Małek wiele nie mówił, ale szybko okazało się, że jest w porządku. Maciek był takim typem człowieka, który rzadko się odzywa, ale kiedy już to robi, to koncentruje na sobie uwagę. Sprzedawał nam dykteryjki, rzucał hasła, które powtarzam do dziś. Niektóre z nich na tyle niecenzuralne, że nie wypada ich tutaj przytaczać. Maciek wpływał kojąco na momentami porywczego Krzyśka. Kiedy tamten się wkurzał, Berbeka go uspokajał: „Krzysiu, spokojnie". Wielicki kocha życie towarzyskie, ale najbardziej cieszył się z obecności Maćka. Nie za bardzo wiedział, o czym z nami, młodymi, rozmawiać, widać też było, że nie do końca pasuje mu rola kierownika – chyba wolałby być naszym kumplem.

Tomek, Artur, Amin i ja mieliśmy zrobić pierwsze wyjście rekonesansowe. Był piękny, mroźny dzień, a nas rozpierała energia. Przed mesą dopakowywałem ostatnie drobiazgi do plecaka. Do tylnej kieszonki włożyłem włączone radio, z plecaka wystawała tylko antena. Podłączyłem gruszkę, czyli głośnik-mikrofon, który w trakcie wspinaczki mieliśmy blisko twarzy. Po trzech wyprawach w ramach PHZ niemal automatycznie wykonywałem tę standardową procedurę. Artur miał fioła na punkcie łączności.

Krzysiek zauważył, co robię. Coś mu nie pasowało.

– A co ty to radio takie włączone zostawiasz? – spytał.

– No jak to? Żeby być na nasłuchu – powiedziałem.

– Ja pierdolę, myślisz, że te baterie to ile wytrzymają? Weźże wyłącz to radio. Tak się nie robi, łączymy się o konkretnych godzinach.

– To baterie litowe, długo wytrzymują. Do tej pory zawsze byliśmy na nasłuchu.

– Nie obchodzi mnie, jak robiliście do tej pory, ale po cholerę zużywać te baterie! Wyłącz to radio albo cię wypierdolę z pehazetu! – krzyczał już Krzysiek.

– OK, jak sobie życzysz – odpowiedziałem zrezygnowany i wyłączyłem radio.

Podczas tego wyjścia położyliśmy pierwsze liny poręczowe do wysokości 5600 m n.p.m. Byliśmy tak napaleni na wspinanie, że prawie pokłóciliśmy się o to, kto ma poręczować.

Po zejściu zaczął mnie boleć brzuch. Dostałem rozwolnienia, które wkrótce minęło, ale ból nie ustąpił. Dwudziestego siódmego stycznia Artur, Tomek, Shaheen i Ullah założyli jedynkę. Kolejnego dnia Tomek i Artur rozpoczęli poręczowanie powyżej obozu I, które Maciek i ja mieliśmy dokończyć.

Doszliśmy z Maćkiem do jedynki, ale wciąż bolał mnie brzuch i byłem osłabiony, dlatego rano zdecydowaliśmy się zejść. Zastanawiałem się nad przyczyną. Jeżeli to tylko zatrucie pokarmowe, to OK, ale jeżeli nawrót mojej choroby? Mam wgłobienie jelita, genetyczną chorobę, która objawia się tym, że czasem jelito wsuwa się samo w siebie i robi się niedrożne. Nikt do końca nie wie, co wyzwala ten proces, ale jeśli na czas nie otworzy się brzucha i nie wytnie zablokowanego kawałka, to pacjent umrze w ciągu kilku dni od wystąpienia pierwszych objawów. W przeszłości już trzykrotnie byłem operowany. Pierwszy raz, kiedy miałem pół roku. Potem dostałem zapalenia otrzewnej, a nawet znalazłem się w stanie śmierci klinicznej. Pierwszy rok życia przemieszkałem w różnych szpitalach. Jestem wdzięczny rodzicom, że mimo całego stresu, jaki zaserwowałem im na początku, nie zamknęli mnie w domu i pozwolili mi podróżować, a także wyposażyli w narzędzia do odkrywania świata. Nie prowadzili mnie przez życie za rączkę i bardzo szybko mogłem robić rzeczy, o których inne dzieciaki tylko marzyły.

Pod Broad Peakiem byłem jednak w kropce. Jeśli wezwę helikopter, to bez względu na przyczynę bólu mam po wyprawie. Zdecydowałem, że kierownik powinien wiedzieć, co się dzieje, chociaż bałem się, że gdy się dowie, to odeśle mnie do kraju. Jednym z podstawowych obowiązków wynikających z zasady braterstwa liny jest informowanie partnerów o stanie swojego zdrowia

⇦ Na lodowcu. Pierwsze wyjście.

Droga do jedynki.

i kondycji. Nie jesteśmy odpowiedzialni tylko za siebie i nasz stan może mieć konsekwencje dla całego zespołu.

– Jak chcesz, to wracaj. A jak nie, to zostań – powiedział Krzysiek.

Zostałem.

Po tygodniu ból na szczęście ustąpił i znowu szedłem w górę z Maćkiem. Rzadko mówię o emocjach, na co dzień radzę sobie z nimi sam i nieszczególnie lubię się komuś zwierzać. Maciek miał tak samo. Paradoksalnie może właśnie dlatego zaczęliśmy poważnie rozmawiać. W dzień ciężko pracowaliśmy, a wieczorami w namiocie gadaliśmy o życiu, kobietach, śmierci i oczywiście o górach. Bardzo się polubiliśmy, a ja pomyślałem, że to fajnie, bo może w końcu dogadam się z zakopiańczykami, którzy nie mogli darować mi prowadzenia wyjazdów partnerskich.

Maciek pracował jako ratownik TOPR-u i przewodnik IVBV. Był takim gościem, który nie gadałby ze mną, gdyby nie chciał. Rozmawialiśmy o odpowiedzialności za partnera. Kilka miesięcy przed wyjazdem śmierć doświadczyła nas obu. Krótko przed wyprawą na Broad Peak podczas wspólnej wspinaczki na Piz Bernina zginął mój dawny klient, a później partner Krystian Dziurok. Maciek z kolei stracił klienta na Aconcagui. To były ważne rozmowy.

Krystian był moim klientem na licznych i coraz trudniejszych wyjazdach. Miał solidne górskie doświadczenie i zdradzał duży talent do wspinania, dlatego namawiałem go na kurs taternicki, aby mógł się usamodzielnić. Krótko przed wyprawą na Broad Peak zaproponował mi wspólny wyjazd w Alpy. Ja nie miałem jednak czasu ani ochoty na wejście drogą klasyczną na kolejny czterotysięcznik, a Krystian nie miał pieniędzy, gdyż dopiero co wrócił z wyjazdu na Kazbek. Zasugerowałem więc, żebyśmy pojechali jako partnerzy na drogę, która będzie jednocześnie przyjemnością dla mnie i realnym wyzwaniem dla niego. Nasz wybór padł na Biancograt, cieszący się opinią najpiękniejszej grani śnieżno-lodowej Alp. Sprawnie pokonaliśmy główne trudności, ale na szczycie Piz Bernina dopadło nas gwałtowne załamanie pogody. Temperatura spadła o 15 stopni, zerwał się wiatr o sile huraganu. Czekało nas jeszcze zejście nietrudną drogą normalną, ale ze względu na pogodę nasze tempo drastycznie spadło. W zapadającym zmroku i zerowej widoczności nie mogliśmy odnaleźć drogi zejścia. Podjęliśmy decyzję o biwaku. Rano pogoda wciąż była bardzo zła. Jak się później okazało, mieliśmy do czynienia z anomalią, a załamanie pogody trwało cztery doby, podczas których spadł ponad metr świeżego śniegu. Zapytałem Krystiana, czy chce się związać. Powiedział, że nie ma takiej potrzeby. Wcześniej pokonaliśmy już setki metrów trudniejszego terenu i miałem prawo przypuszczać, że znów świetnie sobie poradzi. Może to był błąd, ale razem podjęliśmy decyzję o tym, żeby się nie wiązać sztywną i zalodzoną liną.

Poręczowanie drogi do obozu III.

Schodziliśmy w miarę łatwym terenem. Strawersowałem kolejne już tego dnia pole śnieżne, ale gdy się odwróciłem, żeby poczekać na Krystiana, zobaczyłem tylko ślad obrywu. Krystian obsunął się ze śniegiem i spadł kilkaset metrów niżej na lodowiec. Do dziś nie znaleziono jego ciała.

Potem był dramat mojego zejścia zakończony akcją ratunkową i pobytem w szpitalu.

Trzydziestego stycznia Shaheen i Amin założyli dwójkę na wysokości 6050 m n.p.m. i zeszli do bazy. Namiot stał trochę zbyt nisko. Dwa dni później Tomek i Artur przenieśli go o sto pięćdziesiąt metrów wyżej. Drugiego lutego dołączyliśmy do nich z Maćkiem i kolejnego dnia zaporęczowaliśmy drogę do wysokości 6550 m n.p.m.

Schodząc do bazy, minęliśmy Krzyśka, który wychodził w górę z trzema Pakistańczykami. Nie wyciągnęliśmy jeszcze kombinezonów puchowych. Na razie wystarczały kurtki z primaloftu.

Następnego dnia wszyscy byli już w bazie. Przez dwie kolejne doby spodziewaliśmy się mocnego wiatru, który na wysokości 6500 m n.p.m. miał się rozpędzić do osiemdziesięciu kilometrów na godzinę.

Krzysiu budził nas o piątej rano i krzyczał:

– Dalej, jazda, do góry! Wspinać się, a nie leżeć po namiotach!

A potem pozwalał nam spać dalej, bo pogoda i tak nie dawała szans na wyjście w górę.

Zabijaliśmy czas, każdy na swój sposób. Krzysiek dolewał do herbaty przywieziony z kraju spirytus. Artur zapadał się w sobie i czytał *Działa Navarony*. Maciek rozśmieszał nas swoimi historyjkami i bawił się zielonym chińskim radyjkiem na korbkę. Tomek pisał regulamin hostelu, który prowadził w Poznaniu. Czekanie męczyło go najbardziej ze wszystkich. Przebierał nogami, żeby już w końcu wyjść do góry. Ja bezlitośnie ogrywałem Krzyśka w szachy i czytałem kolejne książki. Dużo żartowaliśmy, Maciek opowiadał anegdotki, a Krzysiek przekomarzał się z Tomkiem. Atmosfera była naprawdę dobra. Kiedy dziś oglądam filmiki nakręcone w bazie, to widzę wyraźnie, jak szczęśliwymi byliśmy wtedy ludźmi.

Gdy szóstego lutego Tomek, Artur i Amin dotarli do obozu II, w miejscu, gdzie stał wcześniej namiot, znaleźli tylko składaną łyżkę, dwieście gramów cukru w plastikowej torebce oraz papier toaletowy. Znikła nawet stara lina poręczowa położona tam kiedyś przez koreańską wyprawę. Sami byliśmy sobie winni, bo wbrew zasadom sztuki zostawiliśmy namiot rozbity. To był prototypowy model zaprojektowany przez Artura Hajzera, nazywał się, nomen omen, Jet Stream i według konstruktora miał być niezniszczalny. Razem z namiotem straciliśmy śpiwory, karimaty, jedzenie i maszynkę do gotowania.

Maciek w drodze do jedynki.

Amin po zmroku zszedł do bazy, a Małek i Kowalski wycofali się do jedynki. Następnego dnia ruszyli w górę, by założyć dwójkę na nowo. Maciek, Shaheen i ja wyszliśmy z bazy. Mieliśmy ze sobą dodatkowy namiot. Martwiliśmy się, bo straciliśmy dzień dobrej pogody. W zimie taka strata może przekreślić szanse na sukces.

Ósmego lutego pogoda była świetna. Po nocy w dwójce wyruszyliśmy w stronę trójki. Najpierw lodowym stokiem, później, obchodząc małe turniczki skalne, dotarliśmy do dużego pola śnieżnego, kończącego się szczeliną, którą zaporęczował Tomek. Na horyzoncie wyłonił się ogromny masyw Nanga Parbat, innej góry, która nie miała jeszcze zimowego wejścia. Kawałek zamarzniętego piargowego zbocza wyprowadził nas na wypłaszczenie na wysokości 6900 m n.p.m. Nie mieliśmy wątpliwości, że jesteśmy w miejscu obozu. Informowały nas o tym liczne śmieci i resztki starych namiotów.

Założyliśmy tak zwaną niską trójkę. Spędziliśmy w niej noc i uciekliśmy do bazy przed śnieżną zadymką, bo dziewiątego lutego wiatr znowu się wzmagał. Początkowo chcieliśmy wyjść w górę i zrobić rekonesans, ale już w nocy poczuliśmy, że podmuchy nam na to nie pozwolą. Wiatr najpierw cicho syczał, ale im bliżej było poranka, tym bardziej przypominał odgłos przejeżdżającego obok pociągu towarowego.

Podczas zejścia wpadliśmy z Tomkiem do niewielkich szczelin. Wydawało nam się, że znamy już tę drogę, a okazało się, że cały czas musimy zachowywać czujność. Wielicki i Pakistańczycy zaopatrzyli dwójkę. Zostawili w niej butle z tlenem na wypadek, gdyby coś poszło nie tak.

Wyprawa wkroczyła w najtrudniejszą fazę. Byliśmy już zaaklimatyzowani, mieliśmy założone trzy obozy i poręczówki między nimi. Droga do ataku szczytowego była otwarta. Niestety, nie wszystko zależało od nas.

Pogoda rozdawała karty w tej grze. Nasze potrzeby nie były duże. Trzy albo chociaż dwa dni bez wiatru.

Po kilku dniach dostaliśmy to, na co czekaliśmy. Siedemnastego lutego wiatr miał słabnąć, a dzień później otwierała się szansa na atak szczytowy. Trzeba było ruszyć w górę piętnastego.

Krzysiek zaczepił mnie w namiocie kuchennym.

– Myślę, że powinniście się zamienić. Będziesz wspinał się z Małkiem, a Maciek z Tomkiem, co ty na to? – spytał.

– Ma to sens. Jesteśmy z Arturem trochę szybsi. Tomek jest najmniej doświadczony, Maciek najbardziej. Wszystko się dobrze sumuje – powiedziałem.

– No właśnie.

– Ale ty musisz to powiedzieć wszystkim w mesie.

Tomek źle zniósł tę decyzję. Od początku wyprawy dawał z siebie wszystko, a teraz poczuł się przesunięty do drugiego szeregu. Widać było, że się boi, że nie będzie miał szansy na atak szczytowy.

Wyjście z dwójki.

Na nic zdały się tłumaczenia moje i Maćka, że jeszcze wszystko może się zmienić i że takie ustawienie zespołów o niczym nie przesądza.

W złej pogodzie przedarliśmy się z Arturem do obozu II. Podczas jednego z wcześniejszych wyjść zwiało mi primaloft, a na kombinezon puchowy było dla mnie za ciepło, więc wspinałem się tylko w polarze i kurtce. Do namiotu dotarłem solidnie wyziębiony i przez dwie godziny nie umiałem się rozgrzać.

Szesnastego lutego Amin i Shaheen mieli założyć czwórkę. Spotkaliśmy ich z Arturem na siedmiu tysiącach metrów. Schodzili. Ze względu na trudne warunki złożyli depozyt niżej, niż planowali. Maciek, Tomek i Karim podchodzili w tym czasie do dwójki. Z Arturem spędziliśmy noc w trójce.

Siedemnastego lutego ze względu na wciąż silny wiatr wyszliśmy w górę dopiero o siódmej rano i powoli pięliśmy się w stronę przełęczy. Na wysokości około 7700 m n.p.m.[3] drogę przegrodziła nam szczelina. Zaporęczowałem ją, ale kawałek dalej widzieliśmy kolejną. Byliśmy zbyt wolni. Brakowało nam sił i było za późno. Zgodnie podjęliśmy decyzję o odwrocie. Pogoda się poprawiała, ale wykończyły nas dwa ostatnie dni podejścia. Daliśmy znać reszcie, że schodzimy do trójki.

Maciek i Tomek minęli nas i rozbili namiot wyżej, na wysokości około 7300 m n.p.m. Przedrzemali kilka godzin, wstali o drugiej w nocy, ale zanim się zebrali i wyszli, była piąta.

---

[3] Wysokość jest szacunkowa, nie mieliśmy ze sobą wysokościomierza. To ogólna uwaga przy wysokościach podawanych przy okazji wyprawy na Broad Peak – w różnych opracowaniach można znaleźć różne dane.

Po dojściu do obozu trzeciego.

Pierwszy atak szczytowy. W tym miejscu zawróciliśmy.

Chcieli iść po naszych śladach, ale te okazały się zawiane. Szli więc po omacku, trochę za bardzo na lewo. Wschód słońca przyniósł złą pogodę. Tego się nie spodziewali. Maciek chciał zawrócić, Tomek namówił go, żeby spróbowali podejść do przełęczy na wysokości 7900 m n.p.m., ale po godzinie sam zaczął tracić czucie w palcach rąk i stóp. Nie był w stanie ich rozgrzać. O dziesiątej zawrócili. Dotarli dokładnie do tego samego miejsca co my.

Spotkali się z nami w trójce i razem zeszliśmy do bazy. Wszyscy byliśmy wykończeni.

Pierwsze prognozy nas przytłoczyły. Do jedenastego marca miało nie być szans na atak szczytowy. Na wierzchołku wiało z prędkością ponad stu pięćdziesięciu kilometrów na godzinę.

Zakopaliśmy się w śpiworach. Kucharz Mossin i jego pomocnik Mohamad nas rozpieszczali. Żeby poprawić nam humory, gotowali co chwila nowe potrawy. Na śniadanie wymyślili na przykład jajecznicę z zieloną papryką i baraniną.

Mohamad do bazy doszedł jako tragarz, ale kiedy oryginalny pomocnik kucharza przestraszył się zimna i zrezygnował, Mossin musiał znaleźć zastępstwo. Zatrudnił wielkiego jak dąb Mohamada, który nie znał ani słowa po angielsku. Wydało mi się zabawne, że wyszedł z domu, bo złapał dziesięciodniową fuchę, a utknął w bazie na ponad dwa miesiące.

– A twoja żona nie ma nic przeciwko temu? – zapytałem.

– Gdy zobaczy pieniądze, to jej przejdzie – przetłumaczył odpowiedź uśmiechniętego Mohamada Mossin.

W bazie zapanował marazm, który rozpraszały wieczorne seanse filmowe i niekończące się rozmowy na temat strategii ataku szczytowego – kto, z kim, o której i w jakim ubraniu.

Kucharz Mossin i jego pomocnik Mohamad nas rozpieszczali. Żeby poprawić nam humory, gotowali co chwila nowe potrawy.

Baza pod Broad Peakiem.

Tomek i Artur postanowili przejść się w kierunku bazy pod K2. Wrócili kilka godzin później. Odwiedzili Kopiec Gilkeya.

Dwudziestego piątego lutego dostaliśmy lepsze prognozy. Obiecywały szansę na atak w okolicach piątego marca. W takim razie z bazy trzeba było wyjść pierwszego albo drugiego marca. W prognozach pojawiło się też niewielkie okno pogodowe, które miało nastąpić pod koniec lutego. Zastanawialiśmy się, co z nim zrobić.

– Myślę, że wyjście teraz nie ma sensu. Wyprujemy się z sił, a kiedy nadejdzie dłuższe okno, może nam ich zabraknąć – powiedziałem.

– No dobrze, Adam. Czy w takim razie ktoś chce jednak pójść w górę w tym oknie? – spytał Krzysiek, który uważał, że powinniśmy wykorzystać szansę.

Maciek w takich momentach raczej milczał, ale tym razem się odezwał.

– Ja bym poszedł – powiedział.

Byliśmy tak zaskoczeni tą deklaracją, że zapadła cisza.

– Jeśli ktoś pójdzie ze mną, to może bym spróbował – dodał.

Dalej cisza. Zrobiło mi się głupio. Bardzo go polubiłem i wspinałem się z Maćkiem przez dużą część tej wyprawy, a teraz, kiedy chciał spróbować, nie miał z kim. My, młodzi, wymiękamy, a on uważa, że jest szansa.

– Wiesz, Maciek – zacząłem niepewnie – jeśli nikt nie będzie chciał, to ja pójdę, ale uważam, że to bez sensu – powiedziałem i natychmiast pożałowałem swoich słów. Ty idioto, pomyślałem, spalimy szansę na atak. Jeszcze przed chwilą byłem przecież największym przeciwnikiem tego rozwiązania. Ale Maciek tylko na to czekał.

– Dobra, no to chodźmy – zdecydował.

Z Maćkiem Berbeką w dwójce.

Wróciłem do namiotu. Im dłużej myślałem o porannym wyjściu, tym bardziej uważałem je za błąd. Przed snem przygotowałem jednak potrzebne do ataku szczytowego rzeczy. Napisałem do ojca prośbę o aktualne prognozy. Były beznadziejne. Rano obudził mnie wiatr. Mocno sypało, widoczność zerowa.

Wyszliśmy z Maćkiem z namiotów.

– Maciek...

– No, dobra.

Poszliśmy spać.

Mieliśmy więc kolejny tydzień, żeby wymyślić strategię.

– Chodźmy wszyscy, we czterech – przekonywał Tomek.

Nic nie powiedziałem, ale znów uważałem, że to zły pomysł. Nie chciałem wchodzić w buty kierownika i jeszcze na dodatek wyjść na świnię, która odbiera koledze szansę na atak w pierwszym zespole. Artur się nie odzywał, Maciek też nie. Krzysiek powiedział bez przekonania, że dwie pary to lepszy pomysł, ale żadna decyzja nie zapadła. Po kilku dniach temat wrócił. Tomek przedstawiał kolejne argumenty na rzecz wspólnego ataku.

– Może podzielmy się na dwójki i spróbujmy zaatakować szczyt dzień po dniu? – powiedziałem w końcu. Krzysiek mnie poparł, ale wtedy, gdy wydawało się, że sytuacja jest już przesądzona, głos zabrał Maciek. Zrobił to równie niespodziewanie jak poprzednio.

– Atak we czterech to dobry pomysł – powiedział.

Krzysiek się nie sprzeciwił i na tym stanęło. Mieliśmy iść do szczytu wszyscy razem, zorganizowani w dwa dwójkowe zespoły. Mimo wszystko cieszyłem się z takiego rozwiązania. Taktycznie nie było optymalne, ale za to sprawiedliwe. Każdy z nas zasłużył sobie na ten szczyt ciężką pracą. Gdybyśmy weszli wszyscy, byłby to najpiękniejszy możliwy scenariusz.

Prognozy stawały się coraz lepsze. Czwartego i piątego marca pogoda miała być dobra. Po dwóch tygodniach siedzenia w bazie pojawiły się obawy o stan naszej aklimatyzacji, ale i tak wstąpiła w nas nowa energia. Zaczęliśmy ostrzyć raki i rozmawiać o patentach na ogrzanie stóp. Postanowiliśmy nawet wyprać skarpety. Razem z Arturem dobraliśmy jedzenie i sprzęt dla naszej dwójki. Obok szykowali się Tomek z Maćkiem. Mieliśmy osobne maszynki do topienia śniegu, w obozie IV stały dwa namioty.

Pierwszego marca świat zniknął. Ostra śnieżna zadymka ukryła przed nami szczyt.

Kiedy ruszyć?

Można było wyjść drugiego marca, żeby dzień później dotrzeć do obozu IV na wysokości 7300 m n.p.m. Czwartego marca zaatakować szczyt, a kolejny dzień mieć w rezerwie, gdyby coś poszło nie tak. Tylko że trzeciego marca na siedmiu tysiącach metrów miało wciąż mocno wiać, a to oznaczało, że stracimy wiele

Maciek Berbeka w drodze do obozu III.

Atak szczytowy. Za moimi plecami K2.

ORLEN
ORLEN
ORLEN
FUNDACJA KUKUCZKI
HiMountain
LA SPORTIVA

Tomek Kowalski, Maciek Berbeka i Artur Małek w drodze do czwórki.

sił, żeby przebić się do czwórki, i być może później tych sił nam zabraknie.

Można było też wyjść z bazy trzeciego marca. Dzień później dotrzeć do czwórki, a piątego marca zaatakować szczyt. Tylko że wtedy przepadłby rezerwowy dzień. Co, jeśli prognozy się mylą i wiatr nadejdzie szybciej? Co, jeśli zwiało nam depozyt? Nie dostaniemy drugiej szansy, bo szóstego marca warunki znowu miały się pogorszyć.

Ruszyliśmy trzeciego marca w dobrej pogodzie. Było nas pięciu, bo towarzyszył nam Karim, który miał zostać w dwójce i stamtąd zabezpieczać atak. Czuliśmy się świetnie. Chociaż nie wspinaliśmy się od wielu dni, to do obozu II dotarliśmy w rekordowym dla tej wyprawy czasie. Spędziliśmy tam noc. Po południu następnego dnia doszliśmy do czwórki na wysokość 7300 m n.p.m. Długo kopaliśmy platformy. Mieliśmy dwa namioty: trzy- i dwuosobowy. Wszedłem do tego, który rozbiłem, żeby się rozgrzać. Po chwili w środku pojawił się Maciek.

– To jest ten większy, nie? To ja bym wolał tutaj spać – powiedział.

I tak już zostało, chociaż trochę to było bez sensu. Spakowałem się razem z Arturem, mieliśmy wspólne jedzenie. Namioty stały do siebie frontem, więc mogliśmy sobie podawać różne rzeczy, ale i tak wszystko się pomieszało.

Była dziewiętnasta, a my dalej topiliśmy wodę. Zacząłem negocjować z Maćkiem godzinę wyjścia do ataku szczytowego.

– Tak jak na GI, w nocy, jak najwcześniej, na przykład o drugiej – zaproponowałem.

– Adam, jak pójdziemy wcześniej, to ja będę musiał po dwóch godzinach zawrócić. Odmrożenia nie pozwolą mi iść w takim zimnie. Wyjdźmy o siódmej – powiedział Maciek, który obawiał się o palce odmrożone podczas swojej poprzedniej próby zdobycia Broad Peaku zimą.

– Siódma to za późno, nie zdążymy zejść na przełęcz przed zmrokiem.

W końcu stanęło na pobudce o trzeciej i wymarszu o piątej.

Nadeszła pora umówionej łączności z Krzysiem.

– Ruszamy o piątej, o wschodzie słońca – powiedział Tomek z sąsiedniego namiotu.

– Chłopaki, wydaje mi się, że to za późno – zasugerował Krzysiek.

Maciek przejął radio:

– Słuchaj, to wyjście o piątej jest całkiem rozsądne.

Wielicki miał wątpliwości. Obawiał się, że planujemy wyjście o piątej, ale wystartujemy o siódmej.

– Nie, nie – perswadował Maciek. – Planujemy o piątej i wyjdziemy koło piątej.

Dodał jeszcze, że o świcie będziemy przy pierwszej szczelinie. Krzysiek zapytał, o której chcemy być na przełęczy.

– O dziesiątej – odpowiedział Maciek.

Policzyłem, że wychodząc o piątej, mamy czternaście godzin do zachodu słońca. Na styk, ale powinno wystarczyć – dziesięć godzin do szczytu i cztery na powrót.

Opiliśmy się mieszanki węglowodanów z izotonikiem, zjedliśmy coś i spróbowaliśmy się zdrzemnąć. Była 22.30.

Obudziłem się o trzeciej. Namiot się oszronił. Każdy ruch sprawiał, że w środku zaczynał padać śnieg, ale nie przejmowaliśmy się tym, bo i tak spaliśmy w nieprzemakalnych kombinezonach.

Najpierw topienie wody na pierwsze picie. Nad palnikiem ogrzaliśmy botki, do których włożyliśmy wkładki elektryczne zasilane czterema paluszkami i wkładki chemiczne, które powinny działać przez najbliższych dziesięć godzin. Wypiliśmy trochę kawy zbożowej, zjedliśmy jedno opakowanie żywności liofilizowanej Lyo Food na dwóch. Maciek chyba połknął jeszcze baton energetyczny. Wydawał się przygaszony, cichy, bardzo skupiony. Prawie nie rozmawialiśmy. Ja byłem podekscytowany. Wiedziałem, że jeżeli pogoda będzie dobra, to wejdziemy na szczyt.

Wyszliśmy z namiotu równo o piątej. Artur i Tomek byli już na zewnątrz. Założyliśmy raki i o 5.15 zaczęliśmy iść w górę. W plecaku miałem kilka żeli energetycznych, flagę i banery sponsorów. Pod kombinezonem niosłem pół litra zbożowej kawy w plastikowej butelce oraz termos o pojemności 0,75 litra z mieszanką herbaty, węglowodanów oraz izotoniku.

Tempo nadawał Maciek. Teren był łatwy, nie wiązaliśmy się liną. Po dziesięciu krokach zwymiotowałem śniadanie. To było moje pierwsze wysokogórskie rzyganie.

No, ładnie, Bielecki, ładnie to się wszystko zaczyna, mruknąłem do siebie. Pocieszałem się tym, że Hajzer od pewnej wysokości zawsze rano wymiotował i nie wpływało to na jego wydolność. Pił kawę, rzygał i mówił: „To idziemy". Jakby mył zęby. Odprawiał swój rytuał i niezrażony ruszał w górę.

Dla mnie to nie było normalne.

Zaczęła się monotonna górska robota. Maciek narzucił solidne tempo. Pomyślałem wtedy, że chciałbym mieć w jego wieku taką kondycję. W pewnym momencie odbił nieco w lewo, żeby obejść stromą ściankę. Artur poszedł za nim, a my z Tomkiem wybraliśmy wariant po prawej. Pół godziny później znowu się połączyliśmy, tym razem ja byłem z przodu.

– Idziemy optymalnie. Tu tych szczelin się więcej nakłada, wiesz... – powiedział Maciek przez moje radio do wywołującego nas z bazy Krzyśka.

– Dobra, jak twoje stopy? Odbiór.

– Teraz jestem pierwszą chwilę w słońcu. Idę i zaczynam łapać ciepło.

– No, teraz już będziecie mieli słońce. Mówiłem, wcześniej wyjść...

Atak szczytowy. Maciek Berbeka asekuruje mnie przy przechodzeniu przez drugą szczelinę.

– Wszystko dobrze. I teraz, jakbyśmy wcześniej wyszli, to ja bym zawrócił, bo nie czułbym nóg – zakończył rozmowę Maciek.

O dziewiątej rano zatrzymaliśmy się z Maćkiem przy drugiej szczelinie. Chciałem się napić. Wziąłem parę łyków i znowu wszystko zwróciłem. To oznaczało, że mój organizm nie przyjmuje płynów – niedobrze, groziło mi odwodnienie.

Nie czekając na chłopaków, zaczęliśmy się przygotowywać do pokonania szczeliny. Maciek mnie przyasekurował, a ja znalazłem jej najwęższe miejsce. Stałem na nawisie, który mógł się zerwać w każdej chwili. Nie było przyjemnie. Tym bardziej że przeciwległy brzeg szczeliny znajdował się prawie metr ode mnie. Na dodatek cztery metry wyżej.

Każdy ruch sprawiał, że oddychałem coraz szybciej. Pod koniec trudnego odcinka dyszałem, jakbym się dusił; bałem się, że stracę przytomność. Musiałem chwilę odpocząć, ale wiedziałem, że nie ma na to czasu. Wbiłem szablę śnieżną i przymocowałem do niej linę. Kilkadziesiąt metrów dalej zaporęczowałem trzecią szczelinę.

Chwilę później usłyszeliśmy Krzyśka. Prosił o rozmowę z Maćkiem.

– Za godzinę łączymy się z przełęczy – powiedział Maciek.

– Dobra, tak trzymać. Bo pamiętaj, że pogoda cały dzień. Musicie to wykorzystać, do jasnej cholery, Maciek. Odbiór – dopingował Krzysiek.

– Przecież cały czas idziemy, kurwa, na rzęsach.

– No, nie na rzęsach, tylko na nogach. Mam nadzieję, że macie jeszcze siły. Odbiór.

– Krzysztof, popatrz, ile żeśmy przeszli.

– Dobra, hej! – Wielicki się wyłączył.

Stok od tego miejsca robił się coraz bardziej stromy, aż zamienił się w kuluar ubezpieczony starymi linami poręczowymi. Na jego końcu znajdowała się przełęcz w grani szczytowej Broad Peaku. Byłem na wysokości 7900 m n.p.m. Spojrzałem na zegarek. Dwunasta. Dwie godziny opóźnienia. W bazie ustaliliśmy, że musimy wrócić na przełęcz, zanim zajdzie słońce. Mieliśmy wciąż sześć, siedem godzin – powinno wystarczyć.

Rozejrzałem się. Słabiutki wiaterek. Piękne niebieskie niebo. Spojrzałem na szczyt. Wydawało się, że jest cholernie daleko, a po drodze trzeba było jeszcze wejść na Rocky Summit, niższy o kilkanaście metrów skalny przedwierzchołek.

– Jesteśmy z Adamem na przełęczy. Dochodzi już następna dwójka – zaraportował Maciek Krzyśkowi.

Wielicki się ucieszył.

– Rozumiem, że będziecie drałować do szczytu? Odbiór.

– Nie mieliśmy innego planu.

– Fajnie, Maćku. Kurde, jakby się tak udało... My tu wszyscy w nerwach na dole. Pamiętajcie, Maćku, się asekurować tam, na tej grani. Pamiętaj potem na tych młodych spojrzeć, żeby tam jakiegoś błędu nie zrobili.

Z miejsca, w którym stałem, nie było widać początku grani, więc podszedłem kawałek wyżej, aby zrobić rekonesans. Teren przede mną przecinała szczelina.

Na przełęczy. Atak szczytowy.

Rocky Summit i główny wierzchołek Broad Peaku widziane z przełęczy.

Wyżej grań robiła się wąska i skalista. Tam, gdzie latem zazwyczaj jest śnieg, teraz wystawała naga skała. Potrzebna będzie asekuracja, pomyślałem. Zrobiłem dwa zdjęcia i wróciłem do chłopaków, którzy w międzyczasie doszli do przełęczy.

Większość naszej liny zużyliśmy na poręczowanie szczelin, dlatego Maciek odciął zwój starej poręczówki zdeponowanej na przełęczy i związał się nią z Tomkiem. Zrobiliśmy to samo z Arturem i zaczęliśmy się wspinać granią w stronę Rocky Summit.

Czułem się dobrze, chociaż tempo było wolne i brakowało oddechu. Przed nami wyrósł dziesięciometrowy odcinek ostrej, skalnej grani. Poprosiłem Artura, żeby mnie przyasekurował, i w ciągu kilkunastu minut uporałem się z przeszkodą. Założyłem dwa przeloty. Chętnie założyłbym ich więcej, ale to było zbyt skomplikowane. Wspinałem się w czterech parach rękawiczek. Na dłonie założyłem najpierw cieniutkie linery, na nie polarowe pięciopalczaste rękawiczki, potem łapawicę puchową, a na to wszystko łapawicę goreteksową. W takich warunkach każde wpięcie karabinka czy zawiązanie węzła staje się wyzwaniem, a ściągnięcie nawet jednej z warstw grozi odmrożeniami.

Teren zrobił się łatwiejszy, chciałem iść szybciej, ale przytrzymywała mnie lina. Artur, który miał dosyć nieregularnych szarpnięć, zasugerował, żeby się rozwiązać. Powiedziałem mu, że szkoda czasu. Wiedziałem, że trzeba by ściągnąć do tego łapawice, a na to nie miałem najmniejszej ochoty.

Dwadzieścia kroków, trzydzieści sekund przerwy, dziesięć kroków, przerwa, dwadzieścia kroków, przerwa. Na każdy krok trzy wdechy i wydechy. Czasami cztery.

Szliśmy cały czas na nasłuchu. Krzysiek korzystał z tego częściej, niżbym chciał.

– Adam, Adam, zgłoś się. Mam pytanie: czy wszyscy się dobrze czują? Odbiór.

– Tyle, na ile na ośmiu tysiącach po całym dniu marszu można się czuć dobrze. Wszyscy idą, wszyscy są zjebani. Idziemy dosyć powoli.

Przed samym Rocky Summit znowu zapytał, jak nam idzie.

– Powoli ciśniemy do góry – odpowiedziałem.

Zatrzymałem się, żeby odpocząć. Chłopaki doszły do mnie i też stanęły. To była pierwsza dłuższa przerwa od przełęczy.

– Która godzina? – spytałem Krzysia.

– Piętnasta.

Zacząłem liczyć. Jakkolwiek to robiłem, to wychodziło, że będziemy wracać po ciemku.

– Adam, daj mi Maćka – odezwał się kierownik.

– Włączcie swoje radia, bo kierownik nie daje mi spokoju! – krzyknąłem wkurzony tym, że tylko ja używam sprzętu.

Tomek włączył radio i podał Maćkowi.

Stałem w cieniu i po chwili zacząłem trząść się z zimna. Kilka kroków niżej dochodziły promienie słońca. Z ciężkim sercem zszedłem tam, chociaż pamiętałem, jak bardzo musiałem walczyć o te metry. Jednak w tej chwili miałem w głowie tylko jedną myśl – ogrzać się.

Droga na wierzchołek główny Broad Peaku widziany z Rocky Summit.

– Chłopaki, jest późno, może powinniście schodzić? – zapytał Wielicki.

– Krzysiek, przyjechaliśmy tu, żeby wejść na tę górę. Idziemy dalej – odpowiedział natychmiast Maciek. W jego głosie nie było żadnych wątpliwości.

– Dobrze, Maćku, wierzę w twój osąd sytuacji – odparł Krzysiek – ale musicie się spieszyć. Pilnuj tych młodych, żeby nie zrobili jakiegoś głupstwa. I powodzenia.

Najbardziej doświadczony zawodnik w grupie, dla mnie autorytet, podjął decyzję. Nie miałem prawa mówić mu, czy ma iść, czy wracać. Zacząłem się za to zastanawiać, co mam zrobić ze sobą: jest późno, idziemy wolno, ale przecież szczyt nie może być daleko. Tyle na to pracowałem. Ale jeśli coś pójdzie nie tak…? Poczułem, jak rośnie we mnie kula strachu.

– Chłopaki, może jednak powinniśmy zawrócić? – zapytałem.

Maciek podniósł głowę, spojrzał na mnie i ruszył w górę.

Zrobiło mi się głupio. On, który spokojnie mógłby być moim ojcem, daje radę, a ja zaczynam wymiękać.

Rozwiązaliśmy się i przeszliśmy na drugą stronę lustra. Rozpoczął się wyścig ze słońcem. Stawką było nasze życie. Wiedziałem, że jedziemy po bandzie, jesteśmy zagrożeni i granica, która dzieli nas od śmierci, stała się bardzo cienka.

Napędzany strachem przyśpieszyłem. Zacząłem stopniowo odstawiać chłopaków.

Okazało się, że kulminacja grani przed nami to jeszcze nie Rocky Summit, od którego oddzielała nas mała przełączka i mikstowy, stromy kominek upstrzony strzępami starych poręczówek. Na przedwierzchołek wszedłem o szesnastej. Spojrzałem w stronę szczytu. Załamałem się, bo wciąż był cholernie daleko. Przede mną pojawiły się dwa strome uskoki na grani pełnej nawisów. Którędy iść? Stare liny poręczowe przynajmniej wskazałyby drogę, ale tu ich nie było.

Zacząłem nawoływać na radiu kierownika.

– Krzysiek, jestem na Rocky Summit, do szczytu daleko, nie wiem, którędy iść. Nie ma lin poręczowych. Zawracam.

– Młody, nie panikuj. Trzymaj się grani, to już blisko. Za dwadzieścia minut będziesz na szczycie – uspokajał Krzysiek.

Dwadzieścia minut, pomyślałem, to tobie zajęło latem.

Wielicki był jednym z najszybszych himalaistów w historii, pierwszym na świecie, który w ciągu jednej doby wszedł z bazy na szczyt ośmiotysięcznika i wrócił na dół. Dokonał tego w 1984 roku właśnie na Broad Peaku. Trzeba więc te jego dwadzieścia minut pomnożyć przynajmniej razy dwa. Czterdzieści minut. Niby niedużo, ale było już cholernie późno.

Każdy z nas potrzebował niezwykle silnej motywacji, aby dotrzeć tak daleko. Od wielu miesięcy godziliśmy się ze stresem związanym z organizacją wyprawy i wszystkimi niedogodnościami podczas jej trwania. Wytrwale pracowaliśmy przy zakładaniu lin poręczowych i kolejnych obozów. Wszystko to w imię wejścia na szczyt. Bardzo trudno jest powiedzieć sobie nagle, że przecież ten cel nie jest istotny, i zawrócić spod samego wierzchołka.

Odwróciłem się. Chłopaki mozolnie brnęły do góry. Zgodnie ze wskazówkami Krzysia ruszyłem powoli granią. Rzeczywiście nie była taka trudna. Za kolejnym spiętrzeniem teren się wypłaszczał. Skupiłem się na oddechu. Kolejny raz w życiu uparcie, noga za nogą, zbliżałem się do celu. Dziesięć kroków. Przerwa. Pięć oddechów.

Szabla śnieżna z jakimiś kawałkami szmaty oznaczała punkt, z którego nie dało się już iść wyżej.

Szczyt.

Pierwsze uczucie to ulga, że już nie trzeba iść w górę.

Drugie uczucie to strach przed zejściem.

I tyle.

Znowu się udało. Weszliśmy, ale teraz trzeba jeszcze wrócić, a łatwo na pewno nie będzie.

Na szczycie stanąłem o 17.20. Droga, która według Wielickiego miała zająć dwadzieścia minut, zajęła ponad godzinę. Wyżej od nas było tylko K2, szczyty Gaszerbrumów majaczyły na podobnej wysokości, cała reszta wierzchołków – dużo niżej.

Na szczycie Broad Peaku byłem o 17.20. Artur Małek wszedł na wierzchołek trzydzieści minut po mnie (jego zdjęcie obok). Robiło się już ciemno.

Widziałem też chłopaków. Wychodzili na ostatnią prostą do szczytu. Przez myśl przeszło mi, że może powinienem ich zawrócić w zejściu, ale stwierdziłem, że to nie ma już znaczenia, bo i tak wszyscy będziemy schodzić po ciemku. Wyciągnąłem aparat, zrobiłem sobie zdjęcie, zrobiłem zdjęcie chłopakom podchodzącym pod wierzchołek, nagrałem krótki filmik.

– Jestem na szczycie Broad Peaku – mówiłem. – Pierwsze zimowe wejście. Bardzo późno jest, musimy szybko schodzić. *Suuuuummit*! Znowu się udało.

Złapałem gruszkę. Chciałem połączyć się z bazą i powiedzieć do Wielickiego: „Zgadnij, gdzie jesteśmy". Tak jak on trzydzieści trzy lata wcześniej zapytał Zawadę ze szczytu Everestu. Wymyśliłem sobie to jeszcze na dole. Krzysiek nie odpowiadał. Wyciągnąłem radio z plecaka. Okazało się, że mam źle ustawiony kanał. Ściągnąłem rękawiczkę i przycisnąłem guzik zmiany częstotliwości. Zdziwiłem się, bo radio nie było zablokowane. Zamiast o jednostkę kanały przeskakiwały o dziesięć.

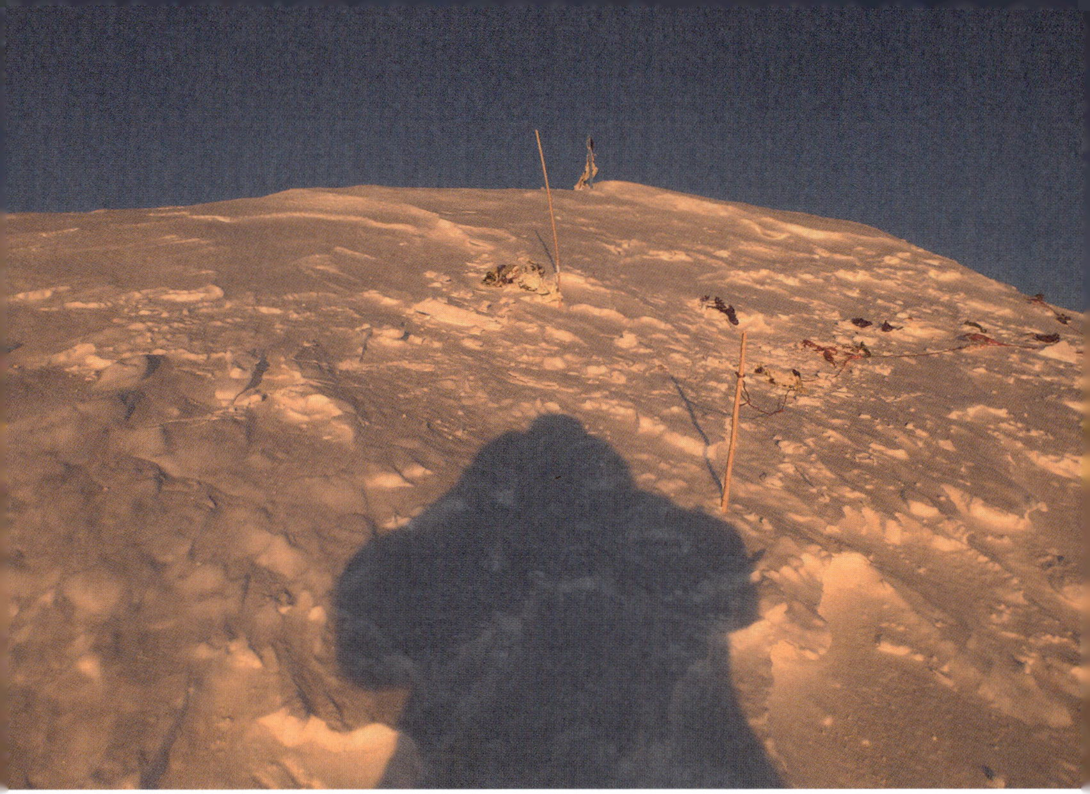

Wyłączyłem urządzenie i włączyłem ponownie – bez zmian. W międzyczasie straciłem czucie w palcach. Skupiony na radiu, przestałem kontrolować ich stan. Szybko założyłem rękawiczkę. Ty debilu, pomyślałem, pewnie właśnie straciłeś palce. Na szczycie odczuwalna temperatura wynosiła mniej niż -50 stopni Celsjusza.

Zacząłem schodzić. Adrenalina dała mi kopa, ale po kilku minutach na szczycie dostałem też dreszczy z wyziębienia. Rozpaczliwie próbowałem rozgrzać rękę. Już jest zimno, ale co będzie, gdy zapadnie zmrok?

Pomyślałem, że wkrótce zostaniemy pierwszymi ludźmi, których noc zastała zimą w Karakorum na takiej wysokości.

Dobór ubrania jest jedną z kluczowych kwestii w zimowym himalaizmie. Broad Peak był moją drugą wyprawą zimową, potem

Rocky Summit na tle K2,
widziany z głównego wierzchołka.

miałem jeszcze pojechać na Nangę. Za każdym razem próbowałem nieco innych patentów, ale wciąż nie wiem, co założę do następnego ataku szczytowego. Wydaje się, że przy tak niskiej temperaturze należy po prostu ubrać się jak najcieplej. Ale na ośmiu tysiącach metrów, chociaż poruszamy się bardzo powoli, organizm pracuje jak podczas biegu na czterysta metrów. Wysokie tętno i maksymalny wysiłek sprawiają, że człowiek poci się nawet w ujemnych temperaturach. Kto biega zimą, ten wie. Pocąc się, człowiek traci wodę, a przecież i tak mu jej brakuje, bo nie jest w stanie stopić wystarczającej ilości śniegu – powyżej siedmiu tysięcy metrów potrzebuje około siedmiu litrów dziennie. Ze wszystkich niedogodności w górach to właśnie odwodnienia boję się najbardziej. Na początku po prostu chce ci się pić i czujesz narastającą suchość w ustach. Potem przychodzi ogólne osłabienie i dojmujące uczucie pragnienia. Tylko o nim jesteś w stanie myśleć. Następnie pojawiają się problemy z przełykaniem i silny ból podniebienia oraz języka. Wtedy jesteś już poważnie odwodniony i musisz liczyć się z tym, że ponowne uzupełnienie płynów zajmie mniej więcej trzy dni.

Nie znoszę się w górach przegrzewać. Wolę marznąć. Kiedy robi mi się za ciepło, to natychmiast się rozbieram. Tylko że na zimowej wyprawie nie ma jak tego zrobić. Ktoś powie: „Przecież możesz wziąć do plecaka dodatkowy polar i go założyć, a potem schować, gdy zrobi się ciepło". Tylko że to niemożliwe. Zasada jest prosta: wracasz ubrany tak samo, jak wychodzisz do ataku szczytowego. Aby w ogóle rozsunąć kombinezon, musisz najpierw nad palnikiem wytopić lód, który powstał z wydychanej pary i blokuje suwak. Jeżeli więc do ataku szczytowego ubiorę się za ciepło, to stracę energię na chłodzenie organizmu, co grozi pogłębieniem odwodnienia. A jeśli za lekko, to każdy postój dłuższy niż kilka minut będzie groził hipotermią. I tak źle, i tak niedobrze.

Na Broad Peaku byłem ubrany najlżej ze wszystkich. Najcieplej ubrał się Tomek, a potem Maciek.

Niby szedłem w dół, ale i tak brakowało mi oddechu.

Po chwili spotkałem Artura. Z nosa zwisał mu wielki sopel. Odruchowo sięgnąłem ręką, by sprawdzić, czy też mam taki. Artur zrobił to samo. Urwaliśmy je. To dlatego na zdjęciu ze szczytu sopel Artura jest krótszy od tego, który widać na mojej fotografii.

– No, stary, gratulacje – powiedziałem.

– Gratuluję, kolejny zaliczony.

Wkurzyłem się. Jak to „zaliczony"? Nie kolekcjonuję szczytów. Cieszyłem się, że udało nam się wejść.

– Jak się czujesz? – spytałem.

– OK.

– Musisz się spieszyć.

Zaczął mówić coś o traserze i depozycie, ale nie mogłem go zrozumieć.

Artur stanął na szczycie kilkanaście minut po mnie. Trzydzieści metrów za nim szedł Maciek, a kolejne trzydzieści metrów dalej zobaczyłem Tomka.

– Bardzo się cieszę, że ci się udało. Nikt inny nie zasłużył na to bardziej niż ty – powiedziałem do Maćka.

W odpowiedzi kiwnął głową.

– Jak się czujesz?

– OK – mruknął Maciek.

Komunikacja w takich warunkach zostaje ograniczona do minimum. Brakuje nam oddechu, twarz jest zmarznięta, a poza tym zupełnie zakryta. Na głowach mamy czapki i kaptury, które dodatkowo tłumią dźwięki.

– Powiedz Krzyśkowi, że nie działa mi radio i że schodzę – poprosiłem.

Potwierdził i się rozstaliśmy.

Ostatni szedł Tomek. Jego również zapytałem, w jakim jest stanie.

– W porządku – odpowiedział.

Na szczycie Broad Peaku.

– Gratuluję, chłopie. Musicie się spieszyć. Żeby ci nie przyszło do głowy biwakować. Musicie schodzić do oporu – powiedziałem.

Przyjrzałem się każdemu z nich. Wyglądali dobrze, na tyle, na ile to możliwe w tych warunkach. I na tyle, na ile coś widać przez te wszystkie warstwy ubrań. Wszyscy byliśmy zmęczeni i ciężko dyszeliśmy, ale każdy reagował na moje słowa i nawiązywał kontakt.

Zacząłem analizować sytuację. Wiedziałem, że mamy maksymalnie godzinę światła. Chciałem ją możliwie jak najlepiej wykorzystać. Zawahałem się w miejscu, w którym zostawiliśmy linę.

Co z Arturem? Był moim partnerem w ataku szczytowym i czułem się za niego bezpośrednio odpowiedzialny. Technicznie jest mocniejszy ode mnie, analizowałem, poza tym w razie czego ma linę. Da radę.

Czy będę w stanie po ciemku, samotnie i bez asekuracji pokonać grań? Tak.

O Tomka byłem spokojny, bo szedł z Maćkiem.

Artur Małek na szczycie Broad Peaku.

Zrobiło się ciemno. Wyciągnąłem czołówkę. Było coraz zimniej i zerwał się wiatr, na razie jeszcze niezbyt mocny, ale każdy podmuch potęgował odczuwanie mrozu. W najtrudniejszym miejscu grani kilkakrotnie sprawdzałem każdy stopień i każdy chwyt. W końcu dotarłem na przełęcz.

Usiadłem i odetchnąłem z ulgą. Najtrudniejszy fragment zejścia miałem za sobą. Zdjąłem plecak i wyciągnąłem termos. Upiłem kilka łyków. Zwymiotowałem. Spojrzałem do góry. Zobaczyłem światełko Artura schodzącego z Rocky Summit. Nie wiem, dlaczego automatycznie założyłem, że to musi być Artur. Tomka i Maćka nie widziałem, ich światła musiała zasłaniać grań.

Siedziałem, ciężko dysząc, z dziesięć minut, aż znowu zaczęło mną telepać. Nie byłem w stanie czekać na Artura ponad godzinę. Musiałem się ruszyć. Podniosłem się i spojrzałem w dół kuluaru.

Wtedy w mojej głowie wybuchło pytanie, nad którym wcześniej się nie zastanawiałem: jak ja, kurwa, znajdę namiot?

Była ciemna, bezksiężycowa noc. Pode mną rozpościerało się kilkaset metrów stoku, pełnego seraków i szczelin, nasze ślady już dawno zawiało.

Jak znaleźć ten mały namiot?

Jeśli go nie znajdę, to zginę.

Jeśli go nie znajdę, to pewnie wszyscy zginiemy.

Zimno, zimno, coraz zimniej. Nie ma co myśleć, trzeba się ruszyć.

Złamałem swoją zasadę i zjechałem po starych poręczówkach, które niestety wkrótce się skończyły. Zacząłem schodzić na wyczucie. Robiłem dziesięć „szybkich" kroków i siadałem na śniegu, żeby odpocząć. Byłem słaby, próbowałem zwymiotować. Nie miałem czym. Dostałem torsji. Poczułem okropnie gorzki smak żółci. Wyciągnąłem termos, napiłem się i od razu znowu zwymiotowałem cały płyn. Znowu dostałem torsji. Paliło mnie pragnienie, ale nie mogłem się napić. Gdzie ten pieprzony namiot? Która jest godzina?

Nagle w dole zobaczyłem żółte światło. Hurrra! To na pewno Karim wyszedł po nas! Przecież był w dwójce i na pewno doszedł do czwórki, żeby pomóc w ataku szczytowym. Idzie po nas! Wie, gdzie jest namiot! Idę do Karima!

Kilka kroków w dół. Odpoczynek. Kolejne piętnaście kroków. Siadam. Dlaczego to światełko jest takie żółte? Dziwne. Jakby nie z czołówki. Nie ten odcień. Już wiem: Karim na pewno ma starego zooma petzla, jeszcze ze zwykłą żarówką. Gdy w takiej czołówce rozładowuje się bateria, to światło zmienia barwę na żółtą. Teraz czołówki mają diody, które dają całkiem inne światło. Ale on pewnie używa starej. Muszę iść w tamtą stronę.

Po kilkudziesięciu minutach światełko znikło. Zgasło. Koniec. Schowało się. Nie ma go.

– Ja pierdolę.

Usiadłem na śniegu. Sięgnąłem rękoma do czołówki. Zmieniłem światło na długie. Poświeciłem w dół. Próbowałem znaleźć jakiś znajomy kamień, formację z lodu, cokolwiek, co by mi się skojarzyło, pozwoliło ustalić miejsce, w którym siedziałem.

Nic. Jestem powyżej czwórki czy poniżej? Nie wiem. Trudno. Muszę schodzić i dotrzeć do dwójki. Bo trójki nie ma. Jeśli będę tu siedział, to zamarznę.

Obejrzałem się i spojrzałem w górę. Zmroziło mnie.

Poniżej przełęczy zobaczyłem jedno światełko. O wiele wyżej, zdecydowanie za wysoko świeciło drugie. Ktoś był na grani. Nie miał prawa być tam o tej godzinie. Coś się musiało stać.

Dotąd byłem przekonany, że wszyscy powoli schodzimy i że jakoś nam to idzie. Skupiałem się głównie na problemach ze znalezieniem namiotu. Ale kiedy zobaczyłem to światło na grani, zrozumiałem, że coś poszło zupełnie nie tak.

Do tego padła komunikacja. Niedobrze.

Muszę iść w dół, przecież gdzieś tam jest Karim. Zaraz się spotkamy.

Po kilkunastu minutach usiadłem na śniegu. Ja pierdolę, co ja w ogóle robię? Gdzie ja idę? Jaki niższy obóz? Jaka dwójka? Do niej mam ponad kilometr w pionie. Przecież nie dam rady tam dojść, nie wiem nawet, gdzie jestem. Nie mam szans trafić na właściwą drogę zejścia. Muszę znaleźć nasze namioty szturmowe.

– Spokojnie, Bielecki, spokojnie – zacząłem gadać do siebie.

Przełączyłem czołówkę na długie światło. Co kilka kroków powoli i metodycznie sprawdzałem stok pode mną. Oświetlałem jego fragment, a potem skrupulatnie przesuwałem światło w bok. Byłem tak skupiony, że zaczynały mi łzawić oczy. W końcu coś mi mignęło. Co jest? Wydawało mi się? Zacząłem iść w kierunku błysku. Mrugnęło raz jeszcze.

To była odblaskowa linka od namiotu. Bardzo daleko, ale to ona!

Namiot stał w zupełnie innym miejscu niż to, do którego kierowałem się, idąc w stronę czołówki Karima.

Oczywiście nie było żadnej czołówki.

Pomysł, że Karim mógł wyjść w nocy do góry, był kompletnie bez sensu. Światło pochodziło z ogniska. Krzysiek rozpalił je w bazie, żeby dodać nam otuchy. Gdybym dalej schodził w jego kierunku, to albo wpadłbym do szczeliny, albo spadłbym ze ściany kilka kilometrów. Na szczęście w pewnym momencie stok mi je zasłonił.

Wszedłem do namiotu. Była dwudziesta trzecia. Padłem. Próbowałem się rozpiąć, ale nie byłem w stanie. Zdjąłem rękawiczki i zacząłem majstrować przy radiu. Nacisnąłem chyba wszystkie przyciski. Nic. Wyciągnąłem i włożyłem baterię. Przeszedłem na ustawienia ręczne. Zadziałało.

Krzysiek właśnie rozmawiał z Tomkiem. Do dziś trudno mi o tym opowiadać. Wielicki mówił mu, żeby próbował schodzić, ale Tomek nie miał siły. Włączyłem się, próbowałem go dopingować do zejścia, ale wiedziałem, że sytuacja jest beznadziejna. Było za późno, on był za wysoko. Skoro w tak długim czasie pokonał tak krótki odcinek, to znaczyło, że nie da rady zejść do czwórki. Rozmawiałem z przyjacielem skazanym na śmierć.

Nikt nie wiedział, co się dzieje z Maćkiem. Tomek mówił, że jest sam.

Ściągnąłem raki i roztopiłem palnikiem lodową bulwę, którą tworzyła chusta zrośnięta z zamkiem kombinezonu.

Krzysiek pytał o Artura. Światełko Małka znajdowało się coraz niżej. Schodził z przełęczy. W namiocie było jasno. Miał się na co kierować. Chociaż mój organizm dalej nie przyjmował płynu, to zacząłem gotować wodę dla Artura i Maćka. Co jakiś czas wyglądałem na zewnątrz i kontrolowałem, czy Artur schodzi i czy nie widać światełka Berbeki.

W pewnym momencie światło Artura zgasło. Minęło parę minut. Wciąż ciemno. Woda się zagotowała, a po nim ani śladu. Wlałem wodę do termosu. Wyszedłem z namiotu. Założyłem raki. Wziąłem plecak z piciem i zacząłem się wspinać. Musiałem go znaleźć, mógł wpaść do szczeliny.

Na każdy krok potrzebowałem sześciu wdechów i wydechów, po pięciu krokach musiałem odpoczywać, po dziesięciu – usiąść na śniegu i odpocząć dłużej. Nie miałem czym oddychać, cała energia ze mnie uleciała. Odwróciłem się. Przez pół godziny przeszedłem jakieś dwadzieścia metrów. Byłoby szybciej, gdybym się czołgał. To nie miało sensu. Wróciłem do obozu. Usiadłem na śniegu. Spróbowałem się napić. Zwymiotowałem. Ściągnąłem raki. Już miałem się wczołgać do namiotu, gdy całkiem niedaleko zobaczyłem światło.

– Aaartuuur! – zawołałem.

Odkrzyknął. Zacząłem go kierować, aby nie wpadł do jednej ze szczelin, które sam z trudem ominąłem. W końcu doszedł do namiotu. Dostał picie i padł. Okazało się, że musiał zmienić baterie w czołówce.

W międzyczasie ciągle rozmawialiśmy z Tomkiem. Było słychać, że przeciąga słowa. Mówił bardzo wolno. To objawy hipotermii. Miałem wrażenie, że nie zdaje sobie sprawy z powagi sytuacji.

– Tomek, czy jest z tobą Maciek? – spytał Wielicki.

– Tak, jest.

– To daj go do radiotelefonu.

Cisza.

– Tomek, Tomek, słyszysz mnie?

Cisza.

– Tomek, Tomek, odezwij się, daj Maćka do telefonu – powtórzył Krzysiek.

– Maciek nie chce gadać – powiedział w końcu Tomek.

– Daj Maćka do telefonu.

– Nie. Będę próbował schodzić.

Był z nim Maciek, czy mu się wydawało? Wziąłem radio.

– Tomek, jeżeli nie zaczniesz natychmiast schodzić, to umrzesz.

Tomek powiedział, że zimno mu w rękę.

– Gdzie masz rękawiczkę? – spytał Krzysiek.

– Nie wiem.

Artur namawiał go do schodzenia, bo poniżej przełęczy było cieplej. Tomek odpowiadał, że zsuwa się powoli i myśli o biwakowaniu. Powiedział, że spadł mu rak.

Było z nim coraz gorzej.

Martwiliśmy się o Maćka, ale byłem pewny, że sobie poradzi. To w końcu Maciek Berbeka. Nie z takich opresji wychodził. Przyjdzie za dwie, trzy godziny. Ma już ugotowaną wodę. Czekamy na niego. W namiocie jest jasno. Wie, gdzie ma iść.

O szóstej rano Tomek przestał się odzywać.

Krzysiek powiedział, że kucharz nad ranem widział Maćka poniżej przełęczy. W końcu jakaś dobra wiadomość. Kierownik wysłał w górę Shaheena i Amina. Karim nie chciał iść.

– Jak to nie chce? Musi! Musi nam pomóc zejść. Może trzeba będzie Maćka sprowadzać. Jak wróci, to będzie odmrożony i wyczerpany – powiedziałem.

– Dobra, pogadam z Karimem.

Przekonał go. Karim wyszedł w naszą stronę z butlą z tlenem. Z każdym krokiem bił swój życiowy rekord wysokości.

Było po dziewiątej. Krzysiek prosił, żebyśmy wyszli w górę pomóc Maćkowi. Mając w pamięci moją nocną próbę, czułem, że to bez sensu, ale nie umieliśmy odmówić. Gdy wyszedłem z namiotu, Artur już szedł. Próbowałem założyć raki, żeby do niego dołączyć. Nie umiałem sobie poradzić z zamarzniętymi paskami i co chwila traciłem czucie w palcach. Artur poruszał się w żałosnym tempie.

– Artur, to bez sensu – powiedziałem.

– Bez sensu – przyznał i zaczął schodzić.

W południe przyszedł Karim. Wyglądał na przestraszonego. Pytał, gdzie chłopaki.

– Karim, spokojnie. Może byś podszedł kawałek. Popatrz, nad szczelinami są poręcze, jest bezpiecznie. Wytłumaczę ci, jak masz iść. Zobaczyłbyś, co się tam dzieje. Może Maćkowi trzeba będzie pomóc zejść – namawiałem.

Nie chciał. Nigdy nie był tak wysoko. Bał się. Zaproponowałem, że może by Karimowi dać tlen. Krzysiek przez radio się zgodził.

Podłączyłem butlę i ustawiłem maksymalny przepływ. Pakistańczyk ruszył w górę. Doszedł do pierwszej ze szczelin, skąd miał widok na stok prowadzący do przełęczy. Nie znalazł żadnych śladów Maćka.

Dopiero wtedy dotarło do mnie, że Maciek też nie wróci.

O trzynastej zjadłem trochę kisielu. To był pierwszy posiłek od ponad trzydziestu trzech godzin, który udało mi się utrzymać w żołądku.

Kiedy analizowałem to, co stało się na Broad Peaku, próbowałem zrozumieć, dlaczego tak dużo wymiotowałem podczas ataku szczytowego. Dzień wcześniej chcieliśmy się napić i najeść na zapas, bo im wyżej, tym mniejszy mamy apetyt. Piliśmy izotoniki z węglowodanami, jadłem też żele energetyczne. Chyba wchłonąłem za dużo cukrów, mój organizm nie był do tego przyzwyczajony i w efekcie odmówił przyjmowania czegokolwiek.

Artur dotarł do bazy kompletnie wyczerpany.

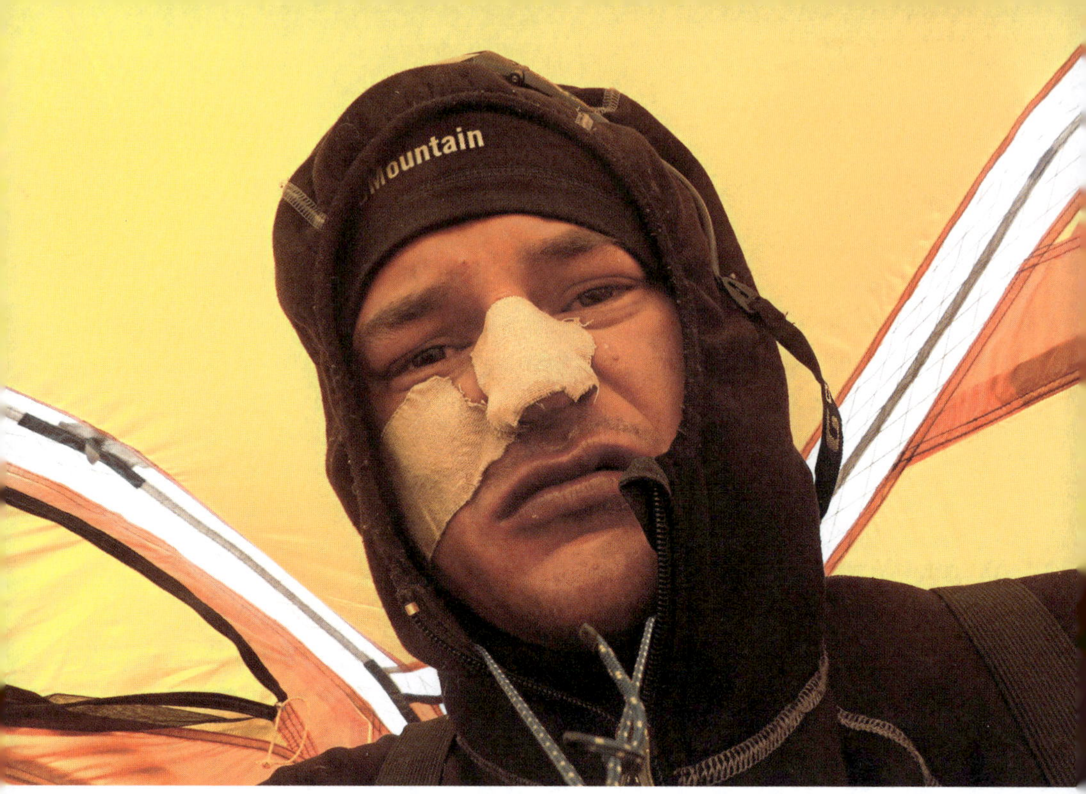

Po zejściu do bazy.

Kiedy Karim zjawił się z powrotem, Krzysiek powiedział, że nadchodzi załamanie pogody, i zarządził zejście do bazy. Uważałem, że to dobra decyzja. Jeżeli Maciek do tej pory nie zdołał dotrzeć do przełęczy, to znaczy, że już nie zejdzie. Minęło zbyt dużo czasu, nie wierzyłem, że ktoś mógłby przetrwać tak długo w tym lodowym piekle.

Kręciło mi się w głowie. Zastanawiałem się, czy nie użyć tlenu, ale stwierdziłem, że na razie spróbuję bez. Zacząłem schodzić. W dół szło się całkiem nieźle. Po pierwszych stu metrach odezwało się radio. Jakieś zamieszanie. Artur myślał, że Karim ma czekać jeszcze jedną noc w czwórce. Pakistańczyk zaczął jednak składać namiot. Artur zaproponował więc, że może z nim zostać. Wielicki przekonał Karima. Nie wiedziałem, co mam robić. Uważałem, że nie ma sensu siedzieć dłużej w czwórce.

Wiedziałem też, że będę się do niej wracał co najmniej dwie godziny. Przez radio ustaliliśmy, że schodzę. W okolicach trójki spotkałem Shaheena. Zeszliśmy razem do dwójki. Z każdym krokiem czułem się lepiej. W dwójce stwierdziłem, że chcę mieć to już za sobą. Zaproponowałem, żebyśmy szli do samej bazy. Dotarliśmy do niej godzinę po zmroku.

Artur i Karim opuścili czwórkę parę godzin po mnie ze względu na pogodę, która lada chwila miała się całkiem popsuć. Zanocowali w dwójce. Jeszcze nie zeszli, a Krzysiek kazał mi zwijać bazę.

– Krzysiek, ale przecież Artur jeszcze nie wrócił. Nie można tak – powiedziałem.

Krzysiek nie słuchał. Kiedy Artur przyszedł zupełnie wyczerpany, a Wielicki kazał mu się od razu pakować, wybuchła awantura. Okazało się, że karawana została zamówiona jeszcze przed naszym atakiem szczytowym.

Przed opuszczeniem bazy każdy z nas na swój sposób pożegnał się z chłopakami.

Wracając do kraju, nie zdawaliśmy sobie sprawy z rozmiarów medialnej burzy, którą zastaniemy. Już dzień po ataku szczytowym Zbyszek Piotrowicz – psycholog, wspinacz i publicysta (między innymi wieloletni redaktor „Taternika") – opublikował proroczy tekst pod tytułem *Broad Peak – czas „ekspertów"*:

> Na moim zegarku dochodzi 18.00. W Pakistanie zbliża się 22.00. Artur Hajzer podał przed chwilą informację, że Adam Bielecki jest już w bazie, a dwójka Małek–Hayat otrzymała polecenie od Krzyśka Wielickiego o zejściu w kierunku niższych obozów. Niestety, wszystko wskazuje na to, że Maciek Berbeka i Tomek Kowalski nie przetrzymali zimowego biwaku w okolicach przełęczy na 7900.
>
> Nie było mnie tam. Nie będę komentował, spekulował, analizował ani snuł różnych rozważań.
>
> Wyprawy himalajskie zawsze wiążą się ze zgodą na skalkulowane ryzyko. Jeśli jest to wyczyn na najwyższym światowym poziomie,

Przed opuszczeniem bazy każdy z nas na swój sposób pożegnał się z chłopakami.

margines objęty ryzykiem jest większy. Udział w wyprawie to decyzja świadoma, to kalkulacja własnych możliwości, ambicji, sił, umiejętności. Nie znam osoby, która działając w górach wysokich, podejmowałaby się zadań wykraczających poza skalkulowane, dopuszczalne ryzyko. Ale zdarza się, że kalkulacje zawierają jakiś błąd lub zdarza się zwyczajne, trudne do przewidzenia nieszczęście. Wyprawa, zwłaszcza tak mała, to grupa osób o podobnych kwalifikacjach. Z tego względu szanujących nawzajem swoje kompetencje, prawo do własnego zdania i oceny sytuacji.

Dlatego z obrzydzeniem myślę o nadchodzących dniach, kiedy odbędzie się medialny sąd nad Arturem Hajzerem, pomysłodawcą i liderem projektu „Polski Himalaizm Zimowy", i nad Krzyśkiem Wielickim, kierownikiem wyprawy. Niestety zacznie się szukanie winnych, pojawią się różnej maści „eksperci", komentatorzy, moraliści i mentorzy. Odbędzie się wyścig, kto jest bardziej pryncypialny. I tym głośniej będą pokrzykiwać, im mniejsze mają pojęcie o tym, jak to jest, gdy naprawdę stoi się na wyciągniecie ręki od wymarzonego szczytu albo dotyka pustki… i wraca. Od czterech godzin trwa druga noc, którą bez sprzętu biwakowego musieliby przetrwać Maciek i Tomek. Szansa na cud jest znikoma. Obaj, wychodząc w kierunku szczytu, dokonali swojej kalkulacji. Uszanujmy Ich decyzję. Uszanujmy Ich prawo do tej decyzji. Nie doszukujmy się winy w autorze znakomitego, ambitnego i rozsądnie prowadzonego programu, jakim jest „Polski Himalaizm Zimowy". Nie wińmy kierownika wyprawy, którego doświadczenia, kompetencji i kwalifikacji moralnych nie ośmieliłbym się kwestionować. Obaj byliby bohaterami narodowymi, gdyby nie doszło do nieszczęścia, gdyby Maciek i Tomek zdołali pokonać te 500 metrów w dół.

Byłyby peany, medale, honorowe zaszczyty. Minął dzień. Grono „życzliwych" i zwykłych idiotów już się szykuje do medialnej uczty, do demaskowania błędów, do moralizatorskich pouczeń. A Artur i Krzysiek to są ci sami ludzie co wczoraj. Proszę, pamiętajcie o tym[4].

Zbyszek pomylił się w jednej kwestii. Głównymi oskarżonymi nie zostali Hajzer i Wielicki, ale Bielecki i Małek.

---

[4] Zbigniew Piotrowicz, *Broad Peak – czas „ekspertów"*, artykuł opublikowany na nieistniejącym już blogu: http://zbigniewpiotrowicz.eu/blog/index.php/2013/03/06/broad-peak-czas-ekspertow. Przytoczony w całości za zgodą autora.

Do kraju wróciliśmy bez rozgłosu. Chcieliśmy najpierw porozmawiać z rodzinami Tomka i Maćka. Najpierw pojechaliśmy do Zakopanego. Pomimo trudnych okoliczności dobrze się czułem w tym domu. Ewa, żona Maćka, zaczęła od poczęstowania nas ciepłą zupą. Wydawała się bardzo dzielna. Czułem w tej rodzinie ciepło i ogromną siłę.

W domu Tomka było trudniej. Widziałem, że jego śmierć jest dla rodziny ogromnym szokiem. Rodzicom wciąż trudno było w to wszystko uwierzyć.

Potem zorganizowaliśmy konferencję prasową, na której opowiedzieliśmy o przebiegu ataku szczytowego i odpowiedzieliśmy na pytania dziennikarzy.

Nie miałem ochoty dzielić się ze światem emocjami związanymi ze śmiercią kogoś bliskiego. A Maciek i Tomek stali się mi bliscy. Wtedy jeszcze nie przyszło mi do głowy, że ktoś może szukać winnych. Jednak media rzuciły się na tę historię jak sępy. Oskarżenia formułowali zarówno dyletanci, jak i osoby ze środowiska wspinaczkowego. Inni wzięli nas w obronę. Dyskusja odbywała się za pośrednictwem gazet, telewizji i internetu.

Niektóre z zarzutów były nonsensowne. Sugerowano na przykład, że mieliśmy słaby sprzęt, a za śmierć Tomka odpowiadały źle dobrane raki. Tomek miał fioła na punkcie nowinek sprzętowych. Wziął ze sobą na wyprawę lekkie raki Campa przeznaczone do skialpinizmu. Mówiliśmy mu, że to bez sensu, bo w twardym lodzie ich przednie zęby szybko się zetrą. Mieliśmy rację, ale Tomek się nie zraził. Zbudował sobie hybrydę – przednia część pochodziła z solidnych raków Grivela, a tył z lekkich raków Campa. Dzięki takiemu połączeniu zaoszczędził na pewno kilkadziesiąt gramów. Jeśli przemnożyć to przez liczbę kroków, które trzeba wykonać w drodze na szczyt, to okazuje się, że na wierzchołek wniósł przynajmniej kilkaset kilogramów mniej niż my. Wypróbował nowe raki w drodze do obozu II i kiedy się sprawdziły, to postanowił używać ich dalej. Podczas jednej z ostatnich łączności

Tomek mówił, że ma z nimi problem. To jednak nie raki były przyczyną jego śmierci.

Nagle wielu ludzi w Polsce rozprawiało o wartościach i braterstwie liny. Jakby byli ekspertami w tej dziedzinie. Historię z Broad Peaku pokazywano jako precedens. Zarzucano nam, że opuściliśmy naszych kolegów, bo schodziliśmy osobno, a przecież takie zejścia to codzienność himalaizmu, i to wcale nie zimowego.

Anna Czerwińska, polska himalaistka, jedna z pierwszych osób ze środowiska, które oskarżały nas o „brak braterstwa liny", tak mówiła o swoim letnim wejściu na Nanga Parbat:

> Pozostawałam w kontakcie wzrokowym z Kryśką, która weszła pierwsza, ale na mnie nie poczekała. Twierdziła, że zawsze się grzebię. Dzieliło nas może 15 minut. Miałam nawet o to do niej pretensję, bo była piękna pogoda, poza tym chciałam mieć w końcu jakieś wspólne zdjęcie. Wanda weszła ponad godzinę po nas. Powinnam zaczekać na nią, ale bałam się, że nie zdążę zejść przed nocą, i pognałam na dół[5].

Pierwsi zimowi zdobywcy Mount Everestu Krzysztof Wielicki i Leszek Cichy z wierzchołka do namiotu na Przełęczy Południowej schodzili osobno. Wielicki szedł wolniej od swojego partnera ze względu na krwawiące i odmrożone stopy.

„Zostałem sporo w tyle. Chwilami traciłem Leszka z oczu. Często musiałem przystawać i szukać na stoku śladów jego raków. Było to trudne i męczące. (...) Wydawało mi się, że nie mam prawa zatrzymywać Leszka. Mógł iść dużo szybciej niż ja, a ciągłe zwalnianie tempa tylko go dodatkowo osłabiało. Krzyknąłem mu, żeby szedł i nie oglądał się na mnie" – opowiadał Wielicki.

Obaj mieli problemy z odnalezieniem obozu. „Zszedłem z seraka i zacząłem się rozglądać. Widziałem kontury Przełęczy,

---

[5] Olga Miriam Przybyłowicz (PAP), *Anna Czerwińska o zdobyciu Nangi Parbat: było ze mną słabo*, http://dzieje.pl/rozmaitosci/anna-czerwinska-o-zdobyciu-nangi-parbat-bylo-ze-mna-slabo [data dostępu: 27 stycznia 2017].

widziałem wzniesienie w stronę grani Lhotse, ale nie widziałem namiotu. Zgłupiałem zupełnie. Gdzie jest namiot? Nie wiedziałem, czy mam iść w prawo, czy w lewo. Przypomniałem sobie, że namiot stoi na łagodnym zboczu lekko opadającym w stronę Kotła. Niepewnie ruszyłem w tamtą stronę" – dodawał Krzysiek.

W tym czasie wyczerpany Cichy leżał w namiocie i ogrzewał się maszynką. Potem włączył drugą i zaczął podgrzewać herbatę. „Ogarnia mnie rozleniwienie, a właściwie bezgraniczna niemoc. Jestem, leżę i nie mam sił na nic więcej" – wspomina Cichy[6]. Potem przyszedł Wielicki.

Również tragedie w polskim himalaizmie nie są nowością. Jurek Kukuczka z czterech kolejnych wypraw wracał bez partnera, nie wzbudziło to jednak narodowej dyskusji na temat etyki himalaizmu. Niewątpliwie różnica polegała na tym, że kiedyś tragedie nie odbywały się na oczach niemalże całego świata, a media tak drobiazgowo się nimi nie zajmowały. Zapłaciliśmy cenę za dobrą reklamę. Aby zdobyć finansowanie programu, Hajzer nadmuchał medialny balonik, który nagle wybuchł nam przed nosem.

Znaczące było to, że nikt nie miał odwagi powiedzieć mi czegokolwiek w twarz. Organizowałem prelekcje, jeździłem w Tatry i wszędzie spotykałem się raczej ze współczuciem i empatią. Najostrzejsza krytyka dobiegała ze środowiska zakopiańskiego. Zaproponowałem więc, że przyjadę na organizowane tam Spotkania z Filmem Górskim i zrobię prelekcję z dyskusją oraz możliwością zadawania pytań z sali, ale organizator odmówił. Zgłosiłem się do Hajzera. Powiedziałem, że mogę zrobić zamkniętą prelekcję dla członków Klubu Wysokogórskiego „Zakopane" albo po prostu spotkać się z Ryszardem Gajewskim i Maciejem Pawlikowskim, czyli najgłośniej krytykującą mnie dwójką przyjaciół Maćka Berbeki. Nie chcieli. Nie rozumiałem tego. Bez względu na to, jakie mieli zdanie na mój temat, byłem przecież jedną z dwóch ostatnich żyjących osób, które rozmawiały z Maćkiem. Byłem

[6] Leszek Cichy, Krzysztof Wielicki, Jacek Żakowski, *Rozmowy o Evereście*, Tower Press, Gdańsk 2000.

niezbędnym elementem układanki, którą próbowali poskładać. Gdyby zginął mój przyjaciel, chciałbym dowiedzieć się o tym wszystkiego z pierwszej ręki. W końcu zrozumiałem, że oni wcale nie dążą do wyjaśnienia okoliczności tragedii. Zbudowali sobie jej obraz w głowach i nie zamierzali go burzyć rozmową ze mną.

Cały ten szum medialny był drugorzędny wobec dojmującego uczucia straty. Najbardziej przykre okazało się to, że ograbiono mnie z żałoby. Zginęli moi partnerzy wspinaczkowi, przyjaciele, a ja nie mogłem nawet pójść na ich pogrzeb, by nie wzbudzać niepotrzebnych kontrowersji. Zabrakło empatii wobec tych, którzy przeżyli, oraz ich bliskich. Martwiłem się o rodziców. Szczególnie mój tata ciężko znosił tę sytuację. Czytał wszystkie materiały w internecie i komentarze do nich, dyskutował z wieloma osobami naraz, jakby to mogło cokolwiek zmienić.

Codziennie dostawałem kilkadziesiąt wiadomości z wyrazami wsparcia i współczucia. Gdy się z kimś spotykałem, to wszyscy byli zatroskani, pytali, jak sobie radzę. Aby położyć kres niepotrzebnym dywagacjom, zdecydowaliśmy wspólnie z Hajzerem, Wielickim i Małkiem, że należy powołać komisję, która przeanalizuje przebieg wyprawy i wyda zalecenia, aby uniknąć podobnych wydarzeń w przyszłości. Byłem zdecydowanym zwolennikiem tego pomysłu. Wspinanie letnie rządzi się zestawem wypracowanych przez lata reguł i zasad. Wiadomo na przykład, o której najlepiej iść do ataku szczytowego i jak się do niego ubrać. Wspinanie zimą na ośmiotysięcznikach jest na tyle wąską dyscypliną, że takich zasad brakuje. Zginęły dwie osoby i oczywiste dla mnie było, że coś spieprzyliśmy. Chciałem wiedzieć co.

Latem 2013 roku na Broad Peak pojechał Jacek Berbeka, brat Maćka. Zamierzał odnaleźć ciała chłopaków i znieść je do bazy. Z tego względu odroczono publikację gotowego już raportu. Ostatecznie udało się odnaleźć ciało Tomka dokładnie w tym miejscu, które oznaczyłem na zdjęciach na podstawie ostatnich rozmów z nim. Nie byli w stanie znieść zwłok, opuścili je piętnaście-dwadzieścia metrów od drogi, którą latem chodzą himalaiści. Ciała Maćka nie znaleźli.

W tym samym czasie kilkanaście kilometrów dalej wspinali się Artur Hajzer i Marcin Kaczkan. Artur, jedna z ważniejszych osób w moim życiu, bardzo przeżywał atmosferę oskarżeń, która zapanowała w kraju. W końcu jemu jako koordynatorowi programu też się oberwało. Pojechał z Marcinem w Karakorum, aby zrobić trawers wierzchołków Gaszerbrumu I i II. Po nieudanej próbie ataku na GI schodzili Kuluarem Japońskim z trójki do dwójki. Marcin, który szedł przodem, nagle zobaczył, że Artur spada do podstawy ściany. Ruszył na pomoc, ale gdy dotarł na miejsce, Hajzer już nie żył.

Najdziwniejsze było to, że chwilę wcześniej Artur wysłał do kraju informację o upadku Marcina. Nie mogę przestać o tym myśleć: Artur, zamiast skupić się na zjazdach, wpadł w panikę i popełnił błąd, bo myślał, co go czeka w kraju, jeżeli Marcin zginął.

Straciłem kolejnego przyjaciela. Zupełnie się załamałem i zamknąłem w sobie. Odmawiałem wszelkich komentarzy w tej sprawie, wydawało mi się, że dopóki nie będę o tym mówił, to Artur tak naprawdę nie umrze. Nie byłem w stanie nawet złożyć kondolencji Izie, jego żonie.

Czekałem tylko, aż ktoś zasugeruje, że sami zepchnęliśmy naszych kolegów w przepaść. I rzeczywiście – ktoś zgłosił to, co się stało na Broad Peaku, do prokuratury.

Wielu osobom łatwiej byłoby zaakceptować, że nie wróciła cała czwórka, niż to, że Artur i ja przeżyliśmy.

We wrześniu Polski Związek Alpinizmu opublikował raport dotyczący wydarzeń na Broad Peaku. Od początku niepokojące było, że spośród pięciu autorów raportu tylko dwie osoby dotarły kiedykolwiek powyżej ośmiu tysięcy metrów, i to latem. Zimowego doświadczenia w górach najwyższych nie miał żaden z członków komisji. Mimo to z nadzieją oczekiwałem na publikację, liczyłem na chłodną i rzeczową analizę przyczyn tragedii. Liczyłem, że raport uspokoi sytuację i utnie coraz bardziej absurdalne spekulacje. Niestety, myliłem się. Nikt nie poinformował mnie o tym, kiedy raport się ukaże. Gdyby nie to, że dwa dni przed publikacją zadzwonił do mnie zaprzyjaźniony dziennikarz Bartek

Wszyscy chcieliśmy wejść na szczyt
i każdy z nas za to zapłacił.

Dobroch, to wróciłbym z Tatr niczego nieświadomy kilka dni po fakcie i w samym środku medialnej burzy. Zdawało się, że dokument został napisany na kolanie. Zawierał jednoznaczną ocenę mojego, Artura i Krzyśka zachowania. Postaw i decyzji Maćka oraz Tomka w ogóle nie poddano analizie i ocenie, jakby ich obu na wyprawie w ogóle nie było. Krzysiek został oceniony pozytywnie, co do Artura wysunięto „poważne zastrzeżenia", mnie natomiast oceniono negatywnie. Zarzucano mi, że od początku założyłem, iż będę schodził samodzielnie, o czym nie poinformowałem zespołu w czasie ustalania taktyki wejścia. Nie wiem, na jakiej podstawie komisja była w stanie ocenić moje intencje. Co więcej, w innym miejscu raport krytykuje zespół za brak ustalenia taktyki wejścia. Nie wiem, jak miałem według komisji poinformować zespół o intencji, której nie miałem, podczas zdarzenia, którego nie było. Drugi zarzut jest jednocześnie absurdalny i przykry. „Zespół negatywnie ocenia jego postawę po zejściu do obozu czwartego i szybkie zejście do bazy w czasie, kiedy jeszcze na górze można się było spodziewać zwrotu sytuacji i uratowania Macieja Berbeki". W innym miejscu kierownik wyprawy został pozytywnie oceniony za wydanie polecenia zejścia z czwórki, natomiast ja – negatywnie za wykonanie tego polecenia. Bardzo przykre jest sugerowanie, że schodziłem, gdy była jeszcze szansa na powrót Maćka. W ocenie komisji trzy godziny później tej szansy nie było, gdyż odwrót Karima i Artura otrzymał pozytywną ocenę. Na końcu raport zawierał sugestię, że nie należy mnie brać więcej na wyprawy. W raporcie nazwano nasze obawy o życie podczas zejścia subiektywnymi. To, że dwie osoby zginęły, nie wystarczyło, by komisja uznała obawy za uzasadnione. A ja byłem pewny, że jeśli się nie ruszę, to tam umrę. Wszyscy to wiedzieliśmy i wszyscy, włącznie z Maćkiem, uciekaliśmy z tego szczytu. Komisja, która napisała raport, spotkała się ze mną tylko raz. To było bardzo krótkie spotkanie. Dostałem kilka pytań. Nie było drążenia, dociekania, wielkich emocji. Nie spodziewałem się, że raport oceni nasze zachowania. Szedłem na to spotkanie ufny, że chodzi o zebranie wytycznych dla zimowego himalaizmu.

Po ukazaniu się raportu pojechałem na zjazd wspinaczy do Podlesic. Spotkanie nazwano szczytem etycznym. Jednym z gości był Ryszard Gajewski, który za pośrednictwem mediów atakował mnie najmocniej ze wszystkich. Z Maćkiem znali się od dziecka, razem się wspinali i pracowali w TOPR. Podszedłem do niego. Wyciągnąłem rękę. Przywitał się, spuścił głowę. Nic nie powiedział.

Paradoksalnie raport okazał się na tyle bulwersujący, że nawet część osób, która wcześniej mnie krytykowała, stanęła w mojej obronie. Zewsząd odezwały się głosy, że dokument jest niesprawiedliwy i zbyt surowy. Najważniejsze były dla mnie głosy tych, którzy potrafią wyobrazić sobie, w jakich warunkach działaliśmy. Żyje siedem osób znających z autopsji warunki w okolicach ośmiu tysięcy metrów w Karakorum zimą. Cory Richards i Janusz Gołąb nie wypowiadali się publicznie na temat naszej wyprawy. Od Alka Lwowa, Simone Moro i Denisa Urubki otrzymałem słowa otuchy i wsparcia. Pozostałe dwie osoby to Artur Małek i ja.

Artur po wyprawie nie miał do mnie żadnych pretensji. Powiedział, że w odnalezieniu drogi podczas zejścia pomogło mu światło z namiotu. Tak samo jak ja zauważył ognisko rozpalone w bazie i również pomyślał, że to pewnie stara czołówka wychodzącego nam naprzeciw Karima.

Po jakimś czasie kurz bitewny opadł. Nie zostałem wykluczony ze środowiska wspinaczkowego, jak sugerowali niektórzy, wręcz przeciwnie – w końcu miałem się z kim wspinać w Tatrach, na co dzień spotykałem się z dużą dozą empatii i wsparcia zarówno od znanych, jak i obcych mi osób. Bardzo pozytywnie zareagował mój macierzysty Krakowski Klub Wysokogórski, publikując oficjalne, wspierające mnie pismo.

Patrząc z perspektywy czasu na to, co wydarzyło się na Broad Peaku, wydaje mi się, że wiem, jakie popełniliśmy błędy. Po pierwsze, powinniśmy byli atakować dwiema dwójkami, dzień po dniu. Po drugie, wyszliśmy za późno. Po trzecie, na Rocky Summit powinniśmy byli zawrócić. Kiedy zaproponowałem to podczas wspinaczki, nikt nie zwrócił na mnie uwagi. Nikt nie powiedział stanowczo, że trzeba schodzić. Jakby dopadła nas zbiorowa niemoc decyzyjna. Czułem, że

Maciek, robiąc wtedy krok w kierunku szczytu, podejmuje decyzję za całą grupę. Ja podjąłem decyzję za siebie. Kiedy przypominam sobie tę sytuację, to myślę, że stało się coś dziwnego. Normalnie, kiedy ktoś proponuje odwrót, to wywiązuje się rozmowa. Ktoś reaguje. A wtedy moje pytanie nie doczekało się żadnej odpowiedzi. Jakby było nieistotne. Miałem wiarę w moc i doświadczenie Maćka. I to był mój błąd. Na Rocky Summit każdy z nas musiał spojrzeć w głąb siebie i odpowiedzieć sobie na pytanie: „Czy dam radę?". Tomek i Maciek źle ocenili swoje możliwości, ale nikt nie powinien ich za to potępiać. To była ich decyzja. Mieli do niej pełne prawo.

Przypisywano mi odpowiedzialność za rozbicie grupy na wierzchołku Rocky Summit, ale chłopcy, mijając mnie w drodze do szczytu, mogli przecież zawrócić i schodzić razem ze mną, wyprawa osiągnęła sukces. Oni jednak zdecydowali inaczej, chociaż wiedzieli, że nie będę w stanie na nich czekać. Wybrali samodzielne i samotne zejście.

Góry obnażają. Zdzierają z ludzi maski. W momencie kiedy jesteś głodny i walczysz o życie, na wierzch wychodzi to, co masz w środku. Nie ukryjesz się. Broad Peak pokazał mi, jaka może być cena ambicji. Wszyscy chcieliśmy wejść na szczyt i każdy z nas za to zapłacił.

To był dla mnie punkt zwrotny.

Na Makalu Maciek i Tomek stracili palce. Na Gaszerbrumie I zginęli Gerfried, Cedric i Nisar. Na Piz Bernina Krystian. Z Broad Peaku nie wrócili Maciek i Tomek. Na Gaszerbrumie I zginął Artur. Miesiąc później pod Nanga Parbat terroryści zastrzelili jedenaście osób, z których kilka znałem osobiście. Miałem trzydzieści lat i wszechobecna śmierć zaczęła mnie przytłaczać. Czułem, że jadę kolejką górską, która musi się w końcu rozbić. Potrzebowałem złapać oddech, odpocząć. Odwołałem zaplanowaną na jesień 2013 roku wyprawę na Manaslu. Wciąż jeździłem w skały i w Tatry, nie pomyślałem, żeby zrezygnować z wyjazdów w góry najwyższe, ale na razie nie miałem na nie najmniejszej ochoty. Potrzebowałem czasu, żeby to wszystko przemyśleć i poukładać w głowie. Żeby przeżyć żałobę.

R O Z D Z I A Ł 8

NIE O TO CHODZI, BY ZŁAPAĆ KRÓLICZKA...

Po Broad Peaku przez długi czas miałem alergię na zimno. Po mieście chodziłem w cieplejszych ciuchach niż zwykle. Myślę, że podświadomie bałem się niskich temperatur.

Sporo wspinałem się sportowo. Zazwyczaj unikam ciepłych rejonów wspinaczkowych, a tym razem z przyjemnością jeździłem do Hiszpanii, Tajlandii i Laosu. Wspinałem się też na Jurze i w Sokolikach, regularnie chodziłem na ściankę. W międzyczasie przeprowadziłem się pod Poznań. Zaczęliśmy z żoną myśleć o powiększeniu rodziny.

Program Polskiego Himalaizmu Zimowego został zawieszony. Wycofał się Orlen, główny sponsor. Po opublikowaniu raportu o wydarzeniach na Broad Peaku zastanawiałem się nad sensem członkostwa w Polskim Związku Alpinizmu. Mogłem sobie przecież poradzić bez niego. Doszedłem jednak do wniosku, że związek tworzą ludzie. W tym ja. W co się przeobrazi, jeśli odejdą wszyscy, którym coś się nie podoba?

Od wyprawy na Broad Peak upływało coraz więcej czasu, a ja zastanawiałem się, co dalej z moją wspinaczkową drogą. Wtedy przyszedł mejl z propozycją od Denisa Urubki.

Spotkanie członków wyprawy w Katmandu. Od lewej: ja, Alex Txikon, Dmitrij Siniew, Denis Urubko i Artiom Braun.

Adam,

co powiesz na północną ścianę Kanczendzongi? Od 2002 roku marzę o poprowadzeniu tam nowej drogi. Jeślibyś chciał, moglibyśmy spróbować zrobić to w stylu alpejskim. Może z jeszcze jednym partnerem.

Powodzenia,

Denis.

Jeden z najlepszych himalaistów świata zapraszał mnie do wspólnej wyprawy. Urubko jako pierwszy człowiek wszedł w zimie na Makalu i Gaszerbrum II. Zdobył wszystkie ośmiotysięczniki bez tlenu, na czterech z nich wytyczył nowe drogi: na Broad Peaku w 2005, Manaslu – 2006, Czo Oju – 2009 i Lhotse – solo w 2010 roku. Za drogę, którą zrobił na południowo-wschodniej ścianie Czo Oju z Borysem Dedeszką, został nagrodzony Złotym Czekanem, najbardziej prestiżową nagrodą dla alpinistów. Cztery razy przyznano mu azjatycki

Złoty Czekan – w końcu urodził się na Kaukazie, a wychowywał na Sachalinie. Kanczendzonga, którą zaproponował mi Denis, to trzeci najwyższy szczyt świata. Dokładnie na coś takiego czekałem. Ostatnim Polakiem, który poprowadził nową drogę na ośmiotysięczniku, był w 1996 roku Andrzej Marciniak. Wszedł wtedy z Ukraińcem Władysławem Terzyulem na szczyt Annapurny północno-zachodnim filarem. Elizabeth Hawley, była korespondentka Reutersa i znawczyni tematyki himalajskiej, uznała ich wyczyn za przejście roku w Himalajach nepalskich.

Zawsze marzyłem o zrobieniu nowej drogi na ośmiotysięczniku, może nawet bardziej niż o pierwszym wejściu zimowym. Himalaizm ma to do siebie, że sami ustalamy zasady gry, sami decydujemy, w jakim stylu chcemy się wspinać. Trudno porównywać ze sobą dokonania himalaistów i stworzyć jeden ranking. Na wspinaczkę składa się zbyt wiele czynników. Nawet wejście tą samą

Na zielono nasz wariant na północnej ścianie Kanczendzongi.

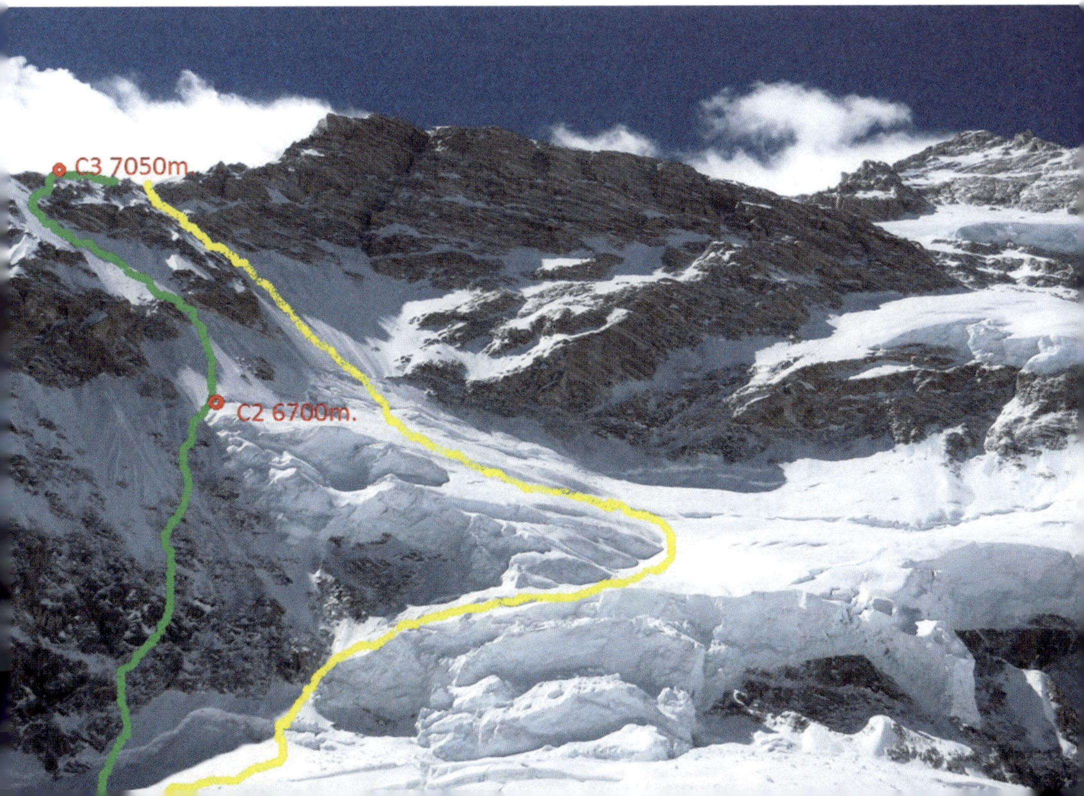

drogą odbywa się zawsze w nieco innych warunkach pogodowych i śnieżno-lodowych. Różne są też wyzwania sportowe w górach najwyższych. Jedni są szybcy i robią rekordy na drogach normalnych, inni zjeżdżają ze szczytów na nartach, niektórzy są specjalistami od wspinaczki zimowej, a jeszcze inni uwielbiają eksplorację, wyszukiwanie niezdobytych gór i ścian, prowadzenie nowych dróg. I chociaż większość współczesnych himalaistów wchodzi na szczyt normalną drogą, z tlenem i pomocą hapsów, po zawieszonych wcześniej poręczówkach, to w górach jest miejsce dla każdego. Ta różnorodność jest piękna, bo góry to strefa wolności i tak naprawdę liczy się tylko nasze doświadczenie wspinaczki, czyli to, co przeżyliśmy. Nigdy nie oddałbym moich zimowych wejść za Złoty Czekan. Nigdy też nie pociągała mnie idea wchodzenia na wszystkie czternaście ośmiotysięczników normalnymi drogami. Ten koncept był ciekawy trzydzieści lat temu, ale nie teraz, gdy Koronę Himalajów i Karakorum zdobyło trzydziestu trzech wspinaczy. Poza tym nie lubię długofalowych projektów. Każda ze wspinaczek mnie zmienia, więc skąd mogę wiedzieć, na co będę chciał się wspinać za rok czy dwa?

Zaliczanie kolejnych szczytów to zaprzeczenie mojego myślenia o górach. Podczas prowadzenia wyjazdów komercyjnych spotykałem klientów, którzy kolekcjonowali szczyty według listy. Dla mnie każdy wierzchołek jest wyjątkowy i z jakiegoś powodu wymarzony. Kolekcjonerstwo często wiąże się z fetyszem wysokości. Na najwyższy szczyt Ameryki Północnej, Denali na Alasce, rocznie próbuje wejść ponad tysiąc alpinistów, a na sąsiedni pięciotysięcznik Mount Foraker dziesięciu. Poniekąd to rozumiem. Sam zawsze chciałem przekroczyć barierę ośmiu tysięcy metrów. Tylko co ona tak naprawdę znaczy? Osiem tysięcy metrów to dwadzieścia sześć tysięcy dwieście czterdzieści sześć stóp. Niezbyt okrągła liczba. Siedemdziesiąt pięć metrów brakujących do bycia ośmiotysięcznikiem czyni Gaszerbrum IV mało atrakcyjnym celem dla większości wspinaczy. Do dziś na jego wierzchołku stanęło tylko dziesięciu himalaistów. A ja przedłożyłbym wejście na niego nad każdy ośmiotysięcznik zdobyty drogą normalną. Oprócz K2.

Kiedy Denis zaproponował mi udział w wyprawie, poczułem, że to jest moment, aby wrócić w góry najwyższe. Musiałem pojechać.

Denis,
pomysł z Kanczendzongą jest świetny. Robienie nowych dróg w stylu alpejskim w małym zespole na ośmiotysięcznikach staje się powoli moją idée fixe. Myślisz o wiośnie 2014 roku? Na razie skupiam się na technicznej wspinaczce i naprawdę doceniam weekendy w Tatrach, ale duże góry zaczynają mnie wzywać... Miło byłoby spotkać się i powspinać w Alpach czy Tatrach, daj mi po prostu znać, kiedy przyjeżdżasz do Europy. Nie mam stałej pracy, powinienem dostosować się bez problemu do twojego wolnego czasu. Dziękuję, że wziąłeś mnie pod uwagę jako partnera wspinaczkowego. To dużo dla mnie znaczy.
Adam

Czasami myślę, że najtrudniejszy etap każdej wyprawy odbywa się w kraju i wiąże ze znalezieniem pieniędzy. Nagle zabrakło Artura Hajzera i wsparcia stworzonego przez niego programu PHZ. Musiałem sobie radzić sam. Dzięki poleceniu Pawła Bugajnego spotkałem się z prezesem jednej z państwowych spółek. Prezes powiedział, że bardzo mi kibicuje – śledził to, co działo się po naszym powrocie z Broad Peaku, i w jego odczuciu spotkała mnie krzywda. Dogadaliśmy się, spodobał mu się projekt nowej drogi na ośmiotysięczniku, mieliśmy zaplanowany kosztorys. Powiedział, że teraz wszystko musi klepnąć rada nadzorcza, ale żebym się nie przejmował, bo to tylko formalność.

Trzy tygodnie przed wyjazdem na Kanczendzongę dowiedziałem się, że nie dostanę pieniędzy. Jeden z członków zarządu stwierdził, że skoro Broad Peakiem zajmuje się prokuratura, to może lepiej, żeby skarb państwa się w to nie mieszał. Sprawa, jak było do przewidzenia od początku, została później umorzona, ale

KAILAS
KAILAS

Rozbiliśmy bazę na rozległej łące Pang Pema
na wysokości 5140 m n.p.m.

prezes ku swojemu zaskoczeniu przegrał głosowanie, a ja zostałem bez pieniędzy na wyprawę. Byłem podłamany, ale też bardzo zdeterminowany.

Jeśli będzie trzeba, to sprzedam nerkę, a pojadę na tę Kanczendzongę, myślałem. Kilka osób zasugerowało mi, żeby spróbować finansowania społecznościowego, popularnie nazywanego crowdfundingiem. O ile koncept finansowania ciekawych projektów za pomocą małych wpłat wydawał mi się bardzo fajny i sam się w niego wkręciłem, o tyle nie sądziłem, że ktoś może zechcieć sfinansować mi wyprawę. No bo niby dlaczego? Alpinizm to specyficzny sport. Nie dostajemy medali, nie oglądają nas dziesiątki tysięcy ludzi na stadionach, nie stajemy na podiach, a na co dzień nie słyszymy dopingu kibiców. Nie ma przepisów, regulaminów. Góry są niemymi świadkami naszych sukcesów i porażek. Czasem ktoś napisze o tym książkę, czasem dziennikarz zrobi wywiad, szczególnie jeżeli odnieśliśmy sukces albo – jeszcze lepiej – jeżeli wydarzyła się tragedia. Ktoś przyjdzie po prelekcji i pogratuluje sukcesów, co jest miłe. I to wszystko. Hajzer miał takie powiedzonko: „Wspinamy się ze względu na kobiety, sławę i pieniądze". Mówił to z przekorą, bo to bzdura. Chyba nikt jeszcze nie dorobił się na wspinaczce. Ludzie nie rozpoznają nas na ulicach i chwała im za to. Co do kobiet... to akurat prawda, wspinanie jest ewidentnie sexy. Ale poza tym to taka trochę postrzelona pasja i o ile rozumiałem sponsorów, którzy wykładali pieniądze na wyjazd w zamian za reklamę, o tyle nie widziałem powodu, dla którego prywatni ludzie mieliby oddawać mi ciężko zarobione pieniądze, żebym dla własnej satysfakcji wlazł na jakąś górę na drugim końcu świata.

Nie miałem jednak nic do stracenia. Bez większego przekonania utworzyłem zbiórkę na jednym z popularnych portali. Poprosiłem o piętnaście tysięcy złotych. Stwierdziłem, że jeśli uda mi się tyle zebrać, to drugie piętnaście gdzieś wyskubię, trzecie pożyczę od znajomych, a potem sprzedam wszystko, co mam, niewiele tego, ale może wystarczy, i pojadę na tę wyprawę. A gdy wrócę, to najwyżej znów polecę do Anglii i na zmywaku zapracuję na spłatę długów. Niech świat się wali, ale muszę pojechać.

Piętnaście tysięcy zebrałem w godzinę. Po dwóch godzinach na liczniku było trzydzieści tysięcy. Nie mogłem w to uwierzyć, myślałem, że ktoś sobie stroi ze mnie żarty albo że zepsuł mi się laptop. Po dwóch tygodniach było sześćdziesiąt tysięcy. Dość, by ze spokojem sfinansować wyprawę i jeszcze uzupełnić braki w sprzęcie. Popłakałem się z radości i wzruszenia.

Zbiórka sprawiła, że poczułem realne wsparcie płynące od rzeszy ludzi, dla których moje wspinanie okazało się ważne. Jakbym miał za sobą stadion kibiców. To coś absolutnie fenomenalnego i pięknego. Zrozumiałem, że jestem tym ludziom coś winien. Skoro mnie wspierają, to mają prawo znać szczegóły moich wejść. Powinni wiedzieć, co się dzieje w bazie. Dają mi pieniądze również po to, by później karmić się emocjami, których im dostarczam. Oglądać zdjęcia, czytać wywiady, słuchać o moich przygodach na prelekcjach. Wielu z nich jest naprawdę dumnych, że przyczyniło się do wniesienia polskiej flagi na szczyt. Poczułem się częścią większej całości. Najcenniejszą rzeczą, którą wystawiłem na sprzedaż w ramach zbiórki, był czekan, z którym wszedłem na wszystkie swoje ośmiotysięczniki. Łukasz Grajcar, który go kupił, osobiście zwrócił mi go kilka dni później, a jego firma IMEX Logistic zaczęła wspierać moje kolejne górskie projekty. Jeżeli wśród czytelników jest ktoś, kto wziął udział w finansowaniu wyprawy na Kanczendzongę, to chciałem mu serdecznie za to podziękować.

Zbiórka uświadomiła mi, że najwyższa pora zostać zawodowym himalaistą. Już przed Makalu jasno zrozumiałem, że albo będę sfrustrowanym człowiekiem, który był świetnie zapowiadającym się wspinaczem, ale siedzi w knajpie przy piwie i opowiada, jakie to kiedyś miał osiągnięcia, albo po prostu zacznę działać. Pomimo olbrzymiej wdzięczności dla darczyńców nie chciałem, by crowdfunding stał się moim sposobem na opłacanie wypraw w góry. Musiałem znaleźć sponsorów. Kiedyś myślałem, że ideałem jest realizowanie swoich wyzwań sportowych bez udziału mediów i wystawiania się na świecznik. Dzisiaj wiem, że to niemożliwe. Nie jestem w stanie zorganizować wyprawy w Himalaje bez wsparcia. Zależność jest prosta. Sponsor się cieszy, bo ma reklamę uzyskaną stosunkowo małym kosztem. Media się cieszą, bo mają ciekawy materiał. Wspinacz się cieszy, bo ma pieniądze na realizowanie swoich planów sportowych. A kibice mają dostęp do informacji. Taka triada sprawia, że wszyscy są zadowoleni.

A jednak himalaiści starszego pokolenia często zarzucają nam, młodym, komercjalizację. Mówią w wywiadach, że się sprzedajemy. Według mnie to bzdura. Zmieniły się po prostu realia i źródła finansowania. Bernadette McDonald we wstępie do *Ucieczki na szczyt* pisze o polskich wspinaczach tak:

> Opowiadali mi o tamtych dziwnych, szalonych latach komunizmu, gdy partyjne władze wspierały wspinaczy, szczególnie tych najlepszych. Opowiadali z dumą o swej przedsiębiorczości, którą wykształcili, by zaspokoić himalajski nałóg. Wspinaczka wiązała się wówczas z ryzykiem nie tylko w górach, ale też podczas prac, takich jak wysokościowe mycie czy malowanie budynków albo wdrapywanie się na śliskie, źle zabezpieczone kominy fabryczne, tak typowe dla panoramy Katowic. Praca ta była niebezpieczna nie tylko ze względu na ryzyko upadku, ale też z powodu wdychania trujących wyziewów. W opowieściach przemycali aluzje o tym, jak lukratywny był wówczas przemyt. Ale czasy się zmieniły i teraz czuli się jak kamień, który odskoczył z sunącej na Polskę lawiny wolnego rynku[1].

Wolny rynek zmienił na przykład to, że dziś wspinamy się w świecie, w którym można mieć albo czas, albo pieniądze. „W latach osiemdziesiątych uprawianie alpinizmu wiązało się z prestiżem, korzyściami materialnymi, ale i wartościami duchowymi. Dziś pozostały nam tylko wartości duchowe" – mówił Artur Hajzer[2].

---

[1] McDonald Bernadette, *Ucieczka na szczyt*, Agora, Warszawa 2012

[2] Marta Nendza, Ultramaryna.pl. *Zima dla zuchwałych*, http://www.ultramaryna.pl/tekst.php?id=865 [data dostępu: 21 stycznia 2017].

Osiąganie wyników na światowym poziomie wymaga intensywnego treningu i licznych wyjazdów, a kto chciałby zatrudnić człowieka, który pół roku spędza w górach? A mimo to motywacja, która nas tam pcha, nigdy się nie zmieniła. Jest podobna bez względu na to, czy wspinamy się na światowym poziomie, czy też rekreacyjnie jeździmy w góry. Wyczynowi wspinacze potrzebują po prostu większych wyzwań, by wyzwolić tę samą ilość endorfin co turyści zmierzający w kierunku Przełęczy pod Chłopkiem. Lepszym wspinaczem nie jest ten, który robi trudniejsze drogi, ale ten, który czerpie z tego większą przyjemność. Kiedy zaczynasz konkurować z innymi, to tracisz radość wspinania, bo zawsze znajdzie się ktoś, kto wspina się lepiej od ciebie. Kiedy zaczynasz biegać, nie zastanawiaj się, w jakim czasie pokonuje maraton rekordzista świata. Nie dobijaj się myślami, że w porównaniu z nim jesteś ostatnim łajzą, bo zdychasz po pięciu kilometrach. Zamiast tego ciesz się, że po trzech tygodniach jesteś już w stanie przebiec dziesięć kilometrów. Według mnie kluczem do radości z uprawiania sportu jest ściganie się z samym sobą.

Kiedyś bardzo się przejmowałem, że mimo wielu lat doświadczenia w technicznej wspinaczce sportowej poziom pokonywanych przeze mnie dróg wciąż nie wykraczał poza średniozaawansowany. Po okresie intensywnego treningu brałem zwykle udział w wyprawie i przez kilka tygodni traciłem wypracowaną z trudem formę. Po powrocie do kraju zaczynałem treningi niemal od zera i chociaż forma wracała za każdym razem nieco szybciej, to wkrótce nadchodziła kolejna wyprawa i cykl się powtarzał. Nie robiłem coraz trudniejszych dróg i to mnie bolało. Ale przestało. Już mnie nie zajmuje. Wspinam się dla siebie, a nie po to, żeby porównywać się z innymi.

Mimo wszystko współpraca z mediami nie jest łatwa. Od początku nie miałem zamiaru sprzedawać swojej prywatności. Wciąż zgadzam się z tym, co napisał Wojtek Kurtyka: sława może być kurwą. Nie wyobrażam sobie udziału w sesji zdjęciowej dla kolorowego magazynu po urodzeniu się mojego syna. Dziennikarze bardzo chcieliby się dowiedzieć, jak to jest być żoną himalaisty, ale Dobrochna odmawia takich rozmów. Uznaliśmy, że nasze życie

Nawet padający codziennie deszcz nie mógł zepsuć mi radości z trekkingu przez kolejne piętra roślinności.

rodzinne należy do nas. Nie chcę być znany z tego, że jestem znany. Godzę się na sprzedaż swoich osiągnięć sportowych, ale nie życia prywatnego.

Na Kanczendzongę pojechaliśmy w pięciu. Denis namówił do wyprawy swoich dwóch rosyjskich przyjaciół – Dmitrija Siniewa i Artioma Brauna – a także Baska Alexa Txikona i mnie. Alexa znałem już z bazy pod Gaszerbrumem I, a z Denisem wspinałem się w Tatrach krótko przed wyjazdem. Przyjechał w zimie na kilka dni. Cieszyłem się, że mogę mu pokazać moje ukochane góry. Pierwszego dnia weszliśmy na Mnicha przez północną ścianę i Rysę Strzelskiego[3] na Wielkiej Mnichowej

---

[3] Wielka Mnichowa Baba, Rysa Strzelskiego, M5 [5+]. Pierwsze przejście: Bogdan Strzelski i towarzysz.

Babie. A drugiego poszliśmy na najdłuższą drogę wspinaczkową w Polsce, osiemsetosiemdziesięciometrowy Filar Mięguszowieckiego Szczytu Wielkiego. Podzieliliśmy się zadaniami: ja prowadziłem trudności techniczne, a Denis torował. Pierwszy raz byłem w górach z kimś, kto robił to tak szybko, że ledwo byłem za nim w stanie nadążyć. Trzeciego dnia Denis (razem z Kacprem Tekielim) dołożył do swojego tatrzańskiego wykazu przejście drogi Orzeł z Epiru[4].

Kanczendzonga (8586 m n.p.m.) od dziecka była dla mnie synonimem egzotycznej, wielkiej góry. Ze wszystkich ośmiotysięczników leży najdalej od siedzib ludzkich. W przeszłości pod jej zbocza prowadził najdłuższy trekking; dziś do bazy da się dojść w siedem dni, ale kiedyś jeepy nie jeździły tak daleko. Kanczendzonga kojarzyła mi się, między innymi, z Wandą Rutkiewicz, która zaginęła pod jej szczytem w 1992 roku, a także z pierwszym zimowym wejściem Jerzego Kukuczki i Krzysztofa Wielickiego. Oprócz nich jeszcze tylko dwoje Polaków zameldowało się na głównym wierzchołku - Piotr Pustelnik i Kinga Baranowska.

Cudownie było znowu znaleźć się w Nepalu. Nawet padający codziennie deszcz nie mógł zepsuć mi radości z trekkingu przez kolejne piętra roślinności. Zaczynaliśmy w gęstej dżungli, aby po kilku dniach wejść w królestwo lodowców i majestatycznych szczytów. Zawsze zdumiewała mnie zdolność człowieka do zasiedlenia każdego skrawka naszej planety, nawet tego, który z pozoru zupełnie nie nadaje się do życia. Każdy względnie płaski kawałek Nepalu jest zamieszkany, nawet jeżeli do kolejnej osady trzeba iść dwa dni przez góry. Nepalczycy są bardzo gościnni, spokojni i wiecznie uśmiechnięci. Czasami myślę, że tylko przez

[4] Ściana czołowa grzędy MSC, Orzeł z Epiru, M6 [6+]. Pierwsze przejście: Paweł Olek i Artur Paszczak, 26 stycznia 2003.

Na trekkingu. Od lewej: Denis, Artiom, ja i Alex.

grzeczność nie mówią nam, jak idiotyczna wydaje im się idea podróżowania przez cały świat po to, by wejść na jakąś górę.

Drugiego dnia trekkingu, myśląc, że chłopaki są przede mną, goniłem ich wytrwale przez kilka godzin. Dziwiłem się, jak to możliwe, że idą aż tak szybko. W końcu doszedłem do jakichś zabudowań. Było późno. Zacząłem się domyślać, że musiałem minąć swoją ekipę skrótem, którego nawet nie zauważyłem. Na migi dogadałem się z miejscowymi i dostałem na kolację *dhal bhat*, tradycyjną potrawę nepalską, która składa się z ryżu i zupy z soczewicą. Znaleźli mi też kąt do spania. Odpaliłem telefon satelitarny i próbowałem się dodzwonić do chłopaków. Oczywiście nie znałem numeru Denisa, ale kolejny raz Centrum Kryzysowe „Tychy" stanęło na wysokości zadania. Tata w ciągu godziny zdobył numer telefonu satelitarnego Urubki. Okazało się, że w jeden dzień zrobiłem dwudniowy odcinek trekkingu. Dzięki temu następnego dnia mogłem nadprogramowo odpocząć.

Przy organizacji trekkingu ważne jest, by współpracować z agencją, która zatrudnia tragarzy z danej doliny. W innym przypadku lokalna społeczność, chroniąc swoje interesy, może nie wpuścić obcych na swój teren. Jeżeli jednak tragarze są lokalni, to pojawia się inne ryzyko. W kolejnych mijanych wioskach mają rodziny i znajomych, których koniecznie trzeba odwiedzić, a to czasami kończy się rozciągnięciem karawany na kilka dni. Tak było w przypadku naszej wyprawy. Kilku tragarzy zgubiło się po drodze, przez co Alexowi w początkowej fazie ekspedycji brakowało części podstawowego sprzętu wspinaczkowego. I o ile mieliśmy na przykład zapasowe raki, o tyle już uprząż musieliśmy zrobić mu z taśm i sprzączek od plecaków.

Denis i Alex

W drodze do jedynki.

Dwudziestego kwietnia rozbiliśmy bazę na rozległej łące Pang Pema na wysokości 5140 m n.p.m. Pierwszy raz przebywałem w bazie postawionej nie na lodowcu, lecz na trawie. W dodatku znajdowała się tam mała chata z kamieni, którą zajął nasz kucharz (ten sam co na Makalu) i jego pomocnicy. Każda wyprawa w Himalajach zaczyna się od Pudży, tradycyjnej hinduistycznej ceremonii ofiarowania się w opiekę bogom. To radosny odpowiednik naszej mszy zakończony poświęceniem sprzętu wspinaczkowego i jedzeniem słodyczy.

Kanczendzonga, widoczna z mojego namiociku bazowego, wyglądała na wielką i spasioną, czym przypominała mi trochę Pik Pobiedy. Na pierwszy rzut oka nie wiedzieliśmy, jak się do niej dobrać. Planowaliśmy aklimatyzację na drodze normalnej. Tylko że w przypadku północnej ściany to już było ostre wspinanie, bo za klasyczną uznaje się drogę wytyczoną w 1979 roku przez Petera Boardmana, Douga Scotta i Joe Taskera, legendarny zespół, który swoimi przejściami wyprzedzał epokę. Później razem z Alexem i Denisem mieliśmy zamiar poprowadzić w stylu alpejskim nową drogę w prawej części północnej ściany.

Kiedy w końcu ją zobaczyliśmy, zrozumieliśmy, że ze względu na wiszące wszędzie seraki nie ma szans na poprowadzenie bezpiecznej drogi tam, gdzie planowaliśmy. Kolejny dowód na to, że dróg nie wytycza się w domu na podstawie zdjęć, bo góra się zmienia.

Zaczęliśmy rozpoznania na drodze normalnej. Dwudziestego drugiego kwietnia Denis i Dima znaleźli przejście przez dziesięciokilometrowy lodowiec wiodący do podnóża naszej ściany i założyli niski obóz I. Dzień później razem z Alexem i Artiomem doszliśmy tam na ciężko. Tym razem nie musieliśmy ważyć plecaków jak u Hajzera. Wspinaliśmy się nieraz z dodatkowymi dwudziestoma pięcioma kilogramami.

Następnego dnia w kotle pod północną ścianą założyliśmy obóz I bis. Okazało się, że najłatwiejszy wariant przejścia do miejsca, gdzie zamierzaliśmy założyć obóz II, wiąże się z niebezpieczną wspinaczką pod serakami. Nie chcieliśmy ryzykować. To była moja pierwsza wyprawa po Broad Peaku, a dla Denisa pierwsza ekspedycja po śmierci Aleksandra Bołotowa, z którym rok wcześniej próbował wytyczyć nową drogę na Evereście. Bezpieczeństwo było dla nas priorytetem.

Podczas tej wyprawy zrozumiałem, że w drogach normalnych na ośmiotysięcznikach tkwi pewien paradoks. Technicznie są najłatwiejsze, ale przez to najniebezpieczniejsze, bo często wiodą śnieżnymi stokami narażonymi na lawiny. Zresztą, czy to w Tatrach, czy w Himalajach, najgroźniejszy jest właśnie średnio trudny teren. Kiedy zbocze nachyla się pod kątem czterdziestu czy pięćdziesięciu stopni, to rzadko decydujesz się na asekurację. Przecież jest łatwo. Ale takie nachylenie oznacza często, że popełniony błąd może cię kosztować życie. Podobnie jest w terenie skalnym. W trudnościach dwójkowych czy trójkowych jest najczęściej zbyt łatwo, żeby się porządnie asekurować, ale wystarczająco niebezpiecznie, żeby się zabić. Dlatego podobała mi się wizja Denisa, który wolał wejść w trudny technicznie teren, aby ominąć miejsca zagrożone lawinami bądź serakami.

Celem kolejnego wyjścia było dojście na przełęcz na wysokość siedmiu tysięcy metrów. Dwudziestego ósmego kwietnia Alex i Denis położyli dwieście metrów poręczówek na trudnym, miejscami pionowym skalno-lodowym progu, którym ominęli seraki. Kolejny trzystumetrowy odcinek był trochę łatwiejszy, ale wciąż wymagał ostrego wspinania w mikście. Zaporęczowaliśmy go z Artiomem i Dimą. Niestety, do upragnionej przełęczy wciąż mieliśmy czterysta metrów konkretnego wspinania w kruchym lodzie. Zrozumieliśmy, że droga, na której zamierzaliśmy szybko zdobyć aklimatyzację, jest poważnym wyzwaniem wspinaczkowym.

Na początku maja Denis i Alex w szczelinie pod małym serakiem założyli tymczasowy obóz II na wysokości 6650 m n.p.m. Zaporęczowali kolejne dwieście pięćdziesiąt metrów śnieżno-lodowego stoku i zeszli do bazy. Z Dimą i Artiomem dotarliśmy do dwójki dzień po nich. Nie podobało mi się to miejsce. Po kilku

Między jedynką a dwójką musieliśmy pokonać kilkaset metrów trudnego i stromego terenu.

Alex w drodze do obozu II.

godzinach kopania platformy w śniegu, którym przykryta była szczelina, postawiliśmy w końcu nasz namiot. Bałem się jednak, że w każdej chwili możemy spaść w czeluść.

Jedną z najprzyjemniejszych chwil podczas wspinania jest ta, gdy po dniu ciężkiej pracy leżysz w końcu rozluźniony w cieplutkim śpiworku, a w jet boilu topi się woda na herbatę. Właśnie nalałem porcję upragnionego płynu, gdy uderzyła w nas pierwsza mała lawina. Nie przejęliśmy się tym za bardzo i tylko obśmialiśmy Dimę, który zajął miejsce najbliżej stoku i nie bardzo mógł się ruszyć przysypany masą śniegu. Gdy lawinki zaczęły schodzić z coraz większą regularnością, miny nam zrzedły. Śnieg padał przez cały dzień, a teraz zaczął zsuwać się po stromym stoku nad nami z coraz większą regularnością i siłą. Zaczęło się robić groźnie. Baliśmy się, że kolejna lawina może być na tyle duża, że albo nas zasypie, albo wciśnie w głąb szczeliny, nad którą stał namiot.

Mogła też po prostu nas porwać i zrzucić na lodowiec sześćset metrów niżej.

Podjęliśmy decyzję o wycofaniu się do jedynki. Znowu trzeba było się ubrać, zwinąć i zabezpieczyć obóz, a to wszystko w zapadającym zmroku, silnym wietrze i masach śniegu sypiących się już niemal bez przerwy na nasze głowy. Do jedynki doszliśmy późno w nocy, przestraszeni, zmęczeni i bardzo zawiedzeni, że nie udało się wykonać planu i wyjść na tę cholerną przełęcz. Ze względu na kiepskie prognozy pogody cofnęliśmy się do bazy. Tam Denis opieprzył nas za niepotrzebną, jego zdaniem, panikę.

Minęły dwa tygodnie, od kiedy zaczęliśmy się wspinać. Czas bardzo się kompresował, miałem poczucie ciągłej, ciężkiej pracy.

Denis w obozie II (na szczelinie).

Na grani na wysokości 7300 m n.p.m.

Bardzo mi się to podobało. O ile w zimie przez większość wyprawy dzieje się niewiele, o tyle wiosną na Kanczendzondze brakowało chwili na porządny odpoczynek. Zasuwaliśmy, ale wciąż nie doszliśmy nawet na siedem tysięcy metrów. Kiedy pogoda zepsuła się na kilka dni, to w końcu mogliśmy wypocząć.

Ściana zaskoczyła nas swoją trudnością. Alex wyszperał gdzieś, że ostatnie wejście od północy miało miejsce w 1998 roku. Ponadto wyczytał, że nikt jeszcze nie zrobił trawersu Kanczendzongi, co było ciekawym i atrakcyjnym wyzwaniem sportowym. Jednak zejście drogą inną niż droga wejścia zawsze rodzi problemy logistyczne, szczególnie jeżeli schodzimy do innej doliny niż ta, z której startujemy.

Pomimo różnic kulturowych i językowych świetnie się dogadywaliśmy. Pierwszy raz wspinałem się w międzynarodowym zespole. Według mnie urok świata polega na jego różnorodności i fakt, że na tej wyprawie zetknęły się odmienne kultury i języki, był dla mnie fascynujący. Świetne doświadczenie. Bardzo się wszyscy polubiliśmy i zaprzyjaźniliśmy. Szybko zbudowaliśmy prawdziwy, skutecznie działający zespół, który, jak to określił Denis, wykonał na górze pracę co najmniej dziesięciu osób.

Podczas wspinaczki z Artiomem i Dimą problemem bywała bariera językowa. Dima nieźle mówił po angielsku, ale Artiom porozumiewał się tylko w rodzimym języku. W pewnym momencie stwierdziłem, że najłatwiej będzie, jeśli nauczę się komend wspinaczkowych po rosyjsku, i tak właśnie zrobiłem. Mimo to bywało zabawnie. Zwłaszcza podczas poręczowania. Komunikacja jest wtedy bardziej wymagająca niż w trakcie klasycznej wspinaczki. Z Denisem i Alexem bez trudu rozmawialiśmy po angielsku.

Ósmego maja w końcu osiągnęliśmy upragnioną przełęcz i założyliśmy wraz z Dimą i Alexem obóz III na wysokości 7100 m n.p.m. Kolejnego dnia położyliśmy z Alexem ostatnie dwieście pięćdziesiąt metrów naszych lin poręczowych i po drugiej z rzędu nocy spędzonej w trójce zeszliśmy do bazy.

Bardzo imponował mi profesjonalizm Denisa. Był świetnym kierownikiem, bardzo skoncentrowanym na celu. Kiedy jeździłem z Arturem Hajzerem, to na liście rzeczy, które miałem zabrać ze sobą, było zawsze pół litra spirytusu. Denisowi picie alkoholu podczas wyprawy, nawet w symbolicznej ilości, wydawało się nie do pomyślenia. Złamał się tylko raz, podczas moich urodzin, które świętowaliśmy w bazie dwunastego maja. Bardzo miło wspominam ten dzień. Był tort i *Sto lat* zaśpiewane w trzech językach. Przygotowałem z tej okazji fondue. W prezencie dostałem książkę Denisa z bardzo miłą dedykacją („Dla jednego z najmocniejszych himalaistów na świecie") i zrobione przez chłopaków z karimaty i srebrnej taśmy klejącej „buty bazowe".

Krótko po moich urodzinach dołączyła do nas młoda reżyserka Krysia Rachwał wraz z operatorem kamery Mateuszem Pastewką.

SKAZANY NA

Krysia zgłosiła się do mnie kilka miesięcy wcześniej z pomysłem nakręcenia filmu o wyprawie na Kanczendzongę. Zaimponowała mi swoją determinacją, więc się zgodziłem. Dopiero w bazie dowiedziałem się, że przed przyjazdem do Nepalu nigdy nie spała w namiocie.

Od czasu do czasu docierały do nas wiadomości z południowej strony góry, gdzie blisko osiemdziesięciu wspinaczy zaporęczowało praktycznie całą drogę do szczytu i było gotowych do ostatecznego ataku. Gdy się o tym dowiedziałem, to poczułem bardzo wyraźnie, że to wielkie szczęście mieć tę ścianę tylko dla siebie i walczyć z nią uczciwie: samemu zakładając liny, bez pomocy Szerpów, dodatkowego tlenu i innych wypraw obok. Nie miałem żadnych wątpliwości, że znaleźliśmy się z przyjaciółmi po właściwej stronie.

Czternastego maja znowu ruszyliśmy z Alexem i Dimą w górę. Mieliśmy nadzieję, że tym razem uda nam się dojść do szczytu. Najbardziej obawialiśmy się bariery skalnej, która zaczynała się na wysokości 7450 m n.p.m. Była wysoka na dwieście metrów, nazwaliśmy ją Bastionem. Piętnastego maja po dziewięciu godzinach wspinania w mokrym śniegu zasypującym nasze poręczówki dotarliśmy do trójki na grani. Rano zwinęliśmy obóz i na ciężko ruszyliśmy w górę z zamiarem założenia ostatniego już obozu IV.

Po kilku godzinach zrozumieliśmy jednak, że nie damy rady na ciężko pokonać Bastionu, tym bardziej że zamiast obchodzić go lawiniastym kuluarem z lewej, po raz kolejny wybraliśmy wariant trudniejszy technicznie, ale za to pozbawiony zagrożeń obiektywnych. Tak wspinacze nazywają te niebezpieczeństwa, które są niezależne od nich. Chodzi głównie o lawiny i szczeliny.

Na wysokości 7350 m n.p.m. rozstaliśmy się z Dimą, który miał rozbić obóz tymczasowy, i poszliśmy z Alexem poręczować Bastion. Tego dnia poprowadziłem dwa najtrudniejsze technicznie wyciągi na dużej wysokości w życiu. Pierwszy to nachylony pod kątem siedemdziesięciu stopni czterdziestometrowy komin lodowy ograniczony kruchą skałą. Kolejny wyciąg był jeszcze trudniejszy: pięćdziesięciometrowy, pionowy skalny próg o co

⇦ Urodziny – miło wspominam ten dzień. Był tort i *Sto lat* zaśpiewane w trzech językach. No i buty bazowe zrobione przez chłopaków z karimaty i srebrnej taśmy.

Najbardziej obawialiśmy się bariery skalnej,
która zaczynała się na wysokości 7450 m n.p.m.
Była wysoka na dwieście metrów, nazwaliśmy ją Bastionem.

W promieniach zachodzącego słońca i z uśmiechami na ustach zeszliśmy do naszego tymczasowego obozu na wysokości 7350 m n.p.m.

Dima pokonuje ostatnie metry Bastionu.

najmniej piątkowej trudności. Poprowadzenie tego wyciągu zajęło mi dwie godziny i dostarczyło olbrzymiej satysfakcji. Z najwyższego punktu widziałem, że dalej jest już znacznie łatwiej, i miałem nadzieję, że droga do szczytu została otwarta.

W promieniach zachodzącego słońca i z uśmiechami na ustach zeszliśmy do naszego tymczasowego obozu na wysokości 7350 m n.p.m. Tego samego dnia Denis i Artiom doszli na lekko do trójki na przełęczy.

Kolejnego dnia zwinęliśmy obóz i znowu na ciężko ruszyliśmy w górę. Prowadził Alex. Chociaż było łatwiej niż dzień wcześniej, to teren wciąż był stromy i wymagający. Na nasze szczęście pod koniec wspinaczki w Bastionie trafiliśmy na stare poręczówki, które ułatwiły nam osiągnięcie plateau podszczytowego. Czwartego dnia od wyjścia z bazy cała nasza piątka założyła upragniony obóz IV, który stanął o siedemnastej na wysokości 7700 m n.p.m. Od szczytu dzieliło nas ostatnie dziewięćset metrów – nasz cel na kolejny dzień.

Alex już w bazie zaczął namawiać nas do zrobienia trawersu. Pomysł wydawał się kuszący, ale miałem wątpliwości.

– Alex, a co zrobimy po zejściu? – spytałem.

Bazy pod północną i południową ścianą Kanczendzongi leżą daleko od siebie. Trudno mi było wyobrazić sobie cztery dni trekkingu w kombinezonie puchowym i butach używanych do ataku szczytowego. A przecież nie weźmiemy na wierzchołek lekkich butów i dodatkowych ubrań. I tak będziemy musieli nieść namiot, gaz, palnik, karimaty, śpiwory i jedzenie.

– Adam, nie przejmuj się, po południowej stronie góry wspina się pełno naszych przyjaciół. Na pewno nam pomogą – uspokajał Alex.

Do ataku szczytowego wstaliśmy o północy. Gotowanie, ubieranie się i w końcu wymarsz. O drugiej byliśmy już w drodze. Dima,

Kopuła szczytowa widziana z obozu IV.

Alex i ja zdecydowaliśmy się spróbować trawersu, więc szliśmy na ciężko. Denis i Artiom szli na lekko. Świecił księżyc. Noc była zimna i piękna. Niestety, fragmenty początkowego trawersu pokrywał szklisty lód. Tego się nie spodziewaliśmy, mieliśmy nadzieję szybko dotrzeć do podstawy kopuły szczytowej. Każdy najmniejszy błąd na tym odcinku groził śmiercią. O świcie Artiom powiedział, że nie czuje się pewnie. Miał z nas najmniejsze doświadczenie, to była jego pierwsza wyprawa na ośmiotysięcznik. Postanowił zawrócić. Denis, kierowany solidarnością wobec partnera, stwierdził, że schodzi razem z nim. Nasza trójka poszła dalej.

Wreszcie skończyło się uciążliwe trawersowanie i w twardym firnie zaczęliśmy się piąć prosto w górę. Spojrzałem na zegarek. Była dziesiąta rano, a do szczytu wciąż kawał drogi. Zaproponowałem, żebyśmy olali pomysł trawersu i poszli dalej na lekko. Bałem się, że z ciężkimi plecakami nie zdążymy dojść do wierzchołka i zejść wystarczająco nisko, aby bezpiecznie zabiwakować. Chłopcy byli jednak pełni optymizmu i zostałem przegłosowany. Wkrótce znowu zaskoczyły nas trudności techniczne, których w ataku szczytowym zupełnie się nie spodziewaliśmy. Przed nami wyrosła mikstowa ścianka, a za nią stromy kuluar, który bronił dostępu do rozległych pól podszczytowych. Wziąłem od Alexa śpiwór i gaz, a on przejął prowadzenie.

Na końcu kuluaru zobaczyłem, że coś wystaje spod śniegu. Gdy podszedłem wyżej, zrozumiałem, że to człowiek. Siedział skulony, jakby chciał się ogrzać. Był częściowo przysypany. Po zejściu skontaktowaliśmy się z Eberhardem Jurgalskim, skarbnicą wiedzy o górach wysokich. Przekazaliśmy mu zdjęcia i informację o lokalizacji ciała. To był japoński himalaista, który zaginął na górze kilka lat wcześniej. Jego zamarznięte ciało było jak napomnienie: „Uważaj, co robisz". Na moment straciłem rytm, ale po chwili po prostu poszedłem dalej. Często myślę o tej sytuacji. Gdybym zobaczył ciało na dole, to przeżycie byłoby pewnie dramatyczne. Na wysokości taka sytuacja jest jednak do zaakceptowania. Dlaczego? Na czym polega ta różnica? Nie umiem odpowiedzieć, dlaczego w górach mijamy ciało drugiego człowieka i nie wzbudza to w nas tak silnych emocji, jakie powinno.

O 12.45 dotarliśmy w końcu do pól podszczytowych. Pomyślałem to samo co na Rocky Summit podczas ataku na Broad Peak: przecież ten szczyt jest bardzo daleko, za daleko. Zwątpiłem w nasz pomysł.

– Nie wiem, czy to dobra decyzja, aby iść na ciężko. Ostatni wyciąg zajął nam ponad pół godziny, a przed nami jeszcze co najmniej sześć. Zobacz, jak to jeszcze daleko – wysapałem w stronę Alexa.

– Dobra, spróbujemy, Dima, ruszaj.

Alex zdawał się nie słyszeć moich wątpliwości.

– Zaraz, zaraz, spokojnie – wydyszał Dima.

– Dzień jest długi – zachęcał Alex.

– To prawda, mamy jeszcze sporo czasu, ale wiesz, że im wyżej, tym będziemy wolniejsi, z tymi plecakami... – odpowiedziałem.

– Ale teraz… – zaczął coś mówić Alex, lecz Dima mu przerwał:

– Chciałbym ustalić, jak dalej idziemy.

Denis na plateau podszczytowym.

Zaczęliśmy negocjować przebieg dalszej drogi, co było trudne, bo wszyscy kaszleliśmy jak gruźlicy pięć minut przed śmiercią. Suchy kaszel to typowy efekt oddychania suchym i zimnym powietrzem.

– Adam, odetnij resztę liny, która nam została – powiedział Alex.

– Bierzemy śruby lodowe? – spytał Dima.

– Bierzemy – odpowiedziałem. – Kurwa, ryzykownie, chłopaki, bardzo ryzykownie. Stawiamy wszystko na jedną kartę. Do szczytu jest strasznie daleko, wydaje mi się, że nie zdajecie sobie sprawy z tego, jak daleko – spróbowałem jeszcze raz przebić się do ich świadomości. Bezskutecznie.

– Adam, weź linę – powiedział Alex i zrobił pierwsze dwa kroki w górę.

Odciąłem ostatnie czterdzieści metrów liny, które nam zostało. Resztę zostawiliśmy w pokonanym przed chwilą kuluarze.

Atak szczytowy.

– Kurwa, daleko – powiedziałem po raz kolejny już bardziej do siebie niż do chłopaków.

– Jest daleko – ku mojemu zaskoczeniu zgodził się Alex i zrobił kolejne dwa kroki w górę.

Zrozumiałem, że na nic zda się moje marudzenie, ale chyba bałem się powtórki z Broad Peaku, więc spróbowałem ostatni raz:

– Alex, do cholery, wiesz, że zejście stąd nie jest takie skomplikowane. Ale jeżeli pójdziemy do szczytu, możemy się wpakować w kłopoty.

– Która jest teraz godzina? – spytał Bask.

– Za piętnaście pierwsza – odpowiedziałem i od razu dodałem: – Ustaliliśmy, że o drugiej zawracamy. Chodźmy w górę jeszcze przez godzinę i zobaczymy, jak nam pójdzie. Możliwe, że ujdziemy tylko kawałek i ewidentne będzie, że musimy zawrócić.

– OK – zgodził się Alex.

Cztery godziny później wciąż szliśmy do góry, a do szczytu wciąż było daleko.

Wspinaliśmy się w zmrożonym śniegu, teren był łatwy technicznie, ale stromy, a to wymagało pełnej koncentracji, błąd nie wchodził w rachubę. To gdzieś w tych okolicach Carlos Carsolio ostatni raz widział Wandę Rutkiewicz. Do ataku szczytowego ruszyli równocześnie. Meksykanin był dużo szybszy. Wszedł na wierzchołek i w zejściu spotkał Polkę zaledwie trzysta metrów od miejsca, w którym się rozstali. Carlos próbował namówić Wandę do zejścia, ale bez skutku. Wtedy widział ją po raz ostatni. Poszła w kierunku szczytu.

Straciłem wiarę w sukces i motywację do dalszego wysiłku. Zacząłem odstawać od chłopaków. Zrozumiałem, że nawet jeżeli dojdziemy za dnia do szczytu, to i tak będziemy musieli biwakować powyżej ośmiu tysięcy metrów. Mieliśmy sprzęt, ale biorąc pod uwagę słabą aklimatyzację, w najlepszym wypadku skończyłoby się to odmrożeniami. W końcu powiedziałem sobie dość.

– Musimy zawrócić.

– Adam, jeszcze tylko godzina do grani – rzucił Alex.

– Cztery godziny temu mówiłeś to samo. Uważam, że wszyscy powinniśmy zawrócić, ale jeżeli zdecydujecie się iść dalej, to beze mnie. Ja schodzę.

Alex wyglądał na zdezorientowanego moją stanowczością. Nie wiedział, co robić. W tym momencie zatrzeszczało radio. To był Denis. Pytał, gdzie jesteśmy.

– Alex, proszę, schodźcie, z miejsca, gdzie jesteście, do grani jeszcze pewnie ze dwie godziny, a przecież z przełączki do szczytu to wciąż kawał drogi. Sam wiesz, przecież byłeś tam – perswadował Denis. Nawiązywał do próby wejścia Alexa na Kanczendzongę sprzed kilku lat. Bask wspinał się wtedy od południa i wycofał właśnie z przełączki, na której drogi się schodzą.

– OK, wracamy – odpowiedział po dłuższej chwili Alex.

Na filmiku nagranym w czwórce przez Denisa widać ogromną ulgę na jego twarzy, gdy to usłyszał. Poczułem to samo. Dima by się zgodził, ale to Alexa trzeba było przede wszystkim przekonać. Był z nas najbardziej doświadczony. Miał dziesięć ośmiotysięczników na koncie. Gdyby nie Broad Peak, to może zaufałbym jego osądowi. Ale na Kanczendzondze wiedziałem już, że niezależnie od doświadczenia innych moja ocena może być lepsza. W sytuacji zagrożenia życia lepiej zaufać sobie niż jakimkolwiek autorytetom, bo nikt nie jest nieomylny.

Potem, gdy byliśmy już w bazie, Alex podziękował mi za uratowanie życia.

Ale najpierw musieliśmy zejść. Zmrok zastał nas przy poręczówce, którą zostawiliśmy w kuluarze. Teren poniżej wymagał zjazdów, ale ponieważ trwały zbyt długo, zacząłem schodzić na żywca. Kiedy chłopaki kończyły zjazd, to miały już przygotowane kolejne stanowisko. Ostatnie wzmocniłem dziabką wkopaną w śnieg. Alex, który jechał jako ostatni, miał ją zabrać ze sobą, ale zapomniał. Zmęczenie robiło swoje, a ja zostałem z jednym czekanem. Schodziłem szybciej niż chłopaki i co sto metrów czekałem na nich. Rozpoczął się wylodzony miejscami trawers, który mocno obciążał nasze i tak już obolałe po pięciu dniach wspinania na przednich zębach raków łydki.

Czekając na chłopaków, przykucnąłem na oblodzonym stoku, żeby trochę odpocząć. Wyłączyłem czołówkę i patrzyłem, jak Alex i Dima trawersują zbocze. Wtedy wyjechała mi noga. Wziąłem zamach czekanem, aby lepiej wbić go w lód, i wyjechała mi druga noga. Spadałem. Zachowałem spokój, uczucie dobrze znane wspinaczom, którzy znaleźli się w trudnej sytuacji. Kiedy robi się ekstremalnie niebezpiecznie, umysł odcina emocje. Zacząłem działać automatycznie.

Uderzyłem czekanem w lód. To na chwilę spowolniło upadek, ale dziabka wyskoczyła. Ten ruch przynajmniej obrócił mnie na brzuch.

Drugie uderzenie. Czekan znów nie złapał podłoża.

Wtedy pojawił się stres. Wiedziałem, że została mi jeszcze jedna próba. Jeśli się nie uda, to po mnie, bo zacząłem nabierać szalonej prędkości. Za chwilę będzie za późno. Zginę.

Z całej siły walnąłem czekanem w stok, a ostrze zaczęło ryć w bardziej miękkim w tym miejscu firnie. Wyuczonym ruchem wepchnąłem je pod siebie i całą piersią przycisnąłem do stoku.

Zacząłem zwalniać.

Zatrzymałem się. Uf, było blisko.

Chwilę poleżałem. Uspokoiłem oddech. Wykopałem nogami stopień w twardym śniegu, żeby bezpiecznie stanąć. Ciemność. Podczas jazdy w dół spadła mi czołówka. Obok, na niewielkim kamieniu wtopionym w stok, leżał mój telefon satelitarny. Jakimś cudem nie poleciał dalej. Schowałem go do kieszeni. Spojrzałem w górę. Chłopaki były jakieś sto pięćdziesiąt metrów nade mną.

Zmrok na Kanczendzondze.

– Alex! Dima! – krzyknąłem.

W tym wietrze nie mieli szans mnie usłyszeć.

Bielecki, myśl.

Nie mam światła, boję się poruszyć, żeby nie spaść. Miną mnie i nawet nie zauważą kiedy. Spadłem dobre sto metrów poniżej naszej trasy.

– Myśl, Bielecki, myśl – zacząłem mamrotać.

Olśniło mnie. Zapalniczka! Zawsze mam ją zawieszoną na szyi. Podpatrzyłem kiedyś ten patent u rosyjskich wspinaczy. Sznurek na szyję, a na jego końcu pomadka do ust i zapalniczka. Żeby nie ginęła, zawsze była pod ręką. Od niej zależy w górach twoje życie. Wyciągnąłem ją. Zacząłem mrugać w stronę chłopaków.

Na co dzień nie uświadamiamy sobie, jak dobrze widać w ciemności najmniejsze nawet światło. W optymalnych warunkach nocą płomień świecy można dostrzec z dziesięciu kilometrów.

Ale oni nie dostrzegli. Światełko było za małe, aby odwrócić ich uwagę od własnych raków. Puknąłem się w głowę. Wyciągnąłem aparat. Zacząłem błyskać lampą. Było zimno, coraz zimniej, dostałem pierwszych drgawek. Bałem się, że niekontrolowane dreszcze zrzucą mnie ze ściany. W końcu zobaczyłem, że czołówki obracają się w moim kierunku. Spostrzegli mnie!

Po dwudziestu minutach dotarł do mnie Alex, a chwilę później Dima.

– Muszę iść. Zimno. Muszę się ruszać. Świeć. Idziemy – wysapałem przez szczękające z zimna zęby.

Poruszaliśmy się bardzo wolno. Zamarzałem. Zacząłem trawersować zbocze pod górę, żeby jakoś się rozgrzać, ale nie działało.

– Chłopaki, chodźmy tamtędy, tam jest łatwiej, nie będzie lodu! – Wskazywałem alternatywną drogę.

– Nie, idziemy tędy. – Alex mi nie wierzył albo nie chciało mu się podchodzić.

– Bez sensu, tam będzie trudno – powiedziałem.

Miał dość moich kaprysów.

– To masz czołówkę i idź sobie, gdzie chcesz.

Poszedłem. Godzinę później spotkałem Denisa. Wyszedł po nas. Zaprowadził mnie do namiotu. Piętnaście minut później doszli chłopcy. Dostaliśmy herbatę.

Leżałem w namiocie i ubolewałem nad naszą głupotą. Na własne życzenie nie zdobyliśmy szczytu, bo gdyby nie pomysł trawersu, to poszlibyśmy na lekko. Wtedy mielibyśmy spore szanse. Do ataku wyruszyliśmy na ciężko, a dodatkowo byliśmy po czterech dniach solidnej harówki, w tym dwóch spędzonych w Bastionie. Każdego dnia dziesięć godzin wspinania, i to z ciężkimi plecakami.

Jeszcze tu wrócę, pomyślałem. Zostawiliśmy przecież linę w najtrudniejszym miejscu, wszystko jest gotowe. Nic, tylko wejść.

Olśniło mnie.

– Denis – zwróciłem się do Urubki. – Jeśli rano będzie ładna pogoda, to idź. Wszystkie trudności jesteś w stanie pokonać bez asekuracji. Masz poręczówkę w kluczowym miejscu i przedeptaną trasę. Spróbuj, co?

Zachował pokerową twarz. Nie dał po sobie nic poznać. Poszliśmy spać.

Obudziło mnie słońce. Zaczęliśmy gotować i leniwie zbieraliśmy się do zejścia. Wyszedłem z namiotu i poszedłem do Artioma, który rozbił się kawałek dalej.

– A gdzie Denis, poszedł do góry? – spytałem.

– Tak, poszedł na szczyt.

Uśmiechnąłem się i wróciłem do chłopaków, aby pomóc im zwinąć obóz. Było południe, kiedy zobaczyłem schodzącego Denisa. Za szybko. Dlaczego mu się nie udało? Z bazy do trójki szedł na lekko, drogę do szczytu miał przetartą, w kluczowym miejscu leżała lina poręczowa. Byłem pewien, że zdobędzie szczyt. Cholera jasna.

– Denis, co się stało? – zapytałem smutno.

– Jak to co? – rzucił i uśmiechnął się szeroko.

I wtedy zrozumiałem. Niesamowite. Wyszedł tuż po piątej rano. Przed dziesiątą był na szczycie, co oznacza, że robił prawie dwieście metrów przewyższenia na godzinę. Na tej wysokości to świetny wynik. Zejście zajęło mu dwie godziny. Mistrzostwo świata. Wydawało mi się, że moje wejście na K2 było bardzo sprawne, ale to, co zrobił Denis, wykraczało poza moje możliwości. W końcu poznałem himalaistę znacznie mocniejszego ode mnie.

Poczułem szaloną radość. Nasza ciężka praca nie poszła na marne. Wiadomo, że fajnie byłoby wejść na szczyt, ale najważniejsze, że wyprawa zakończyła się sukcesem. Do bazy schodziliśmy w świetnych nastrojach. Nawet cieknące krwią i opuchnięte od oparzenia słonecznego wargi nie mogły mi zepsuć tego dnia.

Z południowej strony góry docierały do nas informacje o kolejnych wejściach. Po dotarciu do bazy zaczęliśmy kombinować, jak do sukcesu wyprawy dołożyć sukces własny. Alex odmroził się podczas ataku i musiał jak najszybciej wracać do Katmandu. Dima i Artiom mieli już dosyć trudności naszej ściany i chcieli po prostu wejść na szczyt, wszystko jedno którą drogą. Postanowili więc przenieść się na południową stronę i tam spróbować szczęścia. Rozumiałem ich, ale kompletnie mnie to nie interesowało. Nie chciałem wchodzić normalną drogą przygotowaną przez innych. Poza tym znałem prawie każdy metr drogi na północnej ścianie. Znaczną część poręczówek położyłem sam, a po ataku szczytowym schodziłem z kolegami bez asekuracji. Czułem, że jestem w stanie bezpiecznie wejść i zejść ze szczytu bez niczyjej pomocy. Z początku nieśmiały pomysł samotnego ataku zaczął mnie coraz bardziej pociągać.

Odpocząłem cztery dni. Artiom i Dima poszli na południową stronę Kanczendzongi, a Alex zszedł do Katmandu. W bazie zrobiło się pusto. Została tylko obsługa, Krysia, Mateusz, Denis i ja.

Powoli wprowadziłem się w piękny stan głębokiej koncentracji. W sercu miałem radość, a w duszy spokój. Cieszyłem się na myśl o samotnej walce z górą. We własnym tempie i na własnych zasadach. Denisowi jednak bardzo nie podobał się mój pomysł. Czuł się za mnie odpowiedzialny jako kierownik. Szczyt został przecież zdobyty, a ja chciałem ryzykować w samotnym ataku.

Zrobiło się nerwowo. Tym bardziej że potrzebowałem pomocy Urubki, aby dostać się pod ścianę. Nie chciałem sam przechodzić przez lodowiec. Musiałem się z kimś związać.

– Sam nie mogę z tobą pójść, bo jak wrócę? – słusznie zauważył Denis, ciesząc się, że ten problem załatwia sprawę mojego samotnego wyjścia.

Dogadałem się jednak z pomocnikiem kucharza, który wielokrotnie pracował jako tragarz wysokościowy. Za dwieście dolarów zgodził się pójść do jedynki i z powrotem.

– Denis, weź no, przestań, wiem, co robię – próbowałem go udobruchać. – Sam byś poszedł. Potrafisz to przecież zrozumieć. Jeśli się zepsuje pogoda, to zawrócę. Raz przecież zawróciłem, zawrócę i drugi. Nie mam z tym żadnego problemu. Będę kontrolował sytuację na bieżąco – tłumaczyłem.

Nie wyglądał na przekonanego, ale rano wyszliśmy do jedynki. Im bliżej obozu I byliśmy, tym bardziej robił się mrukliwy. Najbardziej martwiła jednak pogoda, która wyraźnie się psuła. Po południu zaczął padać śnieg i nie przestał przez całą noc. Tato wysłał mi nową prognozę, radykalnie inną od tej sprzed dwóch dni. Miało sypać przez kolejne cztery doby.

Góra powiedziała „nie". Tak intensywny opad oznaczał nadejście monsunu, który w tym roku zaczął się szybciej niż zwykle. Z żalem podjąłem jedyną możliwą w tej sytuacji decyzję. Odwrót. Denis odetchnął z ulgą.

Podczas zejścia do bazy byłem mocno rozgoryczony, ale szybko mi przeszło. W końcu nasz zespół zdobył wierzchołek. Przeżyłem wyjątkową przygodę i zyskałem nowych przyjaciół. Denis okazał się tym wymarzonym partnerem, od którego mogłem się dużo nauczyć, ale też pomóc mu w realizacji bardzo ambitnych celów.

Na lodowcu.

LA SPORTIVA

Alex podpisuje pocztówki dla tych, którzy wsparli mój udział w wyprawie.

Paradoksalnie też mi ulżyło. Wcześniej wchodziłem na szczyt na czterech wyprawach z rzędu i sporo osób oczekiwało ode mnie kolejnego sukcesu. Nagle jednak okazało się, że Bielecki jest normalny i wcale nie musi zawsze zdobywać wierzchołka. Szczyt jest ważny. Jeśli wspinacz mówi inaczej, to jest hipokrytą. Ważny, ale nie najważniejszy. Co się stanie, jeśli zawrócisz sto metrów przed wierzchołkiem? Czy to zmieni twoje doświadczenie? Sprawi, że wyprawa, którą miło wspominasz, nagle stanie się koszmarem? Czy zmieni to, czego się nauczyłeś, z kim i jak przeżyłeś ten czas? Czy klepnięcie najwyższego punktu góry naprawdę jest najważniejsze? Nie dajmy się zwariować. Zwłaszcza jeśli na szali kładziemy swoje życie. Góra nie zniknie. Zawsze będziemy mogli pod nią wrócić. Czasami trzeba zaryzykować, ale równie ważne jest, by umieć odpuścić.

Na ośmiotysięcznikach każde wyjście w górę wiąże się z ryzykiem. Każde. Nie da się oddać tego w procentach, ale niebezpieczeństwo istnieje zawsze. Czy to w postaci choroby wysokościowej, złej pogody, czy też lawiny, której nie sposób przewidzieć. Oczywiście, można to zagrożenie minimalizować. Po to zdobywa się doświadczenie, wiedzę o tym, jak zachowuje się śnieg, jaką drogę podejścia należy wybrać. Mimo że nie wszedłem na Kanczendzongę, to zaliczam tę wyprawę do najbardziej udanych. To był kawał dobrej górskiej roboty w doborowym towarzystwie. Poprowadziliśmy nowy, trudny wariant do Drogi Brytyjskiej. Dziewięćset metrów nowego terenu omijającego z lewej wiszący lodowiec, którym biegnie klasyczny wariant.

Spotkaliśmy się wszyscy w Katmandu i podczas imprezy pożegnalnej obiecaliśmy sobie, że to nie będzie nasza ostatnia wspólna wyprawa. Tym bardziej że Denis miał już plan na zimę 2014/2015. I to jaki!

Pamiątkowa pocztówka z wyprawy.

ORLEN
Polski
Związek
Alpinizmu

ROZDZIAŁ 9

NO PERMIT, NO CRY

– A może byśmy pojechali zimą na K2? – zaproponował Urubko.

Oprócz K2 do zdobycia w zimie została tylko Nanga Parbat, ale Denis nie chciał tam jechać ze względu na wydarzenia z 22 czerwca 2013 roku. Do bazy Diamir pod Nangą wkroczyło kilkunastu zamachowców. Byli ubrani w policyjne uniformy. Zamordowali dziesięciu wspinaczy i kucharza. Do zbrodni przyznała się potem pakistańska organizacja Tehrik-i-Taliban Pakistan. Pamiętam, że dowiedziałem się o tamtej tragedii podczas wyjazdu do Turcji. Zginął mój kolega Ernestas Markšaitis, którego poznałem pod K2, a potem spotkałem w Tatrach. Kula dopadła też Petera Šperkę, którego również kojarzyłem. Popłakałem się. Uprawiamy jeden z najniebezpieczniejszych sportów świata. Możemy zginąć od zimna, lawiny, szczeliny, swojego błędu, ale nie od kuli z kałasznikowa. Rozumiałem więc wątpliwości Denisa. Raz, że nie czulibyśmy się tam do końca bezpiecznie, bo od tragedii upłynęło zbyt mało czasu. Dwa, że terroryści nie pojawili się w próżni. Miejscowi, którzy pomagali przy obsłudze wypraw, mogli być mniej lub bardziej w ten zamach zamieszani. Trudno byłoby spojrzeć im w oczy i zaufać.

Zostało więc K2. Zdobycie tej góry zimą to jedno z największych wyzwań współczesnego himalaizmu.

⇦ Latem się udało, czas spróbować zimą.

Pierwotnie zamierzaliśmy jechać w pięciu. Denis, Alex i ja jesteśmy zawodowymi wspinaczami, ale Dima i Artiom ze względów zawodowych i finansowych nie mogli sobie pozwolić na kolejną wyprawę w tak krótkim czasie.

Denis zaproponował, żebyśmy spróbowali we trzech. Pomysł mógł się wydawać szalony. Tę górę próbowano zdobyć w zimie tylko trzy razy. Zawsze była to duża wyprawa, której organizacja kosztowała setki tysięcy dolarów. Do K2 w zimie podchodziło się jak do twierdzy. Najazd musiał trwać miesiącami.

Denis wymyślił chytry plan. Zamiast od strony pakistańskiej spróbujemy wejść od chińskiej. Poszukamy szczęścia na niezdobytej północno-wschodniej ścianie. Zamiast z nagimi skałami, które utrudniają wspinaczkę, zmierzymy się tam ze śniegiem i lodem. Od wiatru odgrodzą nas jamy śnieżne, które są wygodniejsze i bezpieczniejsze niż namioty. Droga, którą chcieliśmy wejść na szczyt, byłaby najdłuższa ze wszystkich, którymi kiedykolwiek zdobyto K2. Oczywiście martwiło nas to, ale fakt, że zamiast w skale będziemy wspinać się w śniegu i lodzie, rekompensował tę niedogodność. Kiedy ma się na dłoni kilka par rękawiczek, to trudno złapać się skalnej krawądki czy założyć przyrząd asekuracyjny. A wkręcić śrubę lodową lub złapać czekan można nawet w grubej łapawicy. Kiedy wieje, trudno rozbić namiot. A jamę śnieżną kopie się raz. To dużo pracy, ale można korzystać z niej wielokrotnie.

Co najlepsze, ta droga praktycznie na całej długości do wysokości 7600 m n.p.m., czyli do wyjścia na grań, jest idealnie osłonięta od podmuchów. Najmocniejsze wiatry na K2 wieją z zachodu, a w tym wypadku – jak podkreślał Denis – góra będzie naszym przyjacielem i nas przed nimi ochroni.

Mieliśmy polecieć do Kaszgaru w południowo-zachodnich Chinach. W dwa dni przejechać do ostatnich siedzib ludzkich i stamtąd ruszyć z tragarzami i wielbłądami w kierunku bazy. Karawana powinna zająć pięć dni.

Wierzyłem w plan Denisa. Przekonałem się, że mały zespół zyskuje na sile. Jeśli grupa jest duża, to czasami zaczyna się kombinowanie. Jak się ustawić, kto pójdzie pierwszy do szczytu, kto przetoruje drogę, a może lepiej iść jednak w drugiej turze? W małym zespole sprawa się upraszcza: każdy musi dać z siebie sto procent, bo inaczej nie ma szans na sukces.

Zresztą w zimowym himalaizmie te szanse nigdy nie są duże. Przed wyjazdem na K2 oceniałem, że mamy ich może trzy procent.

Jednak żeby w ogóle pojechać, potrzebowałem sporo pieniędzy. Nasza wyprawa miała być mała, lekka i bardzo tania, ale wciąż był to wydatek rzędu siedemdziesięciu tysięcy złotych na osobę.

W zależności od góry, liczby uczestników i stylu, w którym się wspinamy, letnia wyprawa w Himalaje kosztuje od kilku do kilkunastu tysięcy dolarów od osoby. Zimowa jest zwykle dwa, trzy razy droższa. Mówiąc o letnich wyprawach, mam na myśli wyjazdy na trzynaście ośmiotysięczników. Everest jest znacznie droższy, a w komercyjnej wersji *all inclusive* może kosztować nawet ponad sto dwadzieścia tysięcy dolarów.

Przed K2 zacząłem szukać sponsorów, ale pomimo wsparcia od firm IMEX i Climbos.com budżet wciąż się nie domykał. Po raz drugi postanowiłem zwrócić się z prośbą o wsparcie do kibiców i miłośników gór. Prosiłem o dwadzieścia tysięcy złotych. Dostałem pięćdziesiąt pięć tysięcy. Wsparło mnie sześćset osób. Zbyszek Borek kolejny raz rozpisał mi program treningowy, który sumiennie realizowałem. Mieliśmy pozwolenie, skompletowaliśmy cały niezbędny sprzęt. Kupiliśmy bilety lotnicze. Wszystko było dopięte na ostatni guzik, a my z niecierpliwością oczekiwaliśmy na wylot.

W święta Chińczycy napisali do Denisa, że nasze pozwolenie zostało cofnięte. Agencja obiecywała, że załatwi nowe, potrzebuje tylko trzech tygodni, więc możemy rozpocząć wyprawę około dwudziestego stycznia. Byliśmy zaniepokojeni całą sytuacją, ale wciąż wierzyliśmy, że się uda. Niestety, władze prowincji Sinkiang nie zgodziły się odnowić naszego zezwolenia. Motywowały to zagrożeniem atakiem terrorystycznym.

Przepadły bilety lotnicze. Agencja, która zajmowała się wysłaniem mojego cargo, nie dopilnowała sprawy, a ja nie dopilnowałem agencji. Nigdy nie odzyskałem sprzętu, który wysłali do Chin. Straciłem rewelacyjny kombinezon puchowy HiMountain, w którym wszedłem na Broad Peak. W cargo było też kilkaset metrów lin i specjalistyczna żywność otrzymana od Lyo Food. W dodatku miałem problem z portalem, na którym otworzyłem zbiórkę. Jeśli nie zebrałbym wnioskowanej kwoty, to pieniądze automatycznie wróciłyby do darczyńców. Napisałem więc do kierujących stroną osób, czy nie mogłyby wykorzystać tego mechanizmu. W długim i bardzo uprzejmym mejlu wyjaśniły, że nie mają prawnie takiej możliwości. Niewiele z tego zrozumiałem, ale skutek był taki, że zostałem z kłopotem.

Oczywiste było dla mnie, że skoro wyprawa się nie odbyła, to muszę zwrócić pieniądze. Wiązało się to z dwukrotnym wysłaniem mejla do każdej z sześciuset osób i wykonaniem kilkuset przelewów. Znowu nieoceniona okazała się pomoc Centrum Kryzysowego „Tychy" w postaci mojego ojca, który ogarniał logistycznie tę niełatwą operację. Siedemdziesiąt procent osób albo nie chciało zwrotu, albo nie odpisało. Dzięki temu udało się uniknąć długów, a nawet coś jeszcze zostało. Te pieniądze, zgodnie z wolą osób, które się do mnie odezwały, przeznaczyłem na kolejną wyprawę.

Ciężko przeżyłem odwołanie ekspedycji, ale miało to też swoje plusy. Przede wszystkim cieszyła się moja żona Dobrochna. Była w ciąży i w ogóle nie chciała, żebym jechał na K2. Mogłem więc zostać w domu i jej pomagać.

W końcu miałem też czas, żeby się porządnie powspinać w moich najukochańszych górach. Jeżdżąc regularnie w góry najwyższe, tęskniłem za czasami, w których dużą cześć zimy spędzałem w Tatrach. Nasyciłem głód wysokości, brakowało mi za to ciekawych, trudnych technicznie projektów w górach niższych.

W wakacje przed planowaną wyprawą na K2 odezwał się do mnie Jacek Czech, mój pierwszy instruktor. Rodzice zapisali mnie do niego na kurs skałkowy, kiedy wróciłem z Chan Tengri. Minęło więc kilkanaście lat. Jacek zapytał, czy nie chciałbym z nim pojechać na wyprawę do Patagonii.

„Bardzo chętnie, Jacku. Ale może powinieneś zabrać tam ze sobą jakiegoś wymiatacza, a nie mnie. Nie wiem, czy jestem dla Ciebie wystarczająco mocnym partnerem i czy jesteś pewny, że to ze mną chcesz jechać" – odpisałem Jackowi.

„Jakbym nie był pewny, tobym ci nie proponował. Dobrze wiem, na co cię stać. Siła tkwi w zespole" – odpowiedział.

Jacek miał rację. Jesteśmy różnymi wspinaczami i na tym polega siła naszego duetu. Dzielimy się zadaniami. Jacek wspina się lepiej technicznie, dzięki czemu najczęściej prowadzi kluczowe wyciągi. Ja z kolei mogę poprowadzić drogę w górnej części ściany, gdzie brak tlenu mógłby Jacka osłabić, bo trochę lepiej znoszę wysokość. Mogę też ponieść cięższy plecak, dzięki temu Jacek będzie miał więcej sił w kluczowym momencie wspinaczki. Szybko okazało się, że podczas wspinania rozumiemy się właściwie bez słów i znakomicie uzupełniamy. Może wynika to z tego, że mnie szkolił? Przez wiele lat, kiedy wspinałem się z przypadkowymi partnerami, często irytowało mnie, ile czasu tracimy na stanowiskach, kiedy trzeba przekazać szpej albo zmienić się na prowadzeniu. Na operacjach sprzętowych można zaoszczędzić więcej czasu niż na samej wspinaczce. Chodzi o detale, łatwość, z jaką operujesz sprzętem, i synchronizację, która poprawia się z czasem. Im lepiej znasz partnera, tym sprawniej się wspinacie. Na stanowisku zawsze jest coś do zrobienia. Albo wybierasz linę, albo patrzysz na schemat. Szykujesz się do prowadzenia lub robisz zdjęcie. Jeżeli jednak nie robisz nic, to znaczy, że się lenisz i tracicie czas. Szybkość to jeden z najważniejszych parametrów bezpieczeństwa we wspinaniu, dlatego zespół powinien być maksymalnie zgrany. Gdy wspinam się z Jackiem, to lina mówi za nas. Wiem, co znaczy, kiedy jest luźna, a co się dzieje, kiedy jest napięta. Podczas kilkugodzinnych wspinaczek czasami nie używamy żadnych komend.

Znalezienie partnera do wspinaczki jest chyba trudniejsze od znalezienia żony. Poziom poświęcenia jest podobny, bo spędzasz

W końcu miałem też czas, żeby się porządnie powspinać w moich najukochańszych górach.

Masyw Fitz Roya. Okoliczne szczyty może nie imponują wysokością, która ledwo przekracza trzy tysiące metrów, za to mają kształt strzelistych i trudno dostępnych turni.

czas z kimś, od kogo zależy twoje życie. Tylko że szukasz na dużo mniejszej powierzchni.

Nasz pierwszy wspólny wyjazd nie należał jednak do udanych. Wciśnięta między dwa oceany Patagonia słynie ze złej pogody, za którą odpowiedzialne są niezwykle silne wiatry. Pojechaliśmy tam w lipcu, gdy na półkuli południowej panuje zima. Jacek był w Patagonii już trzeci raz. Dla mnie to była nowość. Okoliczne szczyty może nie imponują wysokością, która ledwo przekracza trzy tysiące metrów, za to praktycznie bez wyjątku mają kształt strzelistych i trudno dostępnych turni. Przyjęliśmy ambitne plany wspinaczkowe, ale pogoda nie dawała nam żadnych szans. W ciągu trzech tygodni trzy razy wychodziliśmy w góry i za każdym razem silne wiatry zmuszały nas do odwrotu. Podczas jednego z wycofów zwiało mi kijki trekkingowe. Poruszaliśmy się skokami od kamienia do kamienia, gdzie czekaliśmy na chwilowe osłabienie wiatru. Wykorzystywaliśmy je, aby dobiec do kolejnej osłony. Podczas jednego z tych biegów podmuch przewrócił mnie na tyle niefortunnie, że uderzyłem głową o skałę i na chwilę straciłem przytomność.

Żeby zabić czas podczas niekończącego się oczekiwania na lepszą pogodę, dyskutowaliśmy, czytaliśmy książki i chodziliśmy z miejscowymi wspinaczami na okoliczne bouldery. Pod koniec wyjazdu w końcu pojawiła się szansa na przejaśnienie.

Wypadek zdarzył się dzień przed wyjściem w góry. Urwałem topową klamę (czyli bardzo dobry chwyt) na boulderze i z wysokości prawie dwóch metrów spadłem na wyprostowaną rękę.

W północnej ścianie Matterhornu.

W chilijskim szpitalu powiedzieli, że nic się nie stało. W Polsce zrobiłem rezonans magnetyczny i okazało się, że wyrwałem łokieć ze stawu, a kość jest potrzaskana. Lekarz naliczył dwanaście odłamków. Do dzisiaj nie mogę tej ręki w pełni wyprostować, a gdyby nie udana artroskopia i pomoc zaprzyjaźnionego magika fizjoterapii Przemka Widzyka, pewnie nigdy nie wróciłbym do wspinania. Rehabilitacja zajęła kilka miesięcy, a pierwszym poważnym testem mojego łokcia miała być wyprawa na K2. Kiedy więc ją odwołano, musiałem jakoś poprawić sobie nastrój. Pojechałem w Tatry. Najpierw z Kacprem Tekielim zrobić kilka ładnych przejść, z których najciekawsze to Parada Jedynek[1] na Kotle Kazalnicy. Zrobiłem też solowe przejście dziewięciusetmetrowej dirretissimy[2] północnej ściany Mięguszowieckiego Szczytu Wielkiego.

Na początku lutego razem z Jackiem i Kacprem wybraliśmy się w Alpy, a naszym celem było przejście legendarnej północnej ściany Eigeru. To było już moje drugie podejście. Rok wcześniej dotarłem pod nią z Kacprem i kolejnym świetnym wspinaczem, autorem wielu przełomowych przejść tatrzańskich Andrzejem Marciszem. Wtedy warunki pogodowe skutecznie nas zniechęciły i nawet nie zaczęliśmy się wspinać. Tym razem nie było dużo lepiej. Po przejściu pierwszych sześciuset metrów ze względu na dużą ilość śniegu podjęliśmy zgodną decyzję o odwrocie i przenieśliśmy się kilkadziesiąt kilometrów na południe pod północną ścianę Matterhornu. Dopisało nam szczęście. Pogoda była wyśmienita, a my w dobrym stylu w piętnaście godzin przeszliśmy słynną i wymagającą Drogę Schmidtów. Całość pokonaliśmy na lotnej asekuracji, co oznacza, że wszyscy wspinacze poruszają się jednocześnie, a lot któregokolwiek z nich najczęściej kończy się odpadnięciem od ściany całego zespołu. W takiej sytuacji obciążenie punktów asekuracyjnych jest

[1] Lewą częścią północno-wschodniej ściany Kotła Kazalnicy Mięguszowieckiej, Parada Jedynek, M7– [7]. Pierwsze przejście: Grzegorz Cieślak i Krzysztof Wesołek 21-22.01.1987 r.

[2] *Direttissima*, M5 [5], Pierwsze przejście: S. Biel, J. Honowski, Z. Rubinowski 12-13.02.1953 r.

wielokrotnie większe. Biorąc pod uwagę kruchość skały, był to prawdziwy test dla naszego wzajemnego zaufania.

Skończyła się zima, a ja wyjątkowo nie zaplanowałem żadnych wypraw. Dobrochna miała lada chwila rodzić i chciałem być przy niej. Pozostała mi tylko ścianka wspinaczkowa i rzadkie, jednodniowe wyjazdy w skały. W końcu przesadziłem z treningami i naderwałem troczek w palcu.

Nie mogłem się wspinać ani nigdzie wyjechać. Brakowało mi wysiłku fizycznego. Telewizji nie mam, odkąd wyprowadziłem się z domu rodzinnego. Nie wiedziałem, co ze sobą zrobić. Kupiłem nawet konsolę do gier, pograłem trzy dni i stwierdziłem, że to jednak bez sensu. Właśnie wtedy wkręciłem się na dobre w bieganie. Sądzę, że każdy człowiek powinien przynajmniej raz w tygodniu uprawiać jakiś sport. Abstrahując od oczywistych korzyści zdrowotnych, myślę, że to element higieny psychicznej. Kiedy jesteś zmęczony ruchem, to po prostu zasypiasz i regenerujesz się, zamiast rozpamiętywać codzienne problemy.

W kwietniu urodził mi się syn Tymoteusz. Dwa miesiące później razem ze swoją mamą czekał na mnie na mecie Biegu Rzeźnika. Tym razem bieg ukończyłem w parze z teściem, a miesiąc później przebiegłem swoje pierwsze sto dziesięć kilometrów podczas Dolnośląskiego Festiwalu Biegów Górskich.

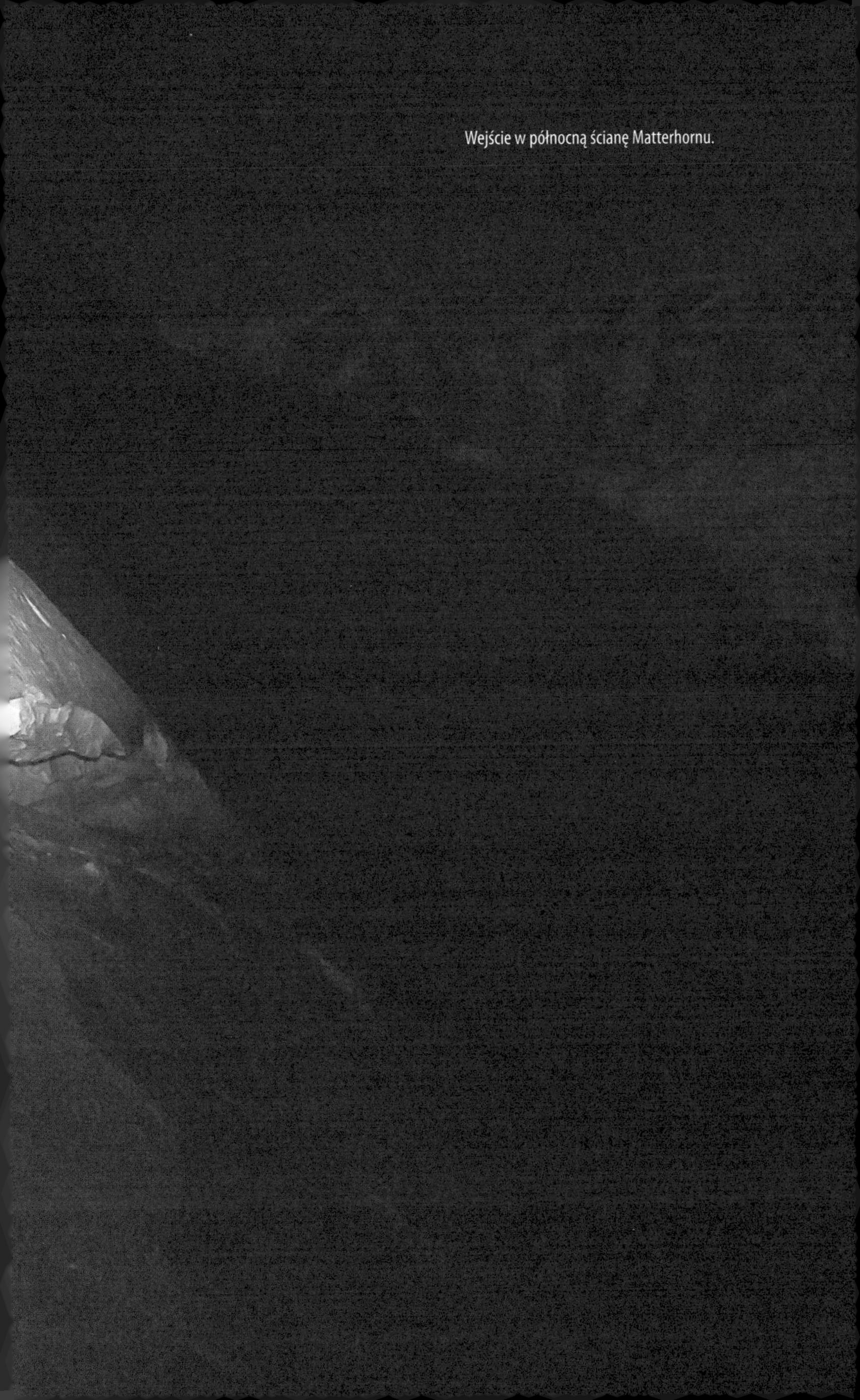

Wejście w północną ścianę Matterhornu.

ROZDZIAŁ 10

REWOLUCJA STŁUMIONA POGODĄ

We wrześniu 2015 roku pojechaliśmy z Jackiem Czechem do Ameryki Południowej. Początkowo mieliśmy jechać w Himalaje, ale na przeszkodzie znowu stanęła nam chińska biurokracja. W związku z zamknięciem Tybetu dla turystów i wspinaczy musieliśmy zmienić plany i wyruszyliśmy do Peru. Dołączył do nas przyjaciel Jacka i mój znajomy Jarek Botor, na co dzień ratownik medyczny Lotniczego Pogotowia Ratunkowego i starszy ratownik GOPR z Zabrza.

To była niezwykle udana wyprawa. W ciągu dwóch tygodni zrobiliśmy trzy trudne przejścia w masywie Cordillera Blanca. Najpierw w zespole z Jarkiem weszliśmy na górę, której kształt zna prawie każdy, ale nazwę już nieliczni. Nevado Artesonraju, bo o tym szczycie mowa, to piękna śnieżno-lodowa piramida wznosząca się na wysokość 6025 m n.p.m. Jej kształt znajduje się na logo wytwórni Paramount Pictures. Cordillera Blanca słynie z niesamowitych formacji śnieżnych. We wszystkich górach, w których się wcześniej wspinałem, miękki śnieg występuje tylko do pewnego nastromienia stoku. Gdy teren nachyla się bardziej niż sześćdziesiąt stopni, to śnieg się obsypuje, a my wspinamy się po firnie, lodzie lub skale. W Andach jest inaczej. Występują tu nawet przewieszone formacje zbudowane z luźnego śniegu o konsystencji

Piękna śnieżno-lodowa piramida Artesonraju.

Z Jackiem Czechem w Ameryce Południowej.

cukru, których istnienie wydaje się przeczyć prawom fizyki. Często zdarza się, że nawisy zbudowane właśnie z takiego śniegu bronią dostępu do grani szczytowej, zmuszając wspinaczy do odwrotu kilkanaście metrów od wierzchołka. Tak było na Artesonie, gdzie kluczowe okazało się ostatnie sześćdziesiąt metrów. Muszę przyznać, że wspinanie się w niemal pionowym śniegu, w którym brak jakiegokolwiek punktu oparcia, nie należy do przyjemnych doświadczeń. Komfortu psychicznego nie poprawiał widok kilkuset metrów otwartej przestrzeni pod stopami i świadomość, jak iluzoryczna jest nasza asekuracja.

Po akcji na Artesonie pogoda się pogorszyła, uniemożliwiając nam działanie powyżej sześciu tysięcy metrów. Jarek z powodów rodzinnych musiał wracać do kraju, a my z Jackiem zaatakowaliśmy rzadko powtarzaną południowo-zachodnią ścianę Churup (5493 m n.p.m.). Po kilku godzinach wspinaczki stromym stokiem pozbawionym jakichkolwiek półek czy miejsc, gdzie można normalnie stanąć, znaleźliśmy ukrytą grotę lodową pełną pięknych lodowych stalagnatów i stalaktytów. Mogliśmy tam nie tylko wygodnie odpocząć, ale też rozwiązać się i położyć. Szkoda, że nie było na to czasu. Osiemset metrów ściany o trudności M5 i nachyleniu sięgającym osiemdziesięciu stopni przeszliśmy w zaledwie pięć i pół godziny. Zjazdy kruchą ścianą odbywały się wśród spadających kamieni i lawinek śnieżnych. Mimo zagrożenia dopisywał nam świetny humor. Po nieco ponad trzynastu godzinach od wyjścia z naszego namiociku rozbitego nad malowniczym jeziorkiem byliśmy z powrotem.

Powspinaliśmy się w śniegu, lodzie i mikście, więc przyszedł czas na skałę. Pomysł wejścia na Sfinksa (5325 m n.p.m.) wyszedł od Jacka i to on poprowadził pierwszą, trudniejszą połowę ściany. Osiemset metrów pionowego i przewieszonego terenu o trudnościach dochodzących do stopnia 6c+/7a pokonaliśmy w świetnym

Niezwykłe formacje śnieżne na Churup.

Pomysł wejścia na Sfinksa (5325 m n.p.m.)
wyszedł od Jacka.

czasie ośmiu godzin, w stylu *on sight* polegającym na przejściu drogi bez odpadnięcia lub obciążenia liny i przelotów oraz bez jej wcześniejszej znajomości. Ten wyjazd przypieczętował naszą przyjaźń. Nie tylko świetnie i skutecznie mi się z Jackiem wspinało, ale też bardzo go polubiłem.

– Jacek, a co ty na to, żebyśmy pojechali na Nanga Parbat? – spytałem pod koniec naszego pobytu w Ameryce Południowej.

Odpowiedział, że musiałby się zastanowić, bo rodzina, praca i tak dalej. Ale w jego oczach zobaczyłem iskierkę. Wiedziałem, że spodobała mu się moja propozycja.

Miałem jedno założenie – musimy to zrobić szybko, bo dopiero co urodził się mój syn Tymek i nie chciałem przegapić jego pierwszych kroków. Przedstawiłem Jackowi plan, który w mojej głowie rodził się przez wiele lat. Na obu poprzednich zimowych wyprawach spędziłem w bazie po dwa miesiące. O ile w pierwszych tygodniach zimy pogoda była całkiem niezła, o tyle jednak zanim postawiliśmy wszystkie obozy i zdobyliśmy aklimatyzację pozwalającą myśleć o ataku szczytowym, przychodził luty. Przynosił ze sobą wiatr, opady i zimno. Musieliśmy prawie bezczynnie czekać aż do marca, kiedy znowu pojawiała się szansa na atak szczytowy. Cały czas kombinowałem, jak wykorzystać ten pierwszy okres dobrej pogody. Odpowiedź była oczywista. Trzeba przyjechać pod górę, będąc już zaaklimatyzowanym.

Jacek dostał zielone światło od swojej żony Halinki, z którą wspólnie prowadzą szkołę wspinaczkową W Skale. Halinka, tak jak Dobrochna, cieszyła się, że zaczęliśmy wspinać się razem, bo do tej pory Jackowi, tak jak i mnie, brakowało stałego partnera.

Potrzebowaliśmy jeszcze pieniędzy na wyprawę. Była końcówka roku, większość firm miała zamknięte budżety. Poszliśmy z Jackiem do radiowej Trójki. Tomek Gorazdowski, jeden z tych dziennikarzy, z którymi zawsze z przyjemnością współpracuję, zapytał, na jakim etapie przygotowań jesteśmy. Odparłem, że kupiliśmy już bilety, ale wciąż nie domyka nam się budżet.

– Gdyby więc ktoś chciał nawiązać z nami współpracę, to serdecznie zapraszam – powiedziałem na koniec audycji.

Kiedy rozmowa się skończyła, przyszła do nas realizatorka programu.

– Panowie himalaiści? Telefon do was – powiedziała.

Dzwonił Jacek Sęk, dyrektor działu sprzedaży i marketingu w firmie Stegu.

– Bardzo się cieszę, że dodzwoniłem się za pierwszym razem, bo jadę przez las i mam słaby zasięg. Przyślijcie, proszę, swoją ofertę, jesteśmy potencjalnie zainteresowani współpracą przy okazji wyprawy na Nanga Parbat – powiedział.

Spotkaliśmy się tydzień później. Stegu to rodzinna firma z Jełowej pod Opolem, która sprzedaje kamień dekoracyjny w całej Europie. Wspierając naszą wyprawę na Nangę, chcieli zwiększyć świadomość marki.

– Jakie są szanse wejścia na szczyt? – spytali nas podczas spotkania.

Byłem szczery:

– Bardzo małe. Może z pięć procent. Prawie na pewno nie wejdziemy, ale jeżeli nam się uda, to będzie coś wielkiego.

Zgodzili się, weszliśmy we współpracę, która zresztą trwa do dzisiaj. Wyprawa Nanga Stegu Revolution miała rozpocząć się w Ameryce Południowej. Rewolucyjność planu polegała na tym, że pod Nangą zamierzaliśmy spędzić maksymalnie trzy tygodnie. Najpierw chcieliśmy polecieć w przeciwnym kierunku, do Chile, tam się zaaklimatyzować, a potem jak najszybciej dostać się w Himalaje.

Na aklimatyzację wybraliśmy Ojos del Salado, drugą co do wysokości górę na półkuli zachodniej i południowej, a także najwyższy wulkan na Ziemi. Jej wierzchołek jest położony na granicy Argentyny i Chile i wznosi się na wysokość 6893 m n.p.m. Droga na szczyt nie przedstawia w zasadzie żadnych trudności technicznych.

Kolejny nocleg spędziliśmy na wysokości 4600 m n.p.m. nad przepięknym słonym jeziorem Laguna Verde.

Wylecieliśmy z kraju 2 grudnia 2015 roku, a dwa dni później dotarliśmy do Copiapó, niezbyt urokliwej górniczej miejscowości położonej na skraju pustyni Atakama – najbardziej suchego (poza pewnymi terenami polarnymi) miejsca na Ziemi. Pierwszy problem pojawił się, gdy chcieliśmy wynająć terenówkę z kierowcą. Samochód miał być narzędziem do szybkiego zdobycia aklimatyzacji w pierwszej fazie wyprawy. Wyspecjalizowane agencje żądały za taką usługę astronomicznej sumy ponad dwóch tysięcy dolarów. Nie dysponowaliśmy takimi pieniędzmi, znaleźliśmy więc chłopaka, który zgodził się z nami pojechać własnym samochodem za trzysta dolarów. Ani on, ani my nie wiedzieliśmy wtedy, w co się pakujemy.

Szóstego grudnia zaopatrzyliśmy się w zapas wody na ponad dwa tygodnie i wjechaliśmy od razu na 4200 m n.p.m. To chyba jedyny rejon na świecie, gdzie z poziomu morza można w ciągu paru godzin dostać się tak wysoko. Po krótkim spacerze zjechaliśmy nad Laguna Santa Rosa, słone jezioro na wysokości 3800 m n.p.m., i tam w malutkim, samoobsługowym schronisku spędziliśmy noc. Miejsce było przepiękne. Olbrzymie płaskie przestrzenie, woda, w której brodziły flamingi, niezwykłe kolory pustyni i otaczające to wszystko ponadsześciotysięczne, ośnieżone szczyty zrobiły na nas ogromne wrażenie.

Dziwne to było uczucie, przygotowywać się do wyprawy zimowej na pustyni.

Kolejnego dnia postanowiliśmy zostać w tym samym miejscu, aby się lepiej zaaklimatyzować. Trochę martwiliśmy się o naszego chilijskiego przyjaciela, który ewidentnie cierpiał z powodu tak gwałtownej zmiany wysokości. Nie zamierzaliśmy jednak siedzieć bezczynnie przez cały dzień, tym bardziej że aklimatyzację najlepiej zdobywa się podczas intensywnego wysiłku fizycznego.

– Idziemy się przejść – powiedziałem do naszego kierowcy.

Nie wyglądał za dobrze, bolała go głowa, był też wystraszony, pierwszy raz zapuścił się w te tereny.

– W porządku, ale musicie trzymać się razem, bo tu jest niebezpiecznie – powiedział.

– Jasne, do zobaczenia za parę godzin.

Ja chciałem iść w górę, a Jacek w dół. Każdy z nas zna swój organizm i wiedział, co jest dla niego najlepsze.

– To cześć, powodzenia – pożegnaliśmy się i ruszyliśmy w przeciwnych kierunkach.

Wcześniej upatrzyłem sobie jeden z okolicznych szczytów. Nie wyglądał na wysoki. Myślałem, że zejdzie mi maksymalnie dwie godziny. Założyłem słuchawki i zacząłem iść. Okazało się, że droga jest o wiele dłuższa i samo dojście do podnóża góry trwało półtorej godziny. Nie przeszkadzało mi to. Widoki były piękne, w słuchawkach dobra nuta, oddychałem pełną piersią. Czułem, że żyję, że wszystko jest tak, jak należy. W piękny dzień szedłem w kierunku mojej góry. Wróciłem do namiotu po ośmiu godzinach solidnie zmordowany. Jacek przyszedł godzinę po mnie. Kierowca nawet nie pytał, co się stało. I tak uważał nas za świrów. No bo w końcu kto normalny zamierza spać kilka nocy na wierzchołku najwyższej góry w okolicy?

Kolejny nocleg spędziliśmy na wysokości 4600 m n.p.m. nad

Jacek podczas aklimatyzacji.

przepięknym słonym jeziorem Laguna Verde. Nazwa – po polsku Zielone Jezioro – nas zdziwiła, bo woda była tak niebieska, że bardziej się nie dało. Według planu chcieliśmy następnego dnia dostać się na 5200 m n.p.m. Tam kierowca miał nas zostawić i wrócić za dwa tygodnie. Na wysokości 4900 m n.p.m. skończyła się droga. Dalej był tylko piasek, szutry i kamienie. Po dwudziestu kilometrach od końca asfaltu zakopaliśmy się zupełnie. Okazało się, że nasze auto ma napęd na dwa, a nie, jak myśleliśmy, na cztery koła. Za wiele nie rozmawialiśmy z Felipe, bo nie znał ani słowa po angielsku, a mój hiszpański jest tylko minimalnie lepszy od hiszpańskiego Jacka, który poza śląskim zna jeszcze tylko polski. Inna sprawa, że Jacek mieszaniną słów z różnych języków połączoną z mową ciała i serdeczną naturą całkiem nieźle się ze wszystkimi dogaduje.

Mieliśmy naprawdę sporo szczęścia, bo po ponad godzinie

bezskutecznej walki z samochodem na horyzoncie zobaczyliśmy kurz zwiastujący pojawienie się kolejnych aut. To byli Chilijczycy, którzy sami ryzykując utknięcie, wydostali nas z pułapki. Przeprosiliśmy ich za naszą głupotę, podziękowaliśmy za pomoc i zjechaliśmy z powrotem do Copiapó, aby wynająć porządne auto. Następnego dnia dotarliśmy w końcu do naszej bazy. Przejazd był zdecydowanie najbardziej emocjonującym momentem całej wyprawy.

Buda, która pełniła funkcję bazy, stała na wysokości 5200 m n.p.m. To o tysiąc metrów wyżej niż baza Diamir pod Nanga Parbat. Drugiego dnia spędziliśmy noc na 5700 m n.p.m. W ciągu kilku kolejnych dni stopniowo zdobywaliśmy aklimatyzację. Od

Na szczycie Ojos del Salado.

Obóz na krawędzi krateru.

jakiegoś czasu męczył mnie kaszel, a teraz dostałem dodatkowo gorączki. Mimo mojego nie najlepszego samopoczucia dziesiątego dnia od przybycia do Chile staliśmy na szczycie Ojosa. Zamierzaliśmy po dniu odpoczynku wrócić na wierzchołek, ale tym razem ze sprzętem biwakowym. Niestety, pogoda się psuła. Nadciągał silny wiatr, który przegonił inne wyprawy. My nie mogliśmy sobie pozwolić na opóźnienie. Pomimo huraganowych podmuchów weszliśmy ponownie na krawędź krateru, gdzie rozbiliśmy nasz mały namiocik. Spędziliśmy w nim trzy kolejne noce. Wiało pewnie z osiemdziesiąt kilometrów na godzinę. Trudno było nawet wyjść z namiotu i pospacerować. Stwierdziliśmy jednak, że przecież na Nandze będzie gorzej, więc nie ma się co nad sobą rozczulać. Okropnie się nudziliśmy, a ja kaszlałem coraz mocniej. Kiedy zacząłem pluć krwią, stwierdziłem, że chyba lepiej już schodzić. Zadręczałem się myślami, że jeżeli jestem poważnie chory, to cały nasz misterny plan legnie w gruzach. Po powrocie do Polski prosto z lotniska pojechałem do lekarza. Osłuchał mi płuca. Były czyste. Tak samo oskrzela. Miałem zapalenie krtani. Dostałem antybiotyk, witaminy i po dwudniowej przerwie wylecieliśmy do Pakistanu. Po lądowaniu w Islamabadzie jeszcze trochę kaszlałem, ale zanim dotarliśmy do bazy, byłem już zdrowy.

Jeszcze przed wyjazdem do Chile zgłosił się do mnie Robert Jałocha, redaktor TVN-u. Zapytał, czy mógłby pojechać z nami pod Nangę i relacjonować wyprawę bezpośrednio z bazy. Miałem mieszane uczucia, bo chociaż od początku wydawało się, że Robert jest sympatycznym facetem, to nie wiedziałem, jak sobie poradzi w niezbyt komfortowych warunkach bazowych. Ponadto niepokojąca wydawała mi się myśl, że media będą patrzyły na każdy nasz krok na górze. Obecność telewizji jest dużym atutem przy poszukiwaniu sponsorów i to ostatecznie nas przekonało. Zgodziliśmy się. Oprócz Roberta dołączył do nas operator Maciej „Luźny" Cepin.

Na lotnisku powitał nas szef agencji Adventure Pakistan (tej samej co na GI), przesympatyczny erudyta Muhammad Ali. Wsiedliśmy do jeepa i kolejnego dnia byliśmy już w Chilas. Stamtąd wyruszyliśmy w obstawie policjantów. Taki był wymóg po zamachu, do którego doszło w bazie Diamir w 2013 roku. Teraz pocieszałem się, że o tej porze roku nawet terroryści siedzą w domach.

To miała być rekordowa zima pod Nanga Parbat, bo oprócz nas wspinaczkę zapowiedziały jeszcze cztery ekspedycje. Nanga to góra o niezwykłej historii nierozerwalnie związanej z wybitnymi osobowościami alpinizmu, takimi jak Albert Mummery, Willo Welzenbach czy Willy Merkl. W latach trzydziestych dorobiła się przydomku „góra morderca". Nie bez przyczyny zresztą, bo do momentu pierwszego wejścia w 1953 roku na jej stokach życie straciło dwadzieścia dziewięć osób. Jako pierwszy szczyt zdobył w brawurowym, samotnym ataku Austriak Hermann Buhl.

Ekipa wspinaczy i dziennikarzy w bazie pod Nanga Parbat.

Podczas zejścia złapał biwak i gdyby nie kolejne dawki pervitinu, czyli pochodnej amfetaminy, które nie pozwoliły mu zasnąć, prawdopodobnie nie przeżyłby tej wspinaczki.

Wybraliśmy klasyczną drogę na szczyt, trudną technicznie, ale za to krótką. Oprócz nas Drogą Kinshofera miała się wspinać jeszcze międzynarodowa wyprawa, której liderem był Alex Txikon. Do Baska dołączyli Włoch Daniele Nardi i Pakistańczyk Muhammad Ali „Sadpara", mój stary dobry znajomy z Gaszerbrumu I. Rok wcześniej ta trójka była bliska zdobycia wierzchołka. Dotarli na wysokość około 7800 m n.p.m., ale pobłądzili i musieli się wycofać.

Kilkadziesiąt metrów od naszej bazy, obok kamiennej chatki swój wielki namiot przypominający igloo rozbili Simone Moro i Tamara Lunger. Moro miał na koncie trzy pierwsze zimowe wejścia na ośmiotysięczniki. Dla Tamary to była druga zimowa wyprawa na tak wysoką górę – wcześniej pojechali razem pod Manaslu, ale opady śniegu nie pozwoliły im za wiele zdziałać. Na Nangę chcieli wejść drogą, którą w 2000 roku próbowali wytyczyć bracia Reinhold i Hubert Messnerowie, Hanspeter Eisendle i Wolfgang Tomaseth. Ten wariant był o wiele dłuższy od naszego, ale poza jednym, krótkim odcinkiem praktycznie pozbawiony trudności technicznych.

Tę samą opcję co Włosi wybrali Tomek Mackiewicz i Francuzka Elisabeth Revol. Tomek pod Nangą spędzał już szóstą zimę z rzędu. Rok wcześniej razem z Eli dotarli na wysokość 7800 m n.p.m. Tomek to po prostu swój chłop z sercem na dłoni. Również Eli polubiłem od razu, ujęła mnie swoim charakterystycznym śmiechem. Pomimo drobnej budowy jest świetną, doświadczoną i bardzo twardą himalaistką. Tomek często odwiedzał naszą mesę, w której cały dzień grała muzyka z mojego przenośnego

Wyprawa Nanga Stegu Revolution.

głośniczka. Po drugiej stronie góry, w dolinie Rupal, w chatce pasterskiej w Lattabo bazę założyły chłopaki z Nanga Dream. Tak nazywał się projekt, który wiele lat wcześniej wymyślili Mackiewicz i Marek Klonowski. Bez wielkiego doświadczenia i pomocy sponsorów próbowali zrobić to, co przez lata nie udawało się najlepszym wspinaczom na świecie – zdobyć Nanga Parbat w zimie. Podczas swojej pierwszej próby ledwo wyszli ponad bazę, podczas kolejnej założyli jedynkę. Czytając wtedy informację o ich działaniach, żartowałem, że jak tak dalej pójdzie, to za cztery lata wejdą na szczyt. Cztery lata później zrozumiałem, że być może mój żart się ziści, bo szło im coraz lepiej. Po czwartej próbie ich drogi jednak się rozeszły. W tym roku Tomek wybrał stronę Diamir, a Marek wraz z grupą kolejnych zapaleńców próbował wejść na szczyt Drogą Schella.

Przyjechaliśmy pod Nangę z prostym zamiarem: spakować się w bazie i pójść od razu na szczyt. Tym razem chciałem uniknąć poręczowania drogi, zakładania kolejnych obozów i wielokrotnych wyjść w górę. Sporo zapłaciliśmy za specjalnie dla nas przygotowywane prognozy pogody, które przychodziły ze Szwajcarii. Czuliśmy się silni. W Ameryce Południowej spędziliśmy czternaście nocy powyżej czterech tysięcy metrów, z czego trzy na 6800 m n.p.m. Mieliśmy aklimatyzację lepszą niż ta, z którą szedłem do ataku szczytowego na Gaszerbrum I i Broad Peak. Jedyne, czego potrzebowaliśmy, to przynajmniej dwudniowe okno pogodowe.

Nie ma badań, które mówiłyby, jak długo utrzymuje się aklimatyzacja. Wiadomo, że to w znacznym stopniu indywidualna sprawa i może dlatego każdy wspinacz ma swoją własną teorię na ten temat. Przez wiele lat prowadzenia wyjazdów komercyjnych często jeździłem z jednej wyprawy na drugą, co pozwoliło mi dobrze poznać zachowanie mojego organizmu na wysokości. Z moich obserwacji wynika, że aklimatyzacja przynajmniej przez dwa tygodnie utrzymuje się na tym samym poziomie, a później zaczyna powoli spadać. To dlatego dawaliśmy sobie maksymalnie trzy tygodnie na zdobycie Nangi. Przed wyprawą drobiazgowo przeanalizowałem wzorce pogodowe panujące w tym rejonie. Na ich podstawie wywnioskowałem, że w ciągu trzech poprzednich lat na przełomie grudnia i stycznia były najlepsze warunki do wejścia na szczyt.

Niestety, ten rok miał się okazać inny.

Dwudziestego dziewiątego grudnia dotarliśmy do bazy, w której były już ekipy Tomka i Simone. Prognozy pogody wskazywały, że przez najbliższy tydzień nie będzie szans na akcję powyżej siedmiu tysięcy metrów. Aby nie tracić czasu, zdecydowaliśmy się z Jackiem wziąć całe trzysta metrów liny, które zabraliśmy ze sobą do Pakistanu, i zaporęczować nią Ściankę Kinshofera, najtrudniejszy technicznie odcinek pomiędzy obozami I i II. W górę ruszyliśmy pierwszego stycznia. Po kilku godzinach brodzenia z ciężkimi plecakami w głębokim śniegu zrozumieliśmy, że popełniliśmy błąd, zostawiając w bazie rakiety śnieżne (ja) i narty (Jacek). Następnego dnia uzbrojeni w dodatkowy sprzęt wystartowaliśmy znowu w górę i po prawie siedmiu godzinach dotarliśmy na wysokość 4900 m n.p.m., gdzie pod charakterystyczną skałką rozbiliśmy nasz namiocik. Dwieście metrów pod nami swoją jedynkę postawili Alex, Daniele i Ali. Jeszcze tego samego dnia zeszli z powrotem do bazy, a my, po w miarę komfortowej nocy, o ósmej rano wystartowaliśmy w stronę Kuluaru Kinshofera.

Już po pierwszych stu metrach trafiliśmy na twardy i kruchy lód, w którym wspinaliśmy się przez resztę dnia. Do początku kuluaru doszliśmy na żywca, a potem się związaliśmy i mimo trudności szliśmy na lotnej asekuracji. Wspinaliśmy się klasycznie bez korzystania ze starych poręczówek, z których większość i tak była pod lodem. O 15.30 dotarliśmy na wysokość około 5700 m n.p.m. Na ostatniej prostej przed Ścianką Kinshofera zostawiliśmy depozyt i w coraz gorszej pogodzie wycofaliśmy się do obozu I.

W zjeździe zawiesiliśmy trzysta metrów poręczówek. O zmroku, czyli koło siedemnastej, byliśmy z powrotem u podnóża kuluaru, a godzinę później doszliśmy do jedynki. O dwudziestej pierwszej dotarliśmy do bazy.

Kiedy następnego dnia wyjrzałem z namiotu, sypał gęsty śnieg. W naszej mesie zrobiło się małe zbiorowisko, bo odwiedzili nas Simone z Tamarą i Alex z Alim. Kiedy opowiedzieliśmy o naszej wspinaczce, zauważyłem zdziwienie na ich twarzach. Byli pod wrażeniem tempa, z jakim pięliśmy się w górę. Wspinając się na ciężko i bez poręczówek, osiągnęliśmy prędkość nieznacznie tylko gorszą od zaaklimatyzowanego zespołu idącego na lekko. Nasza strategia z aklimatyzacją w Chile wydawała się działać, ale co z tego, skoro prognozy wciąż były złe. Mijały dni, traciliśmy odporność na wysokość. Nie zamierzaliśmy jednak składać broni. Postanowiliśmy wyjść kolejny raz w górę z zamiarem dotarcia tak wysoko, jak tylko kiepska pogoda i siły pozwolą. Chcieliśmy dotrzeć minimum na siedem tysięcy metrów, aby odzyskać aklimatyzację, która pozwoliłaby nam spokojnie czekać na wymarzone okno pogodowe.

Przed wyjazdem wszyscy wieszczyli zażartą rywalizację o pierwsze zimowe wejście, ale atmosfera w bazie była bardzo dobra. Zaraz po przybyciu odwiedziliśmy wszystkie zespoły z prezentami (krakowska sucha!) i opłatkiem. Wkrótce wzajemne odwiedziny stały się obozową tradycją.

Włosi lubili spędzać czas przy kawie, więc Tamara dała nam w prezencie dużą kawiarkę. Ucieszyłem się, bo moja okazała się zbyt mała jak na liczbę gości przewijających się przez nasz namiot bazowy.

Któregoś wieczoru siedzieliśmy wszyscy razem przy kawie i śmialiśmy się z doniesień włoskich mediów, które ponoć pisały

⇦ Ostatnie kilometry trekkingu do bazy.

Któregoś wieczoru siedzieliśmy wszyscy razem przy kawie i śmialiśmy się z doniesień włoskich mediów.

dużo o naszym wyścigu. Sugerowały, że Simone na pewno sypia z Tamarą, a ponadto wyliczyły, że statystycznie ktoś z nas powinien w tym roku na tej górze zginąć. Gdy Simone zażartował, że tytuł artykułu powinien brzmieć *Race, fuck and die* (Ścigaj się, rżnij i giń), nie wytrzymałem i aż poplułem się ze śmiechu. Nie wiem zresztą, jak taka rywalizacja mogłaby się objawić. Miałem niby wyjść w złej pogodzie, żeby wcześniej zdobyć szczyt? Bać się, że kiedy pokaże się słońce i przycichnie wiatr, to ktoś będzie szybszy ode mnie? To przecież absurd. Każdy miał swój plan, swój pomysł na tę górę i starał się go zrealizować, jak tylko potrafił najlepiej.

Jedyny zgrzyt powodowały silne tarcia w zespole Alexa. Alex w ogóle nie przypominał pełnego pozytywnej energii faceta, którego zapamiętałem z ekspedycji na Gaszerbrum I i Kanczendzongę. Od początku wyprawy wydawał się jakiś przygaszony.

Dobrze rozmawiało mi się z gadatliwym Daniele Nardim, który był częstym gościem w naszej bazie. Miałem wrażenie, że więcej czasu spędza u nas niż z członkami własnej wyprawy. Zresztą Nardi otwarcie żalił się na Txikona. Nie wdawałem się w ich wewnętrzne spory. Tym bardziej że kiedy wychodził, to po pewnym czasie w naszej mesie pojawiał się Alex i obgadywał Daniele.

Po przybyciu do bazy Alex zastanawiał się, czy nie wspinać się drogą, która wiedzie przez Żebro Mummery'ego, do czego namawiał go Nardi. Włoch miał małą obsesję na punkcie tego wariantu, ale ostatecznie zdecydowali się na Drogę Kinshofera. Skoro mieliśmy się wspinać tą samą drogą, to oczywiste dla mnie było, że powinniśmy współdziałać.

Poszedłem do nich pogadać.

– Jeżeli będziemy współpracować, to rosną szansę każdego z nas na to, że stanie na szczycie. Myślę, że powinniśmy ustalić zasady tej współpracy – powiedziałem.

Jacek podchodzi pod spiętrzenie Kuluaru Kinshofera.

Alex kiwnął głową i powiedział, że ustalimy zasady, ale później, bo jutro idą się wspinać.

Siódmego stycznia wyruszyliśmy zgodnie z planem w stronę jedynki, gdzie tym razem dotarliśmy już po czterech godzinach. Następnego dnia pobudka o piątej rano, śniadanie, zwijanie obozu i start w stronę dwójki. Od wyjścia z namiotu widziałem, że Jacek nie czuje się najlepiej. Do tej pory chodziliśmy dobrym, równym tempem, ale tego dnia był dużo wolniejszy. Po dotarciu do naszego depozytu na wysokości 5700 m n.p.m. musiałem czekać na niego blisko półtorej godziny. Widząc, jak porusza się w ścianie, zrozumiałem, że powinniśmy schodzić. Gdy doszedł do mnie, od razu spytałem:

– Co, Jacku, schodzimy?

Kiwnął tylko smutno głową. Zabezpieczyliśmy dodatkowy sprzęt, który wnieśliśmy, i rozpoczęliśmy zjazdy. Wiedzieliśmy, że ten odwrót prawdopodobnie oznacza koniec naszej wyprawy. Byłem rozżalony, ale wiedząc, że może to być początek jakiejś infekcji, której nie wolno wnosić do góry, starałem się nie dać nic po sobie poznać. Jackowi też przecież było przykro. Pragnął tej góry tak samo jak ja.

– Co się stało? – spytałem, gdy dotarliśmy w końcu do jedynki.

– Nie wiem, zatkało mnie.

Wróciliśmy do bazy. Nie udało się odnowić aklimatyzacji i zastanawialiśmy się, co dalej.

Siedzieliśmy z Jackiem, Robertem i Luźnym w namiocie bazowym. Dyskutowaliśmy nad dalszymi planami. Robert powiedział, że gdy byliśmy w górze, to przyszedł do niego Alex i kazał przekazać, że zgadza się na współpracę. Wręczył Robertowi małą karteczkę. Na skrawku papieru Bask rozpisał kosztorys. Mieliśmy zapłacić za pracę Alego, liny, cargo, śruby lodowe, porterów i część kosztów agencyjnych – łącznie ponad pięć i pół tysiąca euro. Wkurzyłem się.

Następnego dnia na radiu odezwał się Daniele.

– Jesteśmy w obozie pierwszym, idziemy do dwójki, ale podobno dostałeś jakąś propozycję od Alexa. Nie wiem dokładnie, co ci zaproponował – powiedział Włoch.

– Dostałem. Jest absolutnie nie do zaakceptowania. Ale to nie temat do rozmowy przez radio. Zejdziecie, to pogadamy – odparłem.

Następnego dnia Daniele sam zszedł do bazy.

– Gdzie Alex? – zapytałem.

– Został u góry, ale przecież możesz ze mną rozmawiać – powiedział.

Nie wiedziałem, co się dzieje. Przecież to Alex był kierownikiem ich wyprawy. Ale dobrze, w sumie wszystko jedno, z kim rozmawiam. Ważne tylko, by ustalenia okazały się wiążące. Policzyłem wszystko. Oczywiste było dla mnie, że dorzucę się do kosztów lin, dodatkowo zaoferowałem pomoc przy ich transportowaniu i wieszaniu. Trzy kilometry lin to koszt około ośmiuset euro. Zaproponowałem tysiąc. Nie widziałem powodu, dla którego miałbym płacić za Alego i dokładać się do kosztów ich wyprawy. Zresztą i tak nie miałem tylu pieniędzy. Już ten tysiąc był dla mnie sporym problemem i mógłbym zapłacić dopiero po powrocie. Nardi przyjął moją propozycję.

Potem do bazy zszedł Alex i powiedział, że nie zgadza się na warunki, które wynegocjowałem z Włochem.

– Powinieneś zapłacić więcej – powiedział. – Nie mam pieniędzy, Adam. Mieliśmy pojechać na K2. Nie pojechaliśmy. Zostałem bez kasy.

– Przecież jestem w tej samej sytuacji, Alex. Dodatkowo powiesiliśmy już trzysta metrów lin, a wy nic. Nie rozumiem, dlaczego mam ci płacić za to, że będę poręczował dla nas górę. I to pięciokrotnie więcej, niż wynosi koszt lin. I tak nie powinienem go pokrywać w całości, ale niech ci będzie, w końcu to ty je tutaj przywiozłeś.

Lodowy Kuluar Kinshofera.

Alex nie chciał się zgodzić. Sytuacja była patowa. Ustaliliśmy, że następnego dnia pójdę z Daniele poręczować Ściankę Kinshofera i obaj zastanowimy się nad kompromisem.

Ścianka to najtrudniejszy technicznie fragment tej drogi. Na granicy pięciu i sześciu tysięcy metrów trzeba pokonać prawie sto metrów stromych skał. Powyżej tego odcinka teren stawał się łatwiejszy.

To był nasz plan C. Wejście w stylu alpejskim się nie powiodło. Próba odnowienia aklimatyzacji i dojścia do siedmiu tysięcy metrów też nie wypaliła. Ostatnią szansą była współpraca z inną ekspedycją. Liczyłem, że uda nam się sprawnie zaporęczować drogę i wtedy pojawi się kilkudniowe okno pogodowe, które pozwoli zaatakować szczyt. Zacząłem się zastanawiać, czy nie zmodyfikować mojego pierwotnego planu i nie zostać pod Nangą dłużej.

Wypadek, który zakończył naszą ekspedycję, wydarzył się trzynastego stycznia. Muszę przyznać: miałem szczęście, że przeżyłem. Dzień wcześniej dotarłem z Daniele do jedynki. Podczas porannego pakowania zwróciłem uwagę na linę, którą mieliśmy poręczować.

– Co to za gówno? To ma być lina do wspinania? – spytałem.

– Mnie też się nie podoba, ale innej nie mamy – odparł Daniele.

Lina była fabrycznie zapakowana i miała wyraźne oznaczenia: „Nie do wspinaczki, wytrzymałość maksymalna 118 kg". Do dzisiaj nie wiem, dlaczego nie odmówiłem wtedy poręczowania tym szajsem.

Szybko i sprawnie dotarliśmy z Daniele do wysokości naszego depozytu, czyli na 5700 m n.p.m. Zgodnie z zasadami sztuki przywiązałem się do przywiezionej z Polski porządnej liny asekuracyjnej i poprosiłem Daniele, żeby mnie „złapał". Rozpocząłem wspinaczkę w stromym lodzie. Wałek z poręczówką miałem przewieszony przez ramię i idąc w górę, od razu ją zakładałem. Czułem się wyśmienicie w tym terenie. Wyuczonymi ruchami sprawnie pokonywałem kolejne metry, autentycznie ciesząc się wspinaniem. Od czasu do czasu przystawałem, aby zamocować poręcz. Na sześćdziesięciu metrach wkręciłem dwie śruby lodowe, bardziej dla zasady niż dlatego, że były mi potrzebne. Lód układał się pod kątem pięćdziesięciu-sześćdziesięciu stopni. Pracowałem płynnie, wbijając na przemian zęby raków i ostrza czekanów.

Skończyła nam się lina.

– Daniele! – krzyknąłem. – Chodź, idziemy dalej na lotnej!

Włoch wypiął się ze stanowiska i wspiął do pierwszej ze śrub. Był sześćdziesiąt metrów pode mną.

Chodziło o to, żeby między nami znajdowały się co najmniej dwa przeloty, więc zatrzymałem się, wbiłem w szczelinę skalną pewny hak i przywiązałem do niego białą poręczówkę. Chciałem chwilę odpocząć, więc zawiązałem wyblinkę na poręczy po mojej stronie haka i wpiąłem ją do uprzęży. Odchyliłem się do tyłu, żeby zawisnąć.

Lina poręczowa pękła. Obróciło mnie. Walnąłem o lód głową, a siła tego uderzenia zamroczyła mnie na ułamek sekundy.

Pierwsza świadoma myśl była zupełnie spokojna: lecę. Jestem wspinaczem, latałem już nieraz, więc na początku nie czułem strachu. Właśnie biłem swój życiowy rekord. Wcześniej najwięcej spadłem w Tatrach: dwadzieścia pięć metrów.

Druga myśl – wciąż spokojna, ale podszyta dużą dawką irytacji. Dlaczego lecę tak długo?

Trzecia myśl – pełna strachu, który rósł wraz z prędkością spadania: lecę głową w dół, niedobrze.

Droga Kinshofera w tym fragmencie przypomina rozbieg skoczni narciarskiej. I kończy się progiem. Gdybym się nie zatrzymał, to pewnie przeleciałbym przez próg tej skoczni i wylądował gdzieś na lodowcu, tysiąc metrów niżej.

Zatrzymałem się po ponad siedemdziesięciu metrach lotu. To jakieś dwadzieścia pięć pięter. Uratowała mnie dodatkowa asekuracja i dwie śruby lodowe. Lina, która powstrzymała mój upadek, zaplątała mi się wokół nogi. Zawisłem głową w dół. Głęboko oddychałem. Byłem cały. Żadnych złamań. Żyłem dzięki kaskowi. Ucierpiała tylko dłoń. Musiałem nią instynktownie złapać linę podczas lotu.

Pozbierałem się jakoś i doszedłem do Daniele. Nie rozumiałem, co się stało, spojrzałem na karabinek wpięty do łącznika mojej uprzęży. Dyndała z niego urwana poręczówka.

– Adam, o rany, jesteś cały?

Włoch wyglądał na bardziej przerażonego ode mnie.

– Daniele, spokojnie.

– Ale poleciałeś! Na pewno nic ci nie jest?

– Wszystko dobrze. Dziękuję za uratowanie życia – powiedziałem.

Byłem wściekły. Zrobiłem wszystko zgodnie z zasadami sztuki, a prawie się zabiłem. Dodatkowo nie wykonaliśmy naszej roboty. Zaproponowałem, że skoro nic mi nie jest, to może powinniśmy kontynuować wspinanie.

– Nie ma mowy, przed chwilą prawie się zabiłeś, spójrz na swoją rękę – powiedział Nardi.

Spojrzałem na dłoń. Ciekła z niej krew. Włoch miał rację. Trzeba schodzić. Jestem w szoku i dlatego mogę nie czuć bólu. Możliwe, że za chwilę nie będę w stanie poruszyć dłonią.

Do bazy dotarliśmy po zmroku. Prawie wszyscy wyszli nam naprzeciw. Widziałem autentyczną troskę na twarzach tych, którzy niby mieli być moimi konkurentami w walce o szczyt.

Jacek zwrócił mi uwagę, że prawdopodobnie, spadając, ocaliłem czyjeś życie. Gdyby kilka dni później ktoś podchodził albo zjeżdżał po tej poręczówce, a ona by się urwała, to lot niechybnie skończyłby się śmiercią pechowca.

Palec był oparzony i wyrwany ze stawu. Rana nie wyglądała najlepiej. Jestem wspinaczem, dłonie są dla mnie tak samo ważne jak dla pianisty czy skrzypka. Mogę wprawdzie chwycić

Urwana lina poręczowa. ⇨

Jacek Czech w obozie I.

czekan bez jednego palca, ale nie było sensu ryzykować dalszej wspinaczki. Oparzenie to rana termiczna, mróz źle na nią działa. Być może po powrocie do Polski rehabilitacja zajęłaby rok, a ja i tak nie odzyskałbym pełnej sprawności? Nie mogłem na to pozwolić.

Żaden z trzech planów się nie powiódł. Prognozy nie dawały nadziei na dobrą pogodę. Przez trzy ostatnie lata w tym okresie była szansa na zdobycie szczytu. Rok temu panowały wręcz fenomenalne warunki. A tej zimy jeszcze nie mieliśmy dnia, w którym można by zaatakować wierzchołek.

Gdybym został, to musiałbym improwizować. Himalaje w zimie tego nie znoszą. Dałem sobie trzy dni na decyzję. Tomek i Elisabeth zaproponowali, że mogę dołączyć do ich zespołu. To było bardzo miłe. Wiem, że nie tak łatwo zmienić plany i zaprosić kogoś do wspólnej wspinaczki. Podziękowałem im. Szanuję to, co Tomek robi w górach, ale mamy zupełnie inną taktykę. Dla mnie kluczem jest szybkość. Na dużej wysokości należy przebywać jak najkrócej. W zimie trzeba wyczekać odpowiedni moment, jak najprędzej wejść na wierzchołek i z niego schodzić. Tomek z kolei wspina się powoli. Lubi spędzać dużo czasu w górze, nie przeszkadzają mu ciężkie warunki i niskie temperatury, na które jest bardzo odporny. No i widziałem przecież, że tworzyli z Eli zgrany zespół, nie chciałem wchodzić między nich i zaburzać harmonii, którą wypracowali.

Myślałem o Dobrochnie i moim synu Tymku. Czas najwyższy do nich wracać.

Piętnastego stycznia wyszliśmy ostatni raz do góry ściągnąć nasz depozyt i zlikwidować obóz I. Razem z nami do jedynki poszedł Luźny. Pomógł nam znieść sprzęt, który wynieśliśmy podczas trzech poprzednich wyjść. Niepotrzebnie martwiłem się obecnością TVN-u. Robert przygotowywał fajne i rzetelne relacje dla mediów, a Maciek robił świetne zdjęcia. Bardzo się zaprzyjaźniliśmy, a w bazie dzięki ich obecności było weselej.

Na dziewiętnastego stycznia zaplanowaliśmy zejście w doliny. Pożegnałem się z tymi, którzy wciąż cierpliwie czekali na swoją szansę. Życzyłem im wszystkiego najlepszego. Zdobycia wierzchołka, ale przede wszystkim bezpiecznego powrotu do domu.

Opuszczając bazę, miałem mieszane uczucia. Dostaliśmy od Nangi solidną lekcję pokory. Marzyliśmy o zdobyciu góry w czystym stylu alpejskim, ale pogoda nie dała nam żadnej szansy na podjęcie ataku. Kolejne próby z różnych powodów kończyły się na tej samej, niewielkiej wysokości. Walczyliśmy, ale okazaliśmy się za słabi albo po prostu góra była za silna.

Po powrocie poszedłem do lekarza. Powiedział, że z ręką wszystko będzie dobrze.

Cieszyłem się życiem rodzinnym, wyskoczyłem też na parę dni powspinać się w Tatry. Od czasu do czasu sprawdzałem, co

Palec był oparzony i wybity ze stawu. Rana nie wyglądała najlepiej.

dzieje się pod Nangą. Tomek i Elisabeth, którym kibicowałem najbardziej, dotarli do wysokości 7500 m n.p.m. Zawrócili, bo nie wytrzymali zimna. Daniele opuścił bazę na początku lutego. Pokłócili się z Alexem i chyba sami nie wiedzą, o co właściwie poszło. Po drugiej stronie góry wyprawa Marka Klonowskiego przekroczyła siedem tysięcy metrów i zakończyła wspinaczkę z powodu nadchodzącego jet streamu. Nie mieli już pieniędzy i czasu, żeby poczekać na lepszą pogodę.

Simone Moro wyczekał swój moment. Wraz z Tamarą dołączyli do Alexa i Alego. Przeczekali huraganowy wiatr i mimo słabej aklimatyzacji zaatakowali szczyt.

Dwudziestego szóstego lutego razem z Jackiem i wspinaczami z grupy młodzieżowej PZA byliśmy w Szwajcarii, gdzie wspinaliśmy się na lodospadach. Tego samego dnia Tamara zawróciła kilkadziesiąt metrów przed wierzchołkiem Nanga Parbat, ale Muhammad Ali „Sadpara", Simone Moro i Alex Txikon jako pierwsi w zimie zdobyli tę piękną górę i szczęśliwie wrócili do bazy. Myślę, że w pełni zasłużyli na sukces.

Został już tylko jeden niezdobyty zimą ośmiotysięcznik – K2.

EPILOG

Upłynął blisko rok od wyprawy na Nanga Parbat. Ten czas poświęciłem głównie synowi i żonie, chociaż oczywiście też się wspinałem. Na przykład w czerwcu z Jackiem Czechem, Pawłem Migasem i Grzegorzem Twardeckim w okolicach Arco. Zrobiliśmy kilka fajnych dróg, między innymi liczącą 1100 metrów Transylvanię na ścianie Casale. Jesienią 2016 roku miałem zamiar poprowadzić z Elisabeth Revol nową drogę na Evereście. Niestety, dwa tygodnie przed wyjazdem w głupi sposób we własnym ogródku złamałem rękę. Cóż... mówią, że co nas nie zabije, to nas wzmocni.

Jadąc niedawno na prelekcję, uświadomiłem sobie, że wspinam się już dwadzieścia lat. Dwadzieścia lat przygód w otoczeniu niezwykłych ludzi. Dwadzieścia lat sukcesów i dotkliwych porażek. Spełnił się mój sen o zostaniu zawodowym himalaistą. Szesnaście lat temu pociągiem, bez pieniędzy i z byle jakim sprzętem jechałem na swój pierwszy siedmiotysięcznik. Dzisiaj zespół ludzi z firmy Forma na Szczyt dba o moją dietę i układa mi plan treningowy. Dwa razy w tygodniu biegam, trzy razy w tygodniu się wspinam. Ostatnio zacząłem nawet chodzić na siłownię. Dzięki stałej opiece fizjoterapeuty w końcu dbam o swoje ciało i leczę nagromadzone

⇦ Na ściance wspinaczkowej Climbing Spot w Poznaniu.

przez lata kontuzje. Spełniło się też moje skryte marzenie: współprojektuję i testuję kolekcję odzieży wspinaczkowej koreańskiej firmy Black Yak, która działa na całym świecie. Mam też menedżera, który dba o moje kontakty z mediami i wywiązywanie się ze zobowiązań wobec sponsorów. Dzięki kontraktowi z Black Yakiem i umowie z miastem Tychy nie muszę się martwić o codzienny byt mojej rodziny. Wciąż jednak zachowałem umiejętność cieszenia się każdą chwilą spędzoną w górach czy skałkach. Nadal kocham wspinanie. Mam głowę pełną planów. Razem z Jackiem planujemy tej zimy (2016/2017) przejście Trylogii Alpejskiej. Niedługo jadę w Tatry, później na lodospady do Turcji i Norwegii. Obsesyjnie wręcz myślę o poprowadzeniu w małym zespole nowej drogi w stylu alpejskim na ośmiotysięczniku. Jeżeli tylko uda się zgromadzić niezbędne fundusze, to zamierzam zrealizować ten plan już niedługo, czyli wiosną 2017 roku.

Najważniejsze w moim życiu nie są jednak góry, tylko ludzie wokół mnie. Moja rodzina, przyjaciele, bliscy i dalsi znajomi, ale także moi sympatycy i kibice. To właśnie ze względu na Was nie chcę być dobrym himalaistą, ale przede wszystkim starym.

Do zobaczenia w górach!

Adam Bielecki, Łopuchowo, grudzień 2016

BONUS

JAK PRZEDŁUŻYĆ NIEPRZEDŁUŻALNE

I pamiętaj, że nie ma rzeczy niemożliwych, a największym ograniczeniem jest nasza własna wyobraźnia.

Na zachętę chciałem opowiedzieć Ci ostatnią historię w tej książce.

Dzień przed wylotem do Iranu w 2008 roku dowiedziałem się, że Robert Rozmus nie załatwił wiz.

– Spokojnie, można to zrobić na granicy – próbował mnie uspokoić.

W naszej grupie oprócz dwóch klientek była moja przyszła żona, jej siostra, teść, a także siostra Roberta, Ania. Polecieliśmy. Jestem raczej życiowym optymistą, ale w tym wypadku przeczuwałem kłopoty. Lecieliśmy na dwa tygodnie i chcieliśmy wejść na Demawend (5610 m n.p.m.), najwyższy szczyt Iranu, a potem trochę pozwiedzać. Na lotnisku rzeczywiście wbito nam wizy. Przyjrzałem się dokładnie stemplowi. Pośród perskich znaków odnalazłem kilka słów po angielsku. Wyróżniały się trzy: *transit*, *7 days* i *Unextendable*.

– Siedem dni to za krótko, co mogę zrobić, żeby ją przedłużyć? – spytałem celników.

– To wiza tranzytowa. Nie da się.

– A nie możemy dostać nietranzytowej?

– Na lotnisku wydajemy tylko takie, zwykłą trzeba było załatwić w naszej ambasadzie u siebie w kraju.

W Teheranie zacząłem wertować biblię podróżników, czyli przewodnik *Lonely Planet*. Nic na temat przedłużania nieprzedłużalnych wiz nie znalazłem. Poszedłem na komisariat.

– Nie ma problemu, wizę można przedłużyć – powiedzieli.

Ucieszyłem się i podałem urzędnikowi nasze paszporty.

– Ale takiej to nie, przecież jest napisane, że jest nieprzedłużalna.

– Rozumiem. A czy jest ktoś, kto mi może pomóc?

– Proszę pojechać pod ten adres.

Teheran to niewiarygodnie zakorkowane miasto, w którego obszarze metropolitalnym mieszka szesnaście milionów ludzi. Poruszanie się po nim to męczący i czasochłonny proces. Po dwóch godzinach dotarliśmy do urzędu. Wszystko było opisane w farsi, więc nawet nie wiedziałem, co to za instytucja.

– Chciałem przedłużyć wizę – powiedziałem jakiemuś urzędnikowi.

– Proszę pokazać – spojrzał na paszport. – Przepraszam, ale nic nie mogę dla pana zrobić. To jest przecież wiza nieprzedłużalna.

– A czy mógłbym porozmawiać z pańskim przełożonym?

Zirytował się trochę:

– To ja tu jestem szefem. Ale proszę spróbować w ministerstwie spraw zagranicznych.

Wsiadłem do taksówki. Po drodze musieliśmy jeszcze wymienić budżet wyprawowy całej naszej grupy. Iran to kraj wysokich nominałów – chleb kosztował dwadzieścia osiem tysięcy riali, sto dolarów to były jakieś trzy miliony w tutejszej walucie. Ja musiałem wymienić kilka tysięcy dolarów. Operacja trwała pół dnia. Banknoty ledwo zmieściły mi się do dwudziestolitrowego plecaka.

Następnego dnia z samego rana pojechaliśmy do ministerstwa. Żeby wejść do budynku, trzeba było odstać swoje w kolejce, a potem przejść przez kontrolę.

– Proszę otworzyć plecak – powiedział strażnik.

Trudno opisać wyraz jego twarzy, kiedy rozsunąłem zamek.

– Nie może pan tego ze sobą zabrać. Musi pan to zostawić tutaj – powiedział łamaną angielszczyzną.

Nie potrzebowałem tych pieniędzy w środku, ale przecież nawet bym nie zauważył ubytku kilkudziesięciu milionów. Nie miałem ochoty drugi raz liczyć tych wszystkich banknotów przy wyjściu.

– Żartuje pan? Nie ma takiej opcji. Jeśli ma pan wątpliwości, to proszę wezwać przełożonego. Ale nie radzę, po co robić sobie kłopot?

– Dobrze, proszę wchodzić – powiedział niepewnie.

Dopiero teraz uświadomiłem sobie, jak to musiało wyglądać. Wchodzi cudzoziemiec do ministerstwa z plecakiem pełnym gotówki...

Odstałem swoje w długiej kolejce do biura paszportowego.

– Chciałbym przedłużyć wizę – powiedziałem po raz kolejny tego dnia.

– Nie ma problemu. Poproszę paszport.

Chwilę trwało, zanim znalazł właściwą pieczątkę.

– Przykro mi, to jest nieprzedłużalna wiza.

– Wiem, ale i tak muszę ją przedłużyć. Przyjechałem z narzeczoną i przyszłym teściem – zacząłem opowiadać historię.

Dostałem herbatę. Irańczycy uwielbiają historie opowiadane przy herbacie. Moja dotyczyła miłości do przepięknego kraju, jakim jest Iran, i podróży z rodziną.

– Wie pan co, proszę spróbować piętro wyżej – powiedział w końcu urzędnik.

Poszedłem. Kolejny urzędnik, kolejna herbata. Powtórzyłem swoją historię.

– Nic nie mogę dla pana zrobić, ale proszę chwilę poczekać. Może pan minister znajdzie dla pana czas – powiedział.

Zdębiałem. Minister? Urzędnik zniknął na parę minut.

– Proszę iść trzy piętra wyżej – powiedział.

Poszedłem do wskazanego pokoju na ostatnim piętrze w budynku. Gabinet był bardzo ładny, wyglądał jak sekretariat. Kolejny urzędnik wstał, uśmiechnął się i przywitał mnie piękną angielszczyzną.

– Jestem sekretarzem pana ministra. Pan minister niedługo pana przyjmie, proszę usiąść i poczekać. Może napije się pan herbaty?

To była już trzecia z kolei, ale nie wypadało odmówić.

Po czterdziestu minutach zadzwonił telefon i zostałem zaproszony do kolejnego, jeszcze większego pokoju. Nigdy wcześniej nie widziałem tak wielkiego biurka. Przypominało raczej stół konferencyjny, z tym że na jednym z końców miało szuflady. Usiadłem w jednej trzeciej jego długości. Naprzeciwko mnie miejsce zajął sekretarz, z którym przed chwilą rozmawiałem. Kilka metrów drewna dalej, u szczytu stołu siedział postawny mężczyzna w galowym mundurze.

– *Salam alejkum* – przywitałem się.

Minister skinął głową, a sekretarz poprosił mnie o przedstawienie problemu. Opowiedziałem wzruszającą historię o mojej miłości do kultury perskiej, uczuciu na tyle silnym, że kazało mi wybrać Iran jako cel podróży poślubnej, w którą oczywiście udałem się w towarzystwie najbliższej rodziny żony i jej ciotek, bo taki mamy w Polsce zwyczaj. Opowiedziałem też o tym, że będąc wspinaczem, chcę zobaczyć Demawend i Alam-Kūh, wyjątkowe w skali świata szczyty, z których pierwszy jest wygasłym wulkanem. Traf chciał, że ambasada nie zdążyła nam wyrobić w Polsce wizy, to oczywiście moja wina, bo zaaferowany ślubem za późno złożyłem stosowne dokumenty. Na granicy wbili nam wizę siedmiodniową, a to przecież nierealne zwiedzić taki kraj jak Iran w tak krótkim czasie.

Mówiłem przez kilka minut, zastanawiając się, czy aby trochę mnie nie poniosło.

Minister milczał. Zachodziłem w głowę, czy zrozumiał coś z mojej opowieści.

– OK. Czy ma pan ochotę na herbatę i czekoladki? – powiedział w końcu wystudiowaną angielszczyzną.

– Oczywiście. Czemu nie.

Dopiliśmy w milczeniu herbatę, zostałem też poczęstowany czekoladką wyciągniętą z jednej z szuflad tego dziwnego stołu. Minister przez chwilę rozmawiał z sekretarzem w farsi. A potem wstał. Audiencja skończona.

Wyszliśmy, po czym sekretarz powiedział:

– Zrobimy dla pana wyjątek. Proszę zejść na dół i powiedzieć o naszej rozmowie. My do nich zadzwonimy, żeby wiedzieli, że pan przyjdzie.

Nie mogłem w to wszystko uwierzyć. Podziękowałem serdecznie. Na dole znów stała kolejka, ale ominąłem ją i podszedłem do okienka.

– Dzień dobry. Rozmawiałem właśnie z ministrem spaw zagranicznych, miał dzwonić. Proszę, tutaj mój paszport z wizą do przedłużenia – powiedziałem.

– Słucham? Przecież to jest nieprzedłużalna wiza – urzędnik był wyraźnie zaskoczony.

– Niech pan zadzwoni do swojego przełożonego.

Tak zrobił. Dowiedział się, że rzeczywiście ma przedłużyć tę wizę.

– Proszę o paszport. Będzie do odbioru za tydzień.

– Za tydzień? Nie mamy tyle czasu. Plan naszego wyjazdu jest bardzo napięty – powiedziałem. Mieliśmy wyjechać z Teheranu już jutro rano.

– To nie takie proste. Możemy spróbować zrobić to w trzy dni.

– Może wrócę na górę i porozmawiam z ministrem? – zapytałem.

To był błąd. Urzędnik się wściekł i zaczął mówić, że kwestionuję jego kompetencje. Trzy dni i ani chwili szybciej. Trochę zmieniliśmy plan wyjazdu, ale po trzech dniach odebraliśmy z urzędu paszporty.

Nieprzedłużalne wizy zostały przedłużone.

PODZIĘKOWANIA

Jednym z największych plusów związanych z napisaniem książki jest to, że mogę w niej podziękować licznym ludziom, którzy na różnych etapach życia mieli wpływ na moje wspinanie. Bez waszej życzliwości i wsparcia moja historia byłaby inna.

Dziękuję: Romualdowi Bieleckiemu, Danucie Bieleckiej, Arturowi Badei, Marzenie Gąsior, Andrzejowi Dziubie, Jolancie Wielickiej, Hubertowi Dolukowi, Szczepanowi Gawłowskiemu, Pawłowi Bugajnemu, Łukaszowi Grajcarowi, Marcinowi Słaninie, Pawłowi Marchlewiczowi, Przemysławowi Widzykowi, Rafałowi Froni, Jackowi Sękowi, Maxowi Norizowi i mojej cudownej żonie Dobrochnie Bieleckiej.

Dziękuję również sponsorom, bez których moja działalność sportowa nie byłaby możliwa, podczas tych dwudziestu lat wspinania wsparły mnie firmy: Stegu, Trust, L'Biotica, Z Polskiej Ziemi, Kreisel, Instytut Monitorowania Mediów, Imex Logistic, Black Yak, Climbos.com, Rehasport Clinic, Rock & Ice, Pro Club, Tendon, Camp & Cassin, HiMountain, Lyo Food, Forma na Szczyt, a także miasto Tychy i Fundacja Wspierania Alpinizmu Polskiego im. Jerzego Kukuczki. Dziękuję również wszystkim, którzy wsparli mnie za pośrednictwem platformy Polak Potrafi.

Dziękuję moim wszystkim partnerom i partnerkom wspinaczkowym, a w szczególności: Robertowi Rozmusowi, Agnieszce Bieleckiej, Krzysztofowi Urbańskiemu, Rafałowi Kalinowskiemu, Lechowi Naumowiczowi, Adasiowi Ciućce, Maćkowi Stańczakowi, Tomkowi Chwastkowi, Kacprowi Tekielemu, Januszowi Gołąbowi, Alemu Sadparze, Shaheenowi Baigowi, Marcinowi Kaczkanowi, Aminowi Baigowi, Arturowi Małkowi, Jarkowi Gawrysiakowi, Denisowi Urubce, Dimie Sinievowi, Artiomowi Braunowi, Alexowi Txikonowi, Daniele Nardiemu, Jackowi Czechowi.

Dziękuję Dominikowi Szczepańskiemu za wspólną pracę nad książką.

Szczególne podziękowania kieruję do tych, którzy za swoją miłość do gór zapłacili cenę najwyższą, cieszę się, że zdążyłem was poznać. Nigdy o was nie zapomnę: Kamil Michalik, Ali Kuś, Gerfried Goschl, Cedric Hahlen, Nisar Hussain Sadpara, Mahdi Amidi, Krystian Dziurok, Sławomir Wróblewski, Tomek Kowalski, Maciek Berbeka, Ernestas Markšaitis, Artur Hajzer i Grzegorz Kukurowski.

SPIS TREŚCI

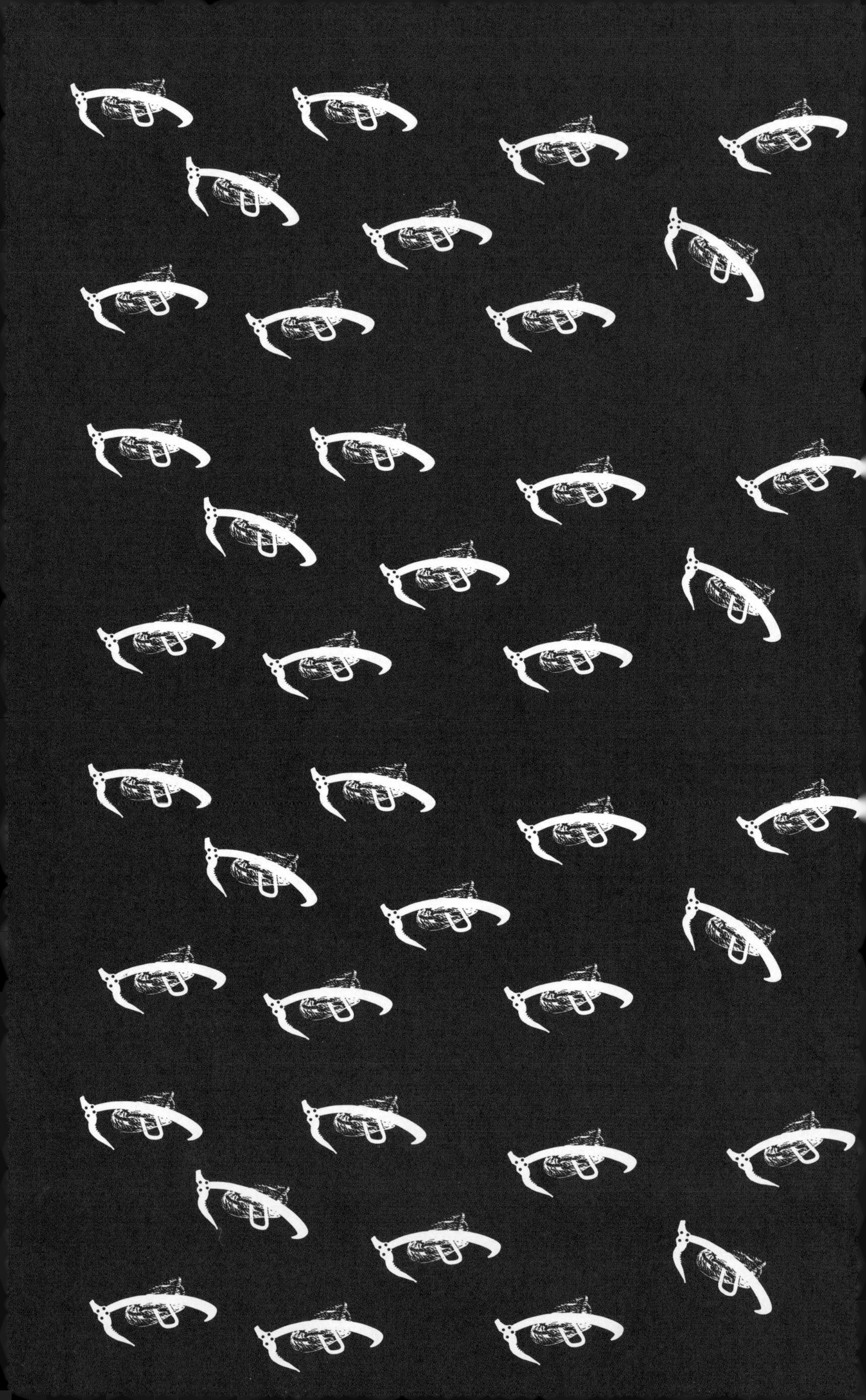